日本庭園鑑賞便覧

全国庭園ガイドブック

京都林泉協会　編著

学芸出版社

序

故重森三玲氏の監修により、昭和三六年京都林泉協会創立三〇周年を記念して、庭園見学ノート『林泉備要』が頒布された。この『林泉備要』が庭園文化研究の入門参考書として世に高評された実績に鑑み、さらなる学問的充実を計ったのが、前著『全国庭園ガイドブック』である。

この『全国庭園ガイドブック』は、古代から現代にいたる日本庭園の所在地、時代別手法、附属施設、用語、年代別索引など、おおよそ日本庭園の研究、鑑賞はもとより、すべての入門書的内容を具備した参考書として、昭和四一年誠文堂新光社より刊行された。庭園のみならず、古建築や石造美術、茶の湯にいたるまで、日本文化全般にわたる参考書として広く江湖に賞揚され、版を重ねること七版に達する良書と自負していた。

しかし、近年にいたり出版社の事情などで惜しまれつつ絶版となり、書店から姿を消してしまったことは、当会はもとより、庭園研究や調査を志す人たちには申し訳なく残念なことであった。創刊に当たって関係された先学諸氏にも申し訳なく、いつの日にか再版を、と念じていたところ、この度学芸出版社のご尽力により全面改訂作業が具体化し、かつまた当会創立七〇周年記念とも重なったことは、重森先生始め先学諸先生方が我々に課せられた使命とも感じ、非力の才を結集してここに刊行を決意した次第である。

しかし、初版刊行より三十数余年、その間社会情勢の変貌は著しく、地上に描かれた永遠の作品と定義された日本庭園にも、所有者の変動や災害、都市開発や公害にかかわる影響が容赦なく襲いかかる。また、近年にいたり大型重機を用いた考古学的発掘調査の進展は、従来地上施設のみでしか知り得なかった古代庭園の姿を、発掘作業で現代によみがえらせて研究資料を提供するなど、古代庭園研究の空白部分を再検討する機会を与えた。今回の改訂はそれらの事項を重点に、現時点で可能な限りの手段を尽くして、増補改訂に努力して利用者の利便を計り、他の追随を許さぬ良書と自負できるものである。

なお、本書は日本庭園に附属する細部手法や構築物、資材はもとより、関連する文化全般につき紙幅の許す限り収録している。本書一冊で庭園のみならず古建築、石造美術、文化、芸術分野の諸事項の検索ができ、研究者や専門家をはじめ庭園愛好者や観光旅行、さらに造園学科の副読本としても大いに利用できる携帯に便利な本で、多くの読者に広くお薦めしたい。

庭園はその国、地域の文化を代表する芸術作品の一つであるとともに、その消長を通じ地域の興亡や信仰・習俗など各種の歴史や生活側面を現代に伝える生き証人である。今までも住民の生活に密着し愛護されてきたが、さらに精神的文化昂揚に少しでも寄与するため、正しい庭園の理解が本書を通じて広く進まんことを願う。

本書の刊行に当っては、その根幹を作っていただいた先学のご苦心に深謝するとともに、それぞれ専門分野について協力頂いた京都林泉協会会員各位、面倒な再刊を引き受けてくださった学芸出版社の京極迪宏氏および、広汎な項目取りまとめにご苦労を掛けた永井美保さんに深甚な謝意を表する次第であります。

平成十四年八月

京都林泉協会会長　佐藤嘉一郎

旧版序

日本庭園の研究と観賞とは、もはやこんにちでは世界的になってきた。観光的に見ても、内外人とも、いくらりっぱな建築があり、仏像があっても、見学する人はまことに少ないが、庭園がある場合は必らず見学する、というほど庭園は一般の人々にも迎合されるのである。

一体なにが、このように庭園が魅力となるのであろうか。その理由は多いが、なんといっても、庭園ほど生活に直結しているものはないからである。こんにちの人々は一応建築をもつにしても、高価な土地を広くもつ余裕がない。したがって庭を作りたくも土地がない場合が多い。庭がもてないことは、同時にほかの名園にだけでも接したい要求となるのは必然である。

庭は、大自然の美を縮図したものであり、芸術的にアレンジしたものである。いながらにして、小庭から大自然の美に接することができる。そしてまた人々の血肉を、心を、通した自然が、庭であるから、庭はただ単なる自然に接する以上のものである。それに触れることこそ、みずからの生活の豊かさをまし、向上するのである。それならばこそ、多くの人々が観賞してまわるのである。

だがしかし、こんにちの多くの観光客たちは、一体庭のどこを見てまわるのであろう。西芳寺や金閣寺や竜安寺や大仙院の庭を見ても、ほとんどの人々は急所を見逃していて、ただ単に見て歩くのみであり、もったいない話である。本書は、かような人々の要求にこたえて多数の庭園を、全国各地方別に、しかも年代順※に記載し、その上庭園ならびに付属の建築、石造美術その他の基礎的図面と解説を付し、さらに年表をも加えて、あらゆる参考に供した。本書は京都林泉協会が、庭園のより普及を意図して編纂したもので、このガイドブックを手にされることによって、庭園見学に益する点が多いことを自信をもっておすすめする。

昭和四一年十二月一日

編者代表　重森三玲

※　初版時の「日本全国庭園一覧」は年代順であったが、今回の新版に当たり、所在地順とした。

日本庭園鑑賞便覧

目次

瑞峯院独坐庭（京都林泉協会 30 周年記念作庭　監修：重森三玲）

豊国神社秀石庭（京都林泉協会40周年記念作庭　監修：重森三玲）

第一章　庭園鑑賞の基礎知識

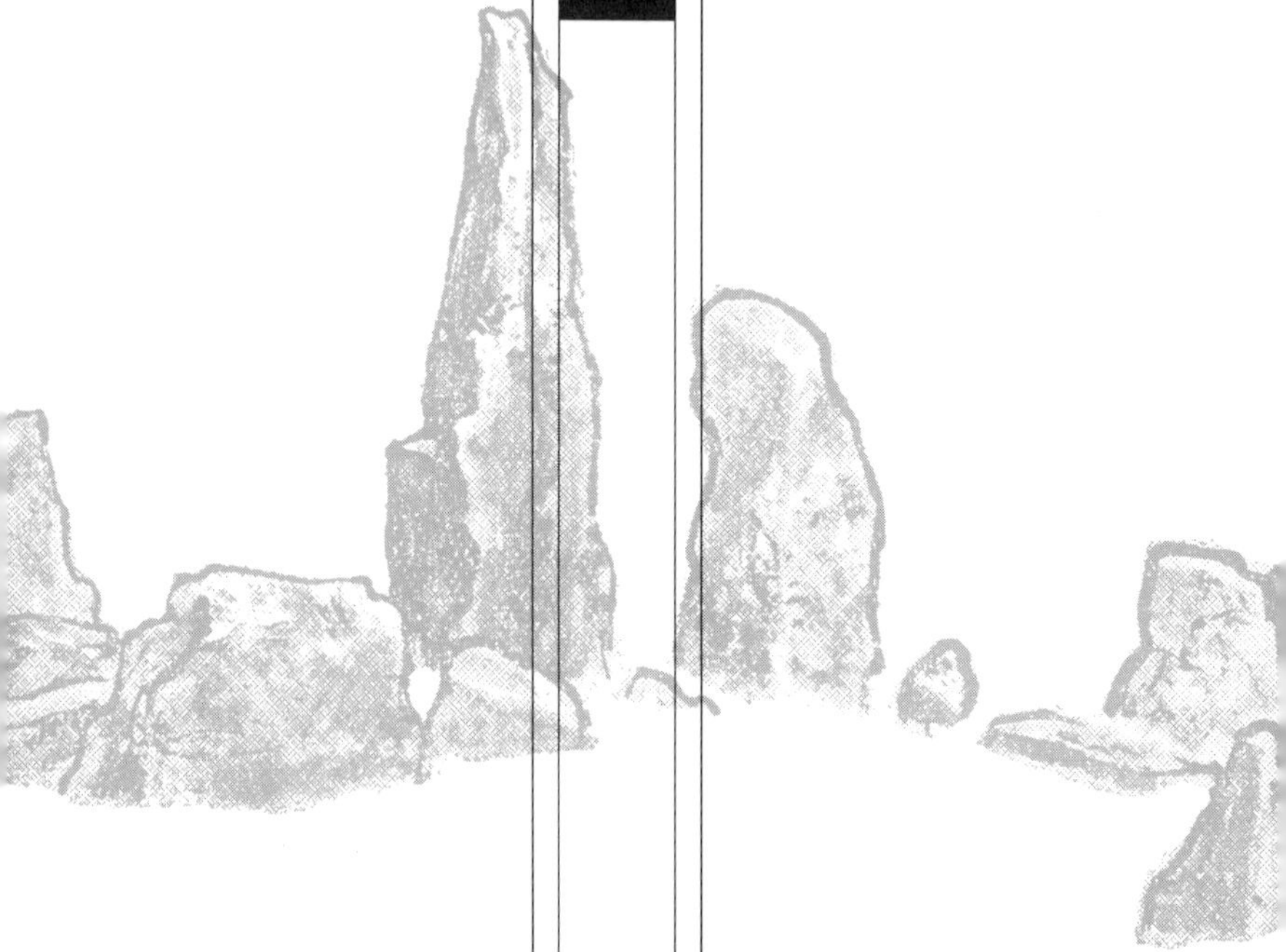

日本庭園史概略

◈庭園の源流

◆中国神仙蓬莱《しんせんほうらい》庭園の始まり

日本庭園の根幹は、神仙蓬莱の鶴亀である。

秦《しん》の始皇帝《しこうてい》（前二五九～二一〇年）は、長命永寿の仙薬を求めて徐福《じょふく》を東方海上の仙人の住む神仙島に遣わしたが果たせず、帝は墳墓の中に神仙蓬莱の世界を築いたといわれる。

漢の武帝（前一五六～八七年）も神仙蓬莱島を探させたが、見つけることができずに、離宮の建章宮《けんしょうきゅう》に太液池《たいえきち》を穿ち、蓬莱、方丈、瀛洲《えいしゅう》、壺梁《こりょう》の四島を築き、島を亀の形にかたどった。神仙蓬莱庭の始まりとされる。

北魏の孝文帝（四六七～四九九年）は、洛陽の天淵池《てんえんち》の中に蓬莱山を築き、山上に仙人館を設けた。

隋の煬帝《ようだい》（五六九～六一八年）は、洛陽の西苑に五湖四海《ごこしかい》を築き、中に三神仙島を配した。

唐の太宗（五九八～六四九年）も大明宮の太液池に大きな中島を築き蓬莱島とした。

◆日本の神池・神島、磐座《いわくら》・磐境《いわさか》

日本庭園は、仏教公伝（五三八年）を前後して、朝鮮半島経由で大陸の庭園文化が移入されたものと考えられる。ことに遣隋使（六〇〇年）や遣唐使（六三〇年）が派遣されると、隋唐の庭園様式が直接もたらされた。

しかし、庭園文化の移入以前にも、池を掘り、石を組むという庭園の基本的な要素はあった。神池・神島、磐座・磐境である。

海神を祀る宗像式、宇佐式神池では、三女神をかたどる三島を直線的に配置する。中津市の大貞八幡薦《おおさだはちまんこも》神社は、この古例を伝えている。

巨石や山頂の石に神が憑依《ひょうい》するとして、石を神格化し、神の依代とし、神のいます神聖な場所の結界に円形や楕円形に石を配列する。依代石《よりしろいし》が磐座、結界石が磐境である。

奈良県桜井市の大神《おおみわ》神社や神戸市の保久良神社はこの例。倉敷市の楯築《たてつき》神社の磐座磐境は墳丘墓の上に組まれている。

三重県上野市の城之越《じょうのこし》遺跡は四世紀後半の祭祀遺跡とされるが、その景観は曲水式の池泉庭そのもの。護岸は一面に葺石され、岬の先端などの要所には石組までされている。

飛鳥時代の庭園

平成十年（一九九八）、明日香村は飛鳥京跡苑池《あすかきょうあとえんち》を発掘して、この時代にすでに優れた池泉庭が作られていたことがわかった。

護岸が石積みされ、池底は一面に撒石《まきいし》されている。なかでも石造の貯水槽と噴水石の出現は、人々を驚かせた。その側近くにはさらに水路石と水盤状の石があったことが知られており、例のない極めて珍しい池泉庭である。発掘が継続中で、これまでに判明したのは、池泉は南北二〇〇m余、東西七〇m余の大規模なもので、中央に長さ一〇〇m余の中島を築き、島へ三〇m余の渡堤を渡している。南側にも護岸を組んだ中島と洲浜状の小島がある。「嶋宮《しまのつかさ》」の木簡も発見され、庭園の専門職がいたことが知られる。

明日香村では、翌十一年酒船《さかふね》遺跡を発掘して、湧泉石積《ゆうせんいしづみ》、石造の水槽と亀形の水槽を伴った大規模な敷石遺構を発見した。斉明天皇の祭祀遺跡と推測される。写実的な亀形石は、祭祀が神仙的かつ道教的なものであったことを想像させる。

日本書紀によると、推古天皇二〇年（六一二）、渡来人の路子工《みちこのたくみ》が小墾田宮《おはりだのみや》の南庭に須弥山《しゅみせん》と呉橋《くれはし》を作った。その後、須弥山は飛鳥寺の西や甘樫丘《あまかしのおか》にも築かれたが、いずれも彫刻的な石造の作り山であった。

推古三四年（六二六）、蘇我馬子が亡くなった。馬子は飛鳥川の辺りの自邸に小さな池を掘り、中島を築いたため、人々は彼を島大臣《しまのおとど》とよんだ。この中島は蓬莱島であったと推測される。

馬子の邸跡は大海人皇子の島の宮となり、現在、島庄《しまのしょう》遺跡として発掘され、池泉跡が確認されている。一辺が四二mの方形の池泉と滝状の流れである。方池は飛鳥の石神遺跡や飛鳥池遺跡にも見られる。方池は百済からの移入と思われる。

奈良時代の庭園

持統八年（六九四）、唐の長安城に倣って完成させた藤原京は、わずか十六年で平城京に移った。飛鳥京跡苑池から類推すると、藤原京にも池泉庭があったと考えられるがまだ見つかっていない。

平城京に移ってからの庭園文化は発展期に入ったといえる。唐制に倣って内裏の四方に四苑を設けた。北苑は松林苑とも称し、東西南北一kmの築地跡が確認され、池泉の一部も発掘されている。西苑は西池宮と称し、現在の佐紀池として残っている。発掘の結果、地形はほぼそのまま残っていることがわかった。南苑は、神亀三年（七二六）に聖武天皇が宴を行っている。東は東宮のあった場所と推定され、東院《とういん》と呼称されている。発掘調査の結果にもとづいて復元整備されたのが平城京跡東院である。

東院は天平年間（七二九〜七四八）頃に造営され、数次の改造があった。復元されたのは奈良時代後期の楊梅《ようばい》宮となってからの姿である。中島や霞形の洲浜《すはま》の優美さは言語に絶する。北岸に組まれた集団石組も非常に力強く、蓬莱石組と推測される。東院の前期の遺構は、現在の池底の下に重なって埋まっている。頭大の玉石を敷き詰めた池泉で、二ケ所に遣水《やりみず》を流していた。

この期の特色は曲水宴の流行である。四苑のいずれでも曲水の宴が行われた。平城京左京三条二坊宮跡は、前期の造営で、屈曲した曲水宴用の池泉である。

四苑のほかにも芳野《よしの》離宮、紫香楽《しがらき》離宮などに苑池を築いていた。また、橘諸兄《たちばなのもろえ》の井手の山荘をはじめ、藤原《ふじわらの》不比等《ふひと》、藤原麻呂《ふじわらのまろ》、藤原宇合《ふじわらのうまかい》、大伴旅人《おおとものたびと》、大伴家持《おおとものやかもち》、葛井《くずいの》広成《ひろなり》、石川石足《いしかわのいそたり》、中臣清麿《なかとみのきよまろ》などの邸に実に多くの庭が作られたことが知られる。

なかでも、天平元年（七二九）に自刃した長屋王は、佐保楼《さほろう》という苑池を設け、たびたび宴を催していた。この時詠まれた漢詩が数多く『懐風藻』に載っている。

特殊な庭園遺構として、法華寺・阿弥陀浄土院の庭園がある。ここは、天平宝字五年（七六一）、光明皇后の一周忌に娘の孝謙天皇が追善供養に築いた日本最初の浄土式庭園である。

平安時代の庭園

◆初　期

遷都と同時に神泉苑が着工され、延暦十九年（八〇〇）最初の宴が開かれた。後の朱雀院と共に八町の広さを有する洛中最大の苑池であったが、現在は一町分ほどしか残っていない。しかし、洛中に残る平安時代唯一の池泉庭である。

大同五年（八一〇）に南池院（後の淳和院）、弘仁五年（八一四）に嵯峨院ができた。現在の大覚寺大沢池である。中島や庭湖石《ていこせき》、名古曽《なこそ》の滝が保存されている。近年遣水が発掘復元整備された。この時代も曲水宴が隆盛であった。

弘仁七年に冷然院（のち冷泉院《れいぜいいん》）の園池が完成。平成十三年（二〇〇二）、二条城内で冷泉院池泉の石組の一部が発掘された。

天長七年（八三〇）、清原夏野《きよはらのなつの》が双　丘《ならびがおか》に山荘を経営。貞観十七年（八七五）、源　融《みなもとのとおる》が河原院の園池を作る。融は、ほかにも嵯峨や宇治に別業《べつごう》を営んだ。

◆中　期

摂関政治の全盛期で、寝殿造庭園が完成した。一般的には三位以上の貴族の一町以上の住宅に築かれた。

この期の園池としては、六条院、小野宮、池亭、東三条殿、堀川殿などの園池があった。東三条殿は、藤原良房邸にはじまり、道長、頼通と使われた。頼通邸には、治安元年（一〇二一）頃に作庭された高陽院《かやのいん》もあった。

この期のもう一つの特色は、浄土式庭園の発生である。永承七年（一〇五二）は、末法元年とされ、前後して阿弥陀信仰が勃興した。治安二年、道長は鴨川の西岸に九体阿弥陀堂を池泉の西側に立てた法成寺《ほうじょうじ》を造営した。頼通も末法元年に、宇治の別業に阿弥陀堂を建て平等院とした。平成十三年（二〇〇一）、朱塗りの反橋、平橋が復元された。

承暦元年（一〇七七）、白河天皇が洛東岡崎に法勝寺《ほっしょうじ》を造営。岡崎には法勝寺を含めて六つの浄土教寺院が建ち並び六勝寺《りくしょうじ》と総称されたが、そのいずれにも池泉庭園があり、壮大な景観が展開していた。

◆後　期

浄土教庭園が主流となり、地方にも伝播した。院政期に入り、白河上皇は応徳三年（一〇八六）鳥羽離宮を造営。広さ一㎢にも及び、池水は海のようであったという。仁安三年（一一六八）、平清盛が厳島神社を修造した時、鳥羽離宮を手本としたという。

大治五年（一一三〇）待賢門院《たいけんもんいん》が造営した法金剛院の滝は高さが三・五ｍもある。久安六年（一一五〇）に浄瑠璃寺、仁平三年（一一五三）には円成寺《えんじょうじ》の園池ができた。

大治三年、平泉を開いた藤原清衡が亡くなった。毛越寺《もうつうじ》は清衡と基衡の建立。東西一八〇ｍ、南北九〇ｍの大池泉があり、霞形の中島、干潟《ひがた》様の洲浜、岩島、荒磯《ありそ》、遣水など、作庭当初の形がそのまま残っている。平泉には、他に基衡の妻が建立した観自在王院《かんじざいおういん》、秀衡の建立した無量光院《むりょうこういん》等の浄土式庭園がある。

白水《しらみず》の阿弥陀堂は、秀衡の妹徳姫が、永暦元年（一一六〇）に造営した。また翌年には、後白河上皇が法住寺殿《ほうじゅうじでん》を造営している。

洛中の平安時代の庭園は、神泉苑しか残っていないが、発掘調査によって高陽院、堀川院、河原院、冷泉院など三十庭近くが確認され、当時の様子を窺い知ることができる。

鎌倉時代の庭園

幕府が開かれても遷都ではなかったので、京都では寝殿造と浄土式の池泉庭が続いた。

鎌倉では、寿永三年（一一八四）、頼朝が石壺を作り、蓬莱園と称した。文治五年（一一八九）、頼朝は毛越寺に倣って永福寺《えいふくじ》の造営に着工した。この池泉庭は戦後発掘が行われて、すでに全容が解明されている。正治二年（一二〇〇）には、大江広元が自邸に作庭した。

京都では、建永元年（一二〇六）に後京極良経《ごきょうごくよしつね》が中御門《なかみかど》殿《でん》を造営。この期で注目すべきは、元仁元年（一二二四）に西園寺公経《さいおんじきんつね》が営んだ北山山荘（後の鹿苑寺）である。公経は頼朝の姪を妻として、関東申次《かんとうもうしつぎ》の任にあたり、太政大臣にまでなって、摂関家を凌ぐ権力を得た。

建長三年（一二五一）中原師員《なかはらのもろかず》が死亡。彼は西方寺（後の西芳寺）を浄土教寺院に改宗。園池も浄土式に改造した。

弘長二年（一二六二）、北条実時は称名寺《しょうみょうじ》を建立し、弥勒浄土の池泉庭を築いた。池形は、元亨三年（一三二三）の絵図と変わりなく保存されており、絵図に従って反橋と平橋が復元されている。

この時代の後期に禅の庭が発祥した。禅寺の七堂伽藍は浄土式庭園のように、本堂前（伽藍の中心）に池泉庭園を設けることはなかった。

建長五年（一二五三）、建長寺を開山した蘭渓道隆《らんけいどうりゅう》は、方丈のうしろに小池泉庭を築いた。道隆は讒言によって甲斐、信濃に逃避した。この時、甲府の東光寺に入り、龍門瀑の庭を作ったとされる。道隆は建長寺で雲水たちに、日常の修業の心構えを説くため、龍門瀑の故事を引用していた。それを庭の主題としたと思われる。

道隆についで、禅の庭を大成させたのが夢窓疎石《むそうそせき》である。夢窓は悟後の修業の旅の先々で作庭を行った。正和二年（一三一三）多治見の永保寺《えいほうじ》、正中元年（一三二四）鎌倉の瑞泉寺、元徳二年（一三三〇）甲斐の恵林寺《えりんじ》とつぎつぎに作った。元弘三年（一三三三）、夢窓は後醍醐天皇から賜った臨川寺《りんせんじ》に入り、ここにも作庭した。

文正元年（一四六六）に書写された『山水並野形図《さんすいならびにのがたず》』は『作庭記《さくていき》』に次ぐ古伝書である。この作庭家系図伝に夢窓のことを竜門和尚と記している。龍門瀑の庭を創った禅僧という意味と解される。

室町時代の庭園

前期は禅庭が最も隆盛した時代である。

延元四年（一三三九）、夢窓は西芳寺に入り、浄土教寺院を禅宗に改め、浄土式庭園を禅庭に改造した。池泉を「無縫塔《むほうとう》」という禅の主題で構成し、上段に新たに枯山水を築いた。龍門瀑を三段に組み、そこを野外の座禅場とした。夢窓は庭を作るのは、心の清らかさを磨くための世界であるとして、無塵にして清浄を旨とした。一に掃除、二に読経という禅庭の本質が生まれた。

夢窓が西芳寺作庭中、後醍醐天皇が吉野で崩御。追善供養のため、尊氏が天龍寺を建立した。夢窓が開山として入寺。方丈のうしろに、池泉庭を築いた。中央の中島をなくし、かわって正面に龍門瀑を組み、滝前に石橋を架けた。まったく新しい様式の池泉庭である。舟遊式ではなく、池の辺りを思惟散策する廻遊式とした。龍門瀑と石橋は後代の禅庭の主題となった。

天授四年（一三七八）、義満は室町花御所《はなのごしょ》を作り、応永四年（一三九七）には、西園寺家の北山山荘を譲り受け、北山殿（後の鹿苑寺）を造営した。

洛中の大名館にも池庭が築造された。正長元年（一四二八）の大内盛見邸、永享二年（一四三〇）の細川持之邸などがある。大内氏は文明末年頃、領地の山口で雪舟に別業（後の常栄寺）を築かせた。龍門瀑が主題の庭である。雪舟は益田の医光寺、万福寺、光の普賢寺、英彦山の亀石坊などで数多くの作庭をした。

文明十四年（一四八二）、義政は東山殿（後の慈照寺）の造営に着工した。全体の構成はほとんど西芳寺の写しといえる。庭は河原者《かわらもの》の善阿弥が作った。河原者が作庭に参加するようになったのもこの時代の特色である。

応仁の乱は、洛中洛外を焦土と化したが、これが庭に新様式を生み出す契機ともなった。長享二年（一四八八）、細川政元は龍安寺を再建し、河原者に石庭を築かせた。大永七年（一五二七）、真珠庵には七五三の石組が作られた。

永正十年（一五一三）、大仙院の枯山水ができた。龍門瀑の主題に不動尊という平安時代の滝の主題が復活して組合わされた。

各地の守護大名も庭園を作った。長野県中野市の高梨氏館、福井の一乗谷朝倉氏館、岐阜の東《とう》氏館などがある。細川高国は享禄二年（一五二九）、朽木氏館（後の旧秀隣寺）と現在の北畠神社に作庭した。

安土桃山時代の庭園

この期はほとんど信長と秀吉にかかわるものばかりである。

永禄十一年（一五六八）、信長は義昭の御所として、二条御所を築造し、池泉庭を作った。慈照寺から九山八海石、細川邸から藤戸石を運んだ豪華絢爛たる池泉庭であった。

信長は内裏の御所庭園の修造もおこなった。天正七年（一五七九）には安土城を完成させ、庭園も作っている。

天正十一年（一五八三）、秀吉は大坂城を築造。本丸の北側に山里丸を設け、茶室と露地を作った。山里丸の構想には、利休が深く関与したと考えられる。露地の発祥がこの時代の一つの特色である。天正十五年、秀吉が九州出陣の折、箱崎の陣所にも茶室と露地が作られた。

同じ年、秀吉は聚楽第《じゅらくだい》を完成させ、池泉庭を築いたが、文禄四年（一五九五）には聚楽第を破却してしまった。西本願寺対面所の枯山水は、聚楽第の石組を移設したものと伝えられる。

文禄三年、秀吉は隠居所として伏見城を完成させて入ったが、伏見大地震で倒壊。慶長二年（一五九七）、第二の伏見城を完成させた。ここにも庭園と山里丸の茶室露地を作った。高台寺円徳院の枯山水は、北政所が伏見城の化粧御殿の庭を移築したものと伝えている。

この庭と西本願寺の庭は、ともに鶴亀蓬莱が主題で、島へ大きく、力強い石橋を架けている。このように鶴島、亀島、蓬莱島へ大きな石橋を架けるのが、桃山時代のもう一つの特長であった。

慶長三年、秀吉は三宝院の池泉庭の縄張りを自ら行ったが、庭は未完のままその年に亡くなった。秀吉にかかわる庭としては、長浜吸月亭、多賀大社、干菜《ほしな》寺などがある。

江戸時代の庭園

◆初　期

第一の特色は、大名の大池泉庭園の隆盛である。池辺の諸所や中島などに茶亭や茶庭を配し、舟遊・廻遊の総合園式の大庭園が多い。現存する大名庭園としては、二条城、徳島城表御殿、名古屋城二之丸、小石川後楽園、江戸城二之丸、浜離宮、前田家御殿山、水前寺成趣園、衆楽園《しゅうらくえん》、天赦園、仙巌園《せんがんえん》、栗林園、兼六園（蓮池）、玄宮園、岡山後楽園、六義園《りくぎえん》、会津御薬園、養浩館《ようこうかん》などがある。

各藩の大名は江戸藩邸にもほとんどが庭を作っていた。複数の屋敷を有し、それぞれに庭を作っていた大名もある。二七〇藩の大名が、江戸時代を通して江戸に造営した庭園は、旗本屋敷などを含めると少なくとも五〇〇庭は越える。江戸は平安時代の京都と同じように、大庭園都市であったということができる。現存するのは、遺構を含めて二〇庭ほどに過ぎない。

寛文九年（一六六九）ころにできた尾張藩の戸山山荘などは、その一部に箱根の宿場街をそっくりそのまま実物大で再現したほどに広大な池泉庭であった。こうした一つの宿場だけでなく、東海道や中仙道など街道の名勝の写しが多いのも大名庭園の特色である。

大名庭園の主題はやはり鶴亀蓬萊であるが、陰陽和合が裏の主題としてあった。家門の永続を願ったもので、陰陽石によって表されている。

京都では、数は少ないが、宮廷庭園に優れた池泉庭ができた。桂離宮、仙洞《せんとう》御所、修学院離宮などである。

寺院では、各本山の塔頭子院をはじめ、大名の菩提寺などに作られた。南禅寺本坊、頼久寺、南宗寺、大徳寺本坊、金地院《こんちいん》、詩仙堂、孤篷庵《こほうあん》、円通寺、曼殊院《まんしゅいん》、蓮華寺、智積《ちしゃく》院《いん》、龍潭寺《りょうたんじ》、青岸寺、曹源寺、能仁寺《のうにんじ》などがある。

◆中　期

享保二〇年（一七三五）に『築山庭造伝《つきやまていぞうでん》』（前編）が出版されるなど、庭園の普及化が始まった。商家や庄屋など一般民家にも作られるようになった。福井県の伊藤邸、新潟県の村山邸、赤穂市の田淵邸、兵庫県の大部《だいぶ》邸、広島県の加計邸、鳥取県の尾崎邸など各地に広がった。

◆末　期

庭園が最も広く流行した時代である。文政十一年（一八二八）には、『都林泉名勝図会《みやこりんせんめいしょうずえ》』や『築山庭造伝』（後編）が出版され全国的に流布した。天明や天保の飢饉の時でさえも、救済事業として庭が作られたほどである。

大名の既存庭園も大改造されたものが多い。寛政の改革者松平定信は、寛政五年（一七九三）の浴恩園《よくおんえん》をはじめ南湖公園、白河城の三郭四園《さんかくしえん》、赤坂蝸牛庵、六園《りくえん》、海荘《はまやしき》と六つも作っている。松平不昧《ふまい》は享和三年（一八〇三）、茶室と茶庭をいくつも連続させた珍しい大崎別業を造営した。

江戸の作庭家が地方に下って、特色のある流派を形成した。津軽の大石武学、仙台の清水道竿《どうかん》、越後の県宗智《あがたそうち》、会津の目黒浄定、但馬の岩崎清光、出雲の沢玄丹、豊後の石龍などがいる。沖縄にも庭が作られた。寛政十年（一七九八）、琉球の尚温《しょうおん》王が識名園《しきなえん》を造営。文政二年（一八一九）には、石垣島の石垣氏邸と宮良殿内《みやらどんち》に庭ができた。

明治・大正の庭園

明治も半ばを過ぎると、豪商や資本家が大池泉庭を造営した。京都南禅寺界隈には、琵琶湖の疎水を利用した別荘が幾つも作られた。その作庭はほとんど植治《うえじ》こと小川治兵衛が行った。明治二八年（一八九五）の平安神宮に始まり、無鄰庵《むりんあん》、伊集院氏別荘、都ホテル、對龍山荘、織宝苑、清流亭、碧雲荘、有芳園、細川氏怡園《いえん》、何有荘《かゆうそう》などを作った。以後、大正、昭和のはじめにかけての造園界は、植治の一人舞台といえるほどに、つぎつぎと各地に大庭園を作り続け、円山公園、慶雲館、旧古河邸、慶沢園《けいたくえん》、大原別邸などみな彼の作庭である。植治の庭は、背景を巧みに取り入れた借景式が多く、自然主義的な構成が多い。

明治六年（一八七三）、明治政府は公園設置布告を出して、庶民行楽の地として都市公園を設けたが、多くは大名庭園をそのまま公園とした。兼六園や栗林園など多くが公園に指定された。明治三六年（一九〇三）にできた日比谷公園は、はじめての本格的な洋風庭園であった。以後公園は洋風庭園が多くなる。

昭和の庭園

古庭園の研究が盛んになり、庭園研究会なども生まれた。本書の編者である京都林泉協会も昭和七年（一九三二）に発足した。高校大学に園芸科や造園学部が設けられた。

外山英策は、昭和二年に『源氏物語と日本庭園』を、昭和九年には『室町時代庭園史』を出した。龍居松之助は、大正十二年の『庭園研究十五題』や昭和七年の『日本庭園史要』など実に数多くの論著を出した。なかでも重森三玲《しげもりみれい》は、昭和十一年から全国庭園の実測調査と資料収集を行って十四年までに『日本庭園史図鑑』（二六巻）をまとめた。

久恒秀治も京都庭園の実測調査を行って昭和四二年に『京都名園記』（三巻）を出し、ともに研究の基礎資料となった。また庭園の研究家が作庭にも参加するようになった。

重森三玲は、十四年に東福寺本坊を作庭後、光明院《こうみよういん》、高野山、岸和田城、太宰府光明寺、大徳寺瑞峯院《ずいほういん》、漢陽寺、豊國神社、松尾大社など立石を特徴とする庭園をつぎつぎと作った。

戦後は学術的な発掘調査と修理復元工事が多く行われ、飛鳥や奈良の庭園がつぎつぎと整備された。岐阜県の東氏館跡、広島県の万徳寺跡のように、地方でも庭園が復元されている。

地割の変遷

池泉地割

飛鳥時代は、二つの池形が見られる。島庄遺跡などの方形と飛鳥京跡苑池の細長い池の中央に渡堤を築き、洲浜形の中島を有したものとがある。前者は百済からの移入。

奈良時代も二つの形がある。平城京跡東院は、極めて複雑に屈曲した霞形の池形で、中央の出島に建物が建ち、反橋と平橋を架け、池中に洲浜形の中島がある。平城京跡左京三条二坊宮跡はS字形に曲がりくねった細長い流れの曲水式の池泉である。また、この時代に遣水もできていた。

平安時代は、寝殿造の前に凹字形の大池泉を穿ち、東西に釣殿や泉殿を配し、大きな中島を築き、朱塗りの欄干橋を架けた。多島式もあり、舟遊を目的とした。この時代の『作庭記』には、池は鶴か亀の形に掘る、とある。

鎌倉時代、禅宗がもたらされてからは、本堂前に池泉が築かれなくなり、代わって方丈の後や書院の前に築かれた。

室町時代の初期には、舟遊を目的とせず、池辺を回遊する禅宗様池泉が完成した。禅宗様池泉に平安様式が加味された二重式も多くなった。小規模で、観賞本位となる。

桃山時代は、城郭の中に池泉を掘り、鶴島と亀島を配し、大きく力強い石橋を架け渡している。

江戸時代初期は、舟遊を目的とした総合園的な大池泉が宮廷や大名の庭園を中心として隆盛した。中期は、小寺院や一般民家にも浸透して、小型化し、形式化した。末期は、大名池泉の新造や改造が流行った。

明治時代は、富豪の借景式大池泉に茶亭を配したものが主流となる。洋風庭園との折衷式も多い。

枯山水

平安時代は、水のない所に築いた石組を枯山水といった。水を用いずに山水を表した庭は夢窓国師が築いた西芳寺の枯山水に始まる。龍門瀑を主題とし、座禅の場としてできた。掃地に石を配して作る禅観の境である。龍安寺は、そこに七五三の石を配した。大仙院は龍門瀑に鶴亀蓬萊と平安時代の滝の主旨である不動の滝が組合わさっている。

桃山時代以降は、禅寺だけでなく大名や一般民家にも流行した。ことに、刈込みが用いられてからは、枯山水も景趣がいっそう豊かになり発展した。

池泉地割

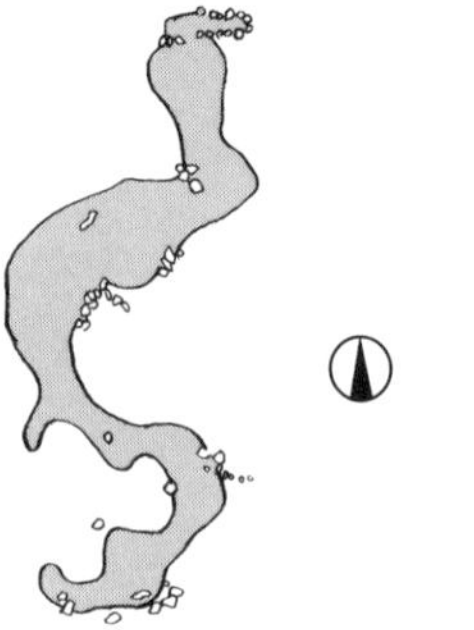

0 10 20 m

平城京跡左京三条二坊宮跡

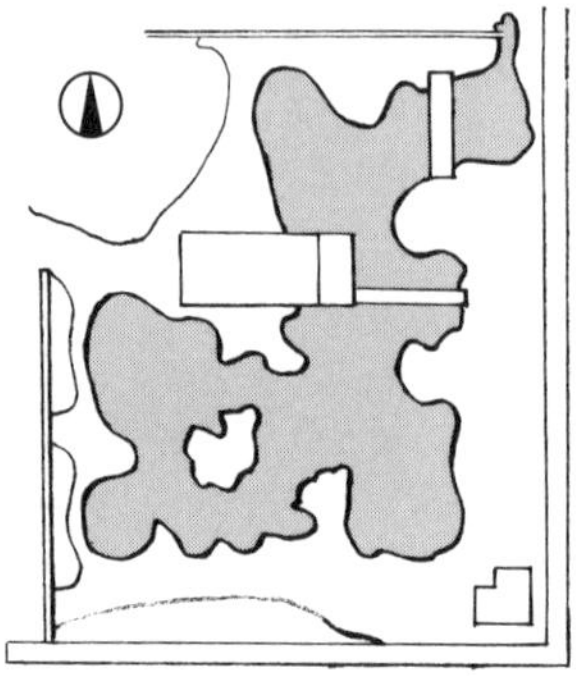

平城京跡東院

0 10 20 30 m

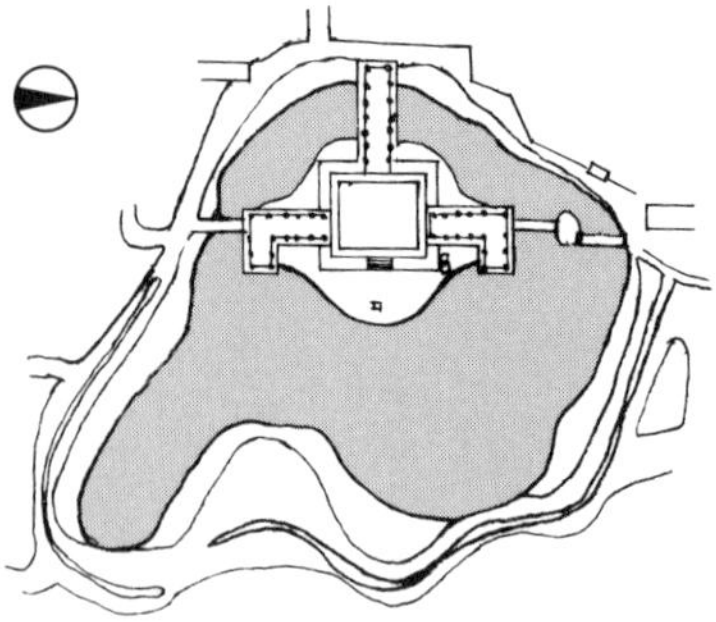

平等院

0 30 m

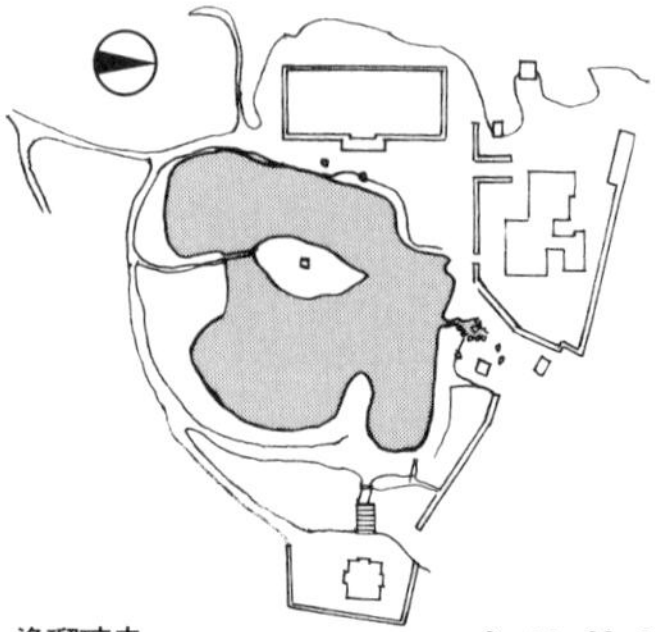

浄瑠璃寺

0 10 20 30 m

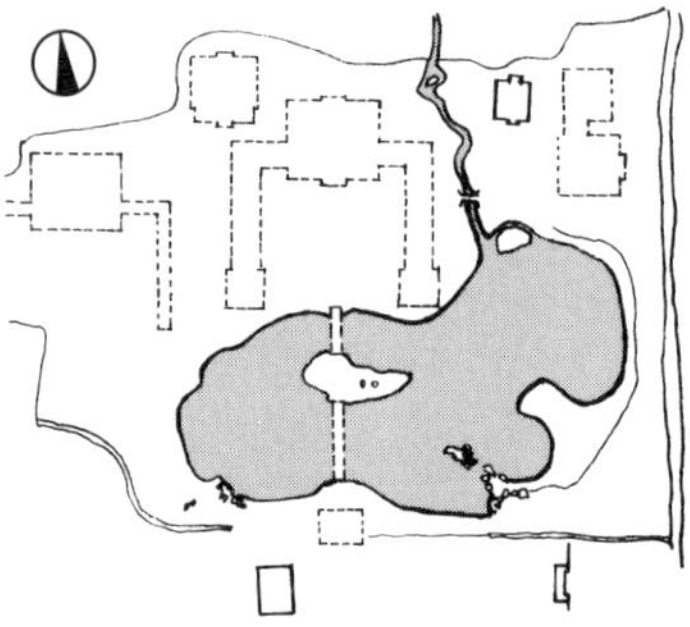

毛越寺

0 50 100 m

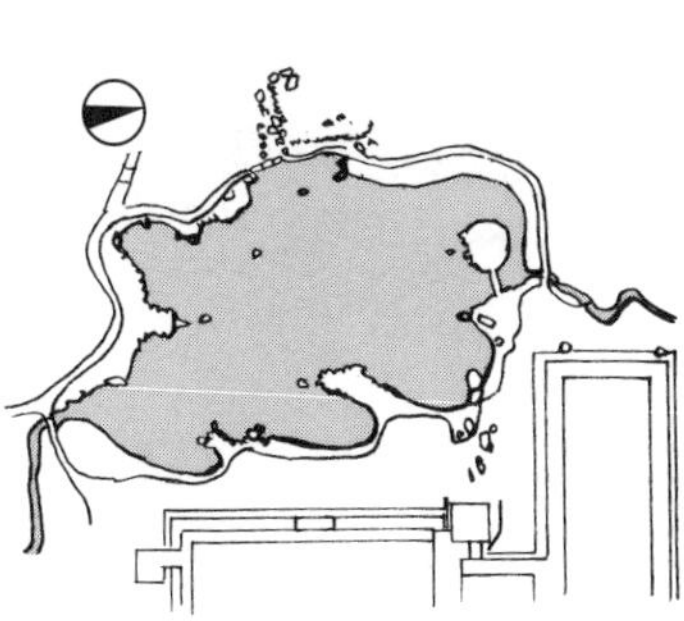

天龍寺　0 10 20 m

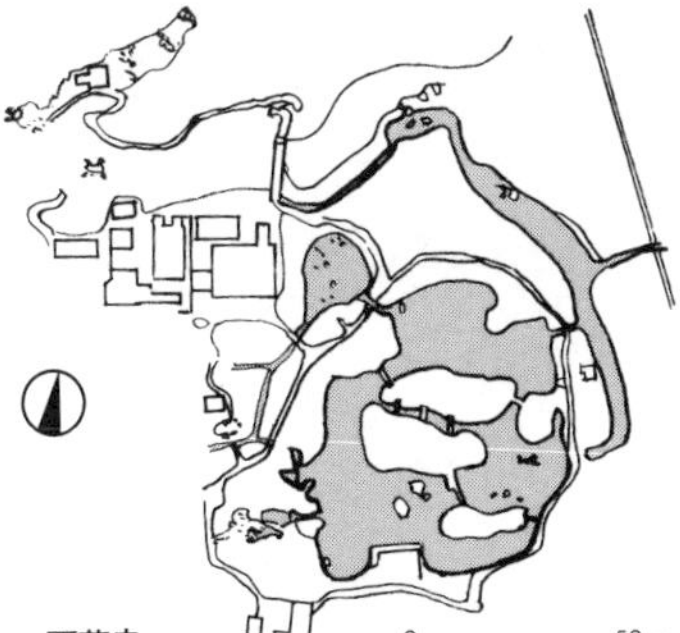

西芳寺　0 50 m

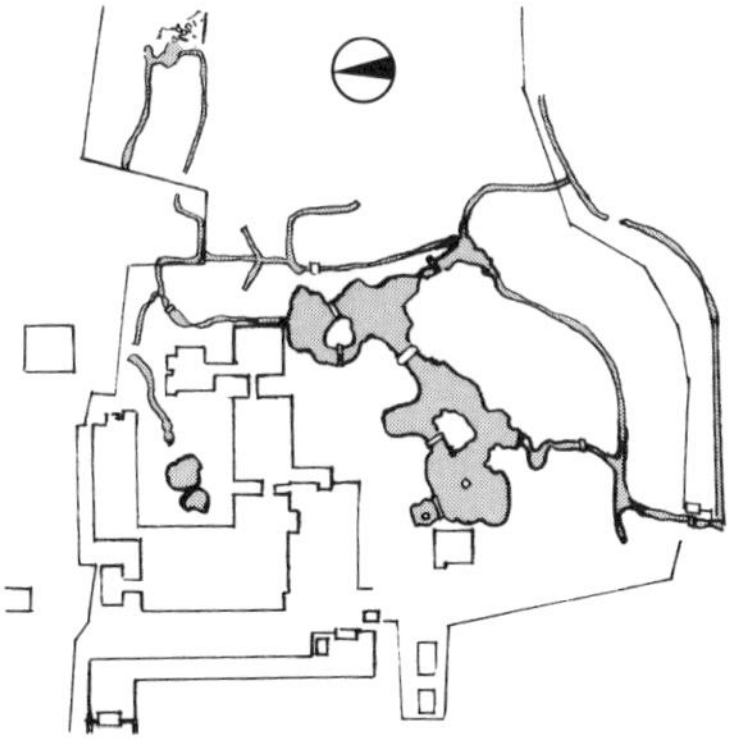

慈照寺　0 20 50 m

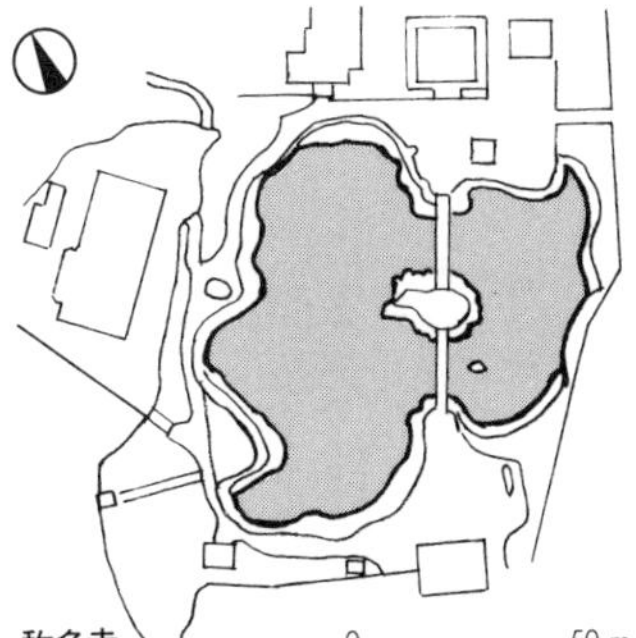

称名寺　0 50 m

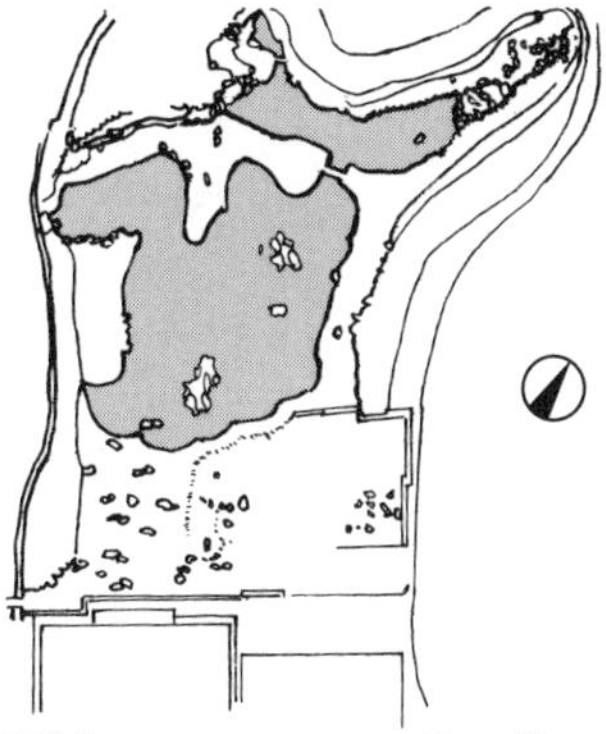

常栄寺　0 10 20 m

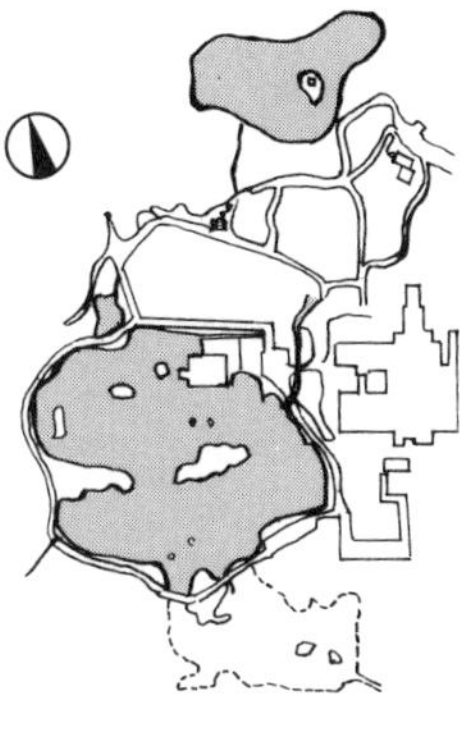

鹿苑寺　0 50 m

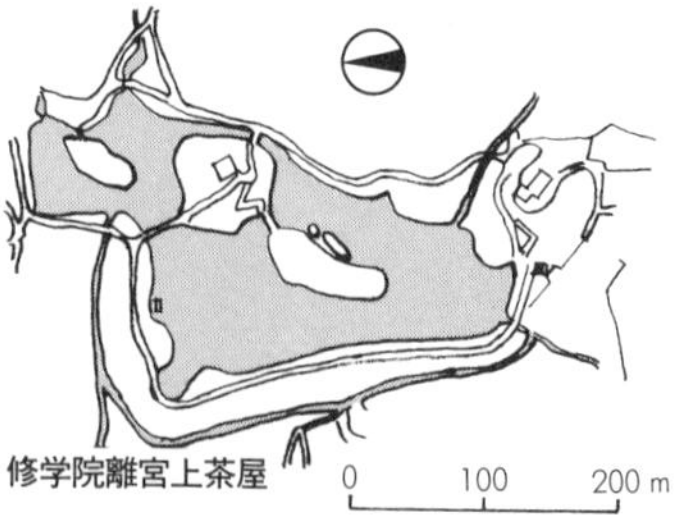

修学院離宮上茶屋

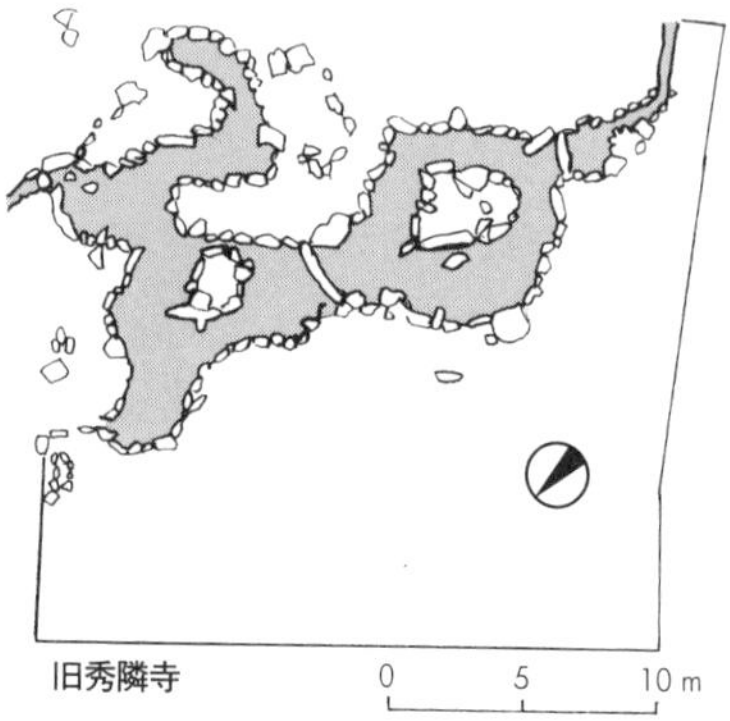

旧秀隣寺

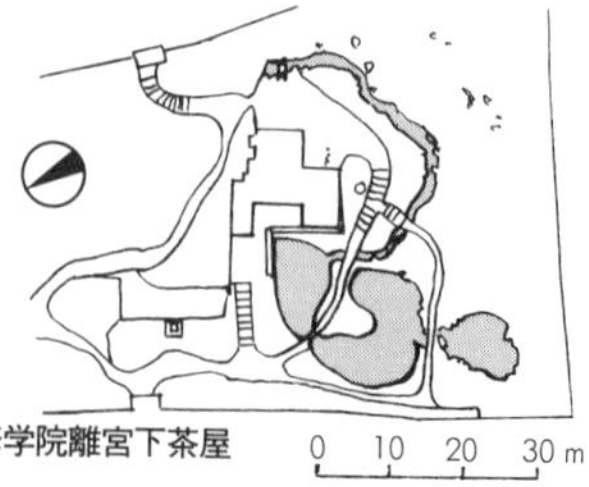

修学院離宮下茶屋

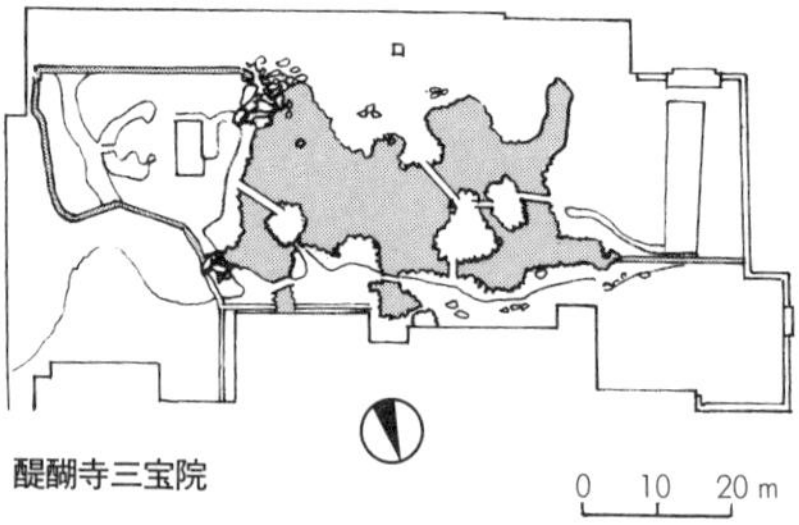

醍醐寺三宝院

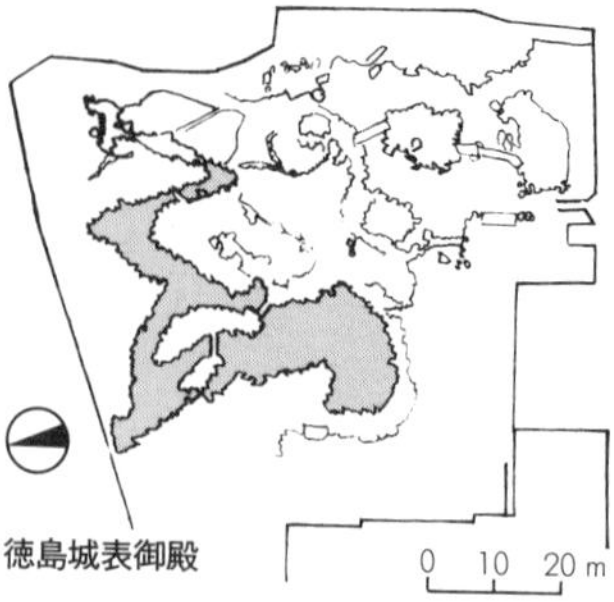

徳島城表御殿

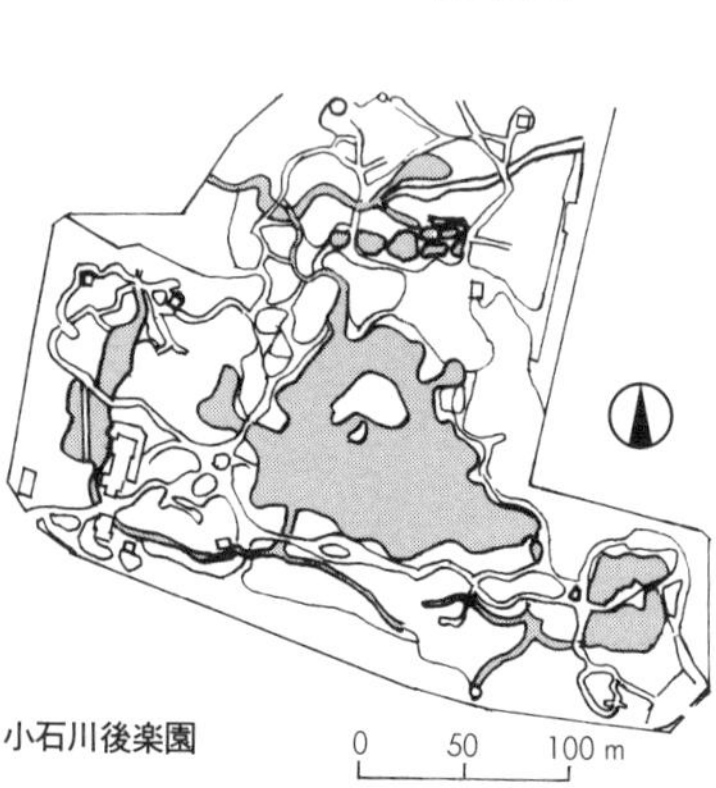

小石川後楽園

桂離宮

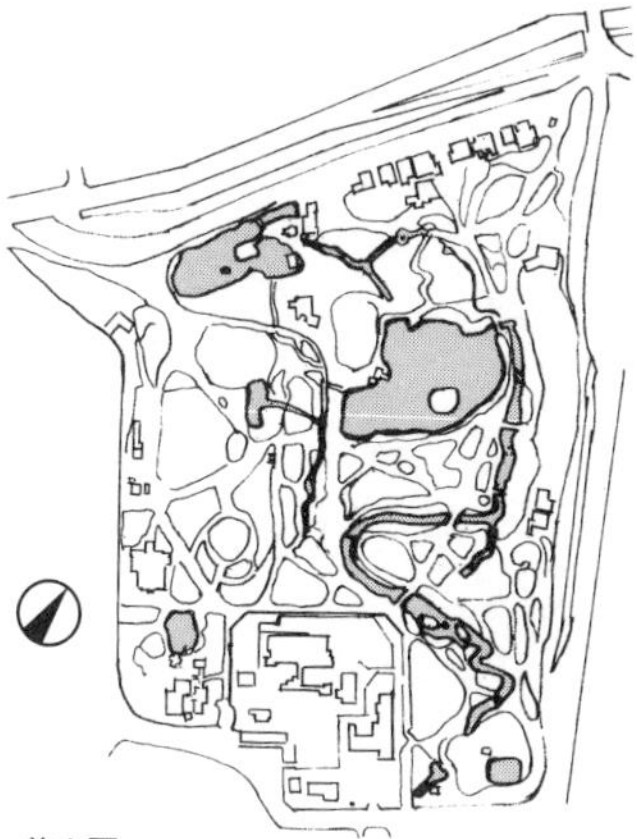

兼六園

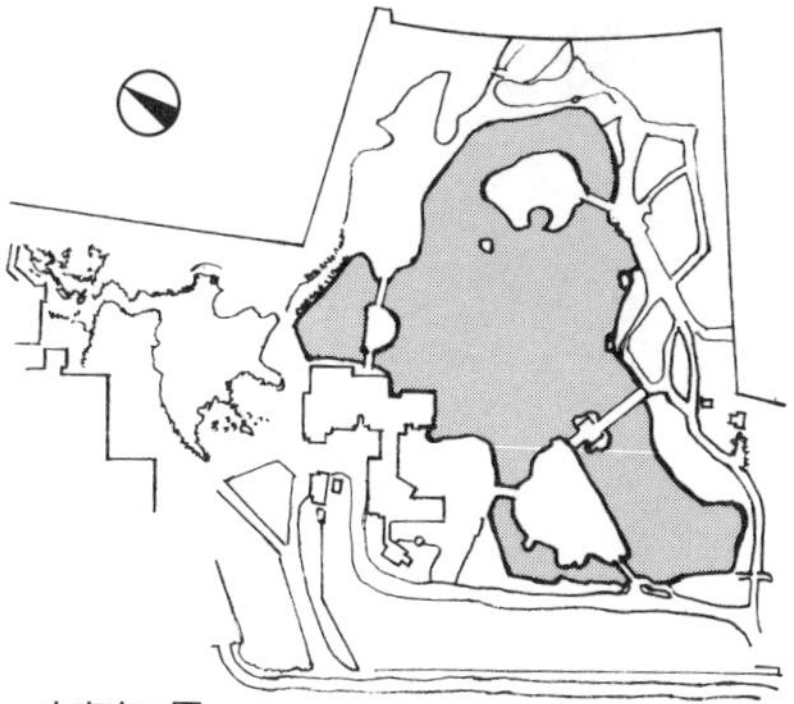

玄宮楽々園

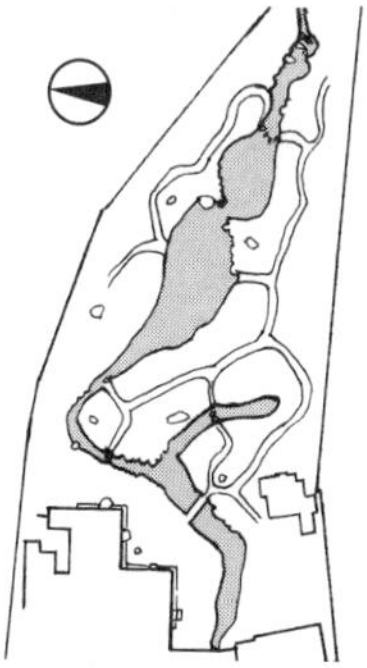

無鄰庵

六義園

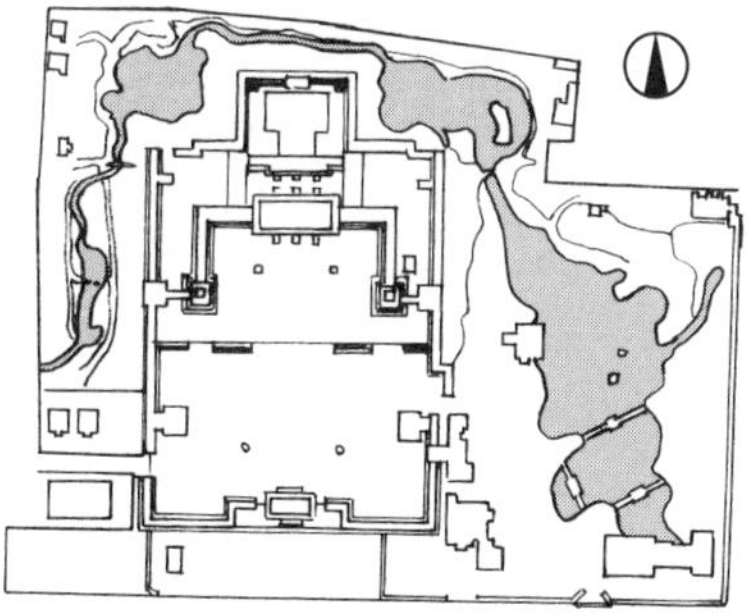

平安神宮神苑

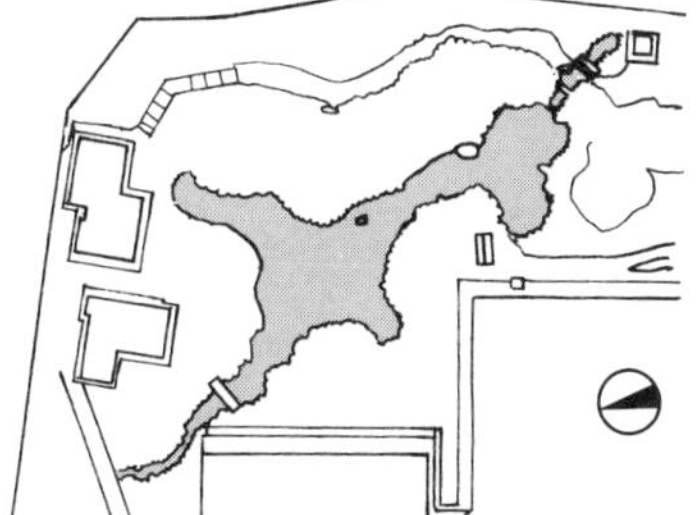

両足院書院

枯山水地割

西芳寺

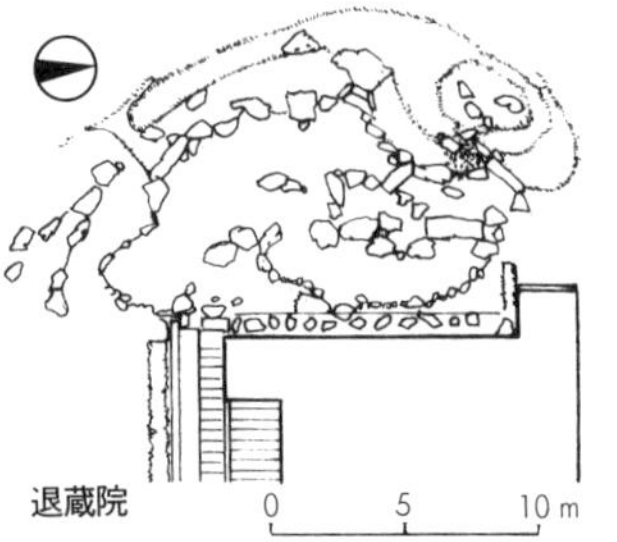

退蔵院

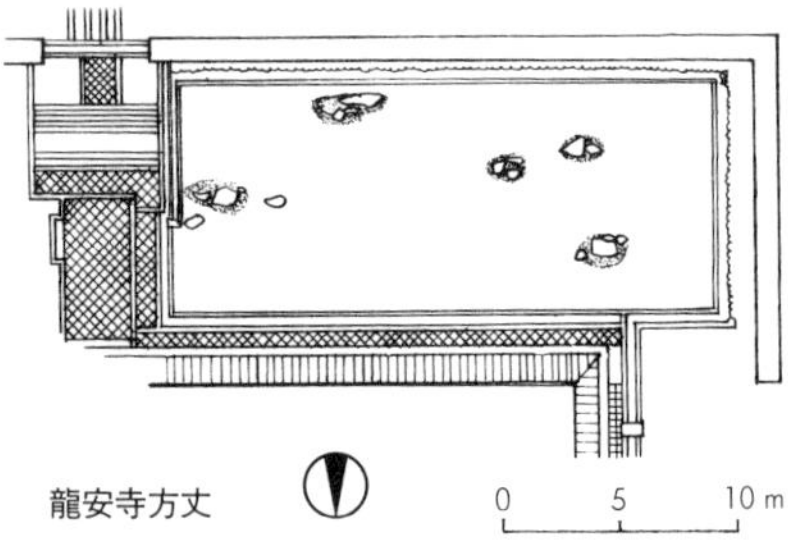

龍安寺方丈

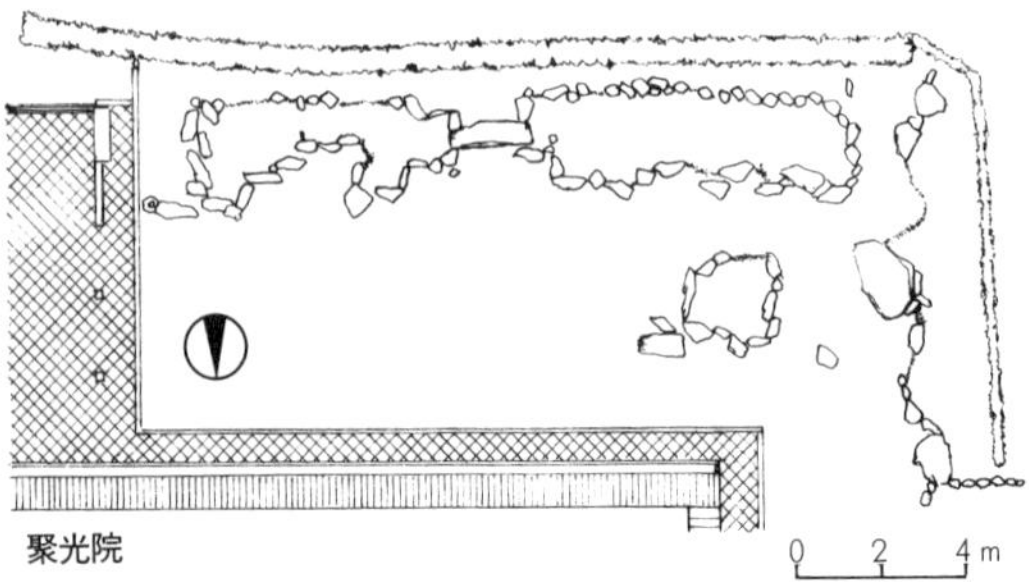

聚光院

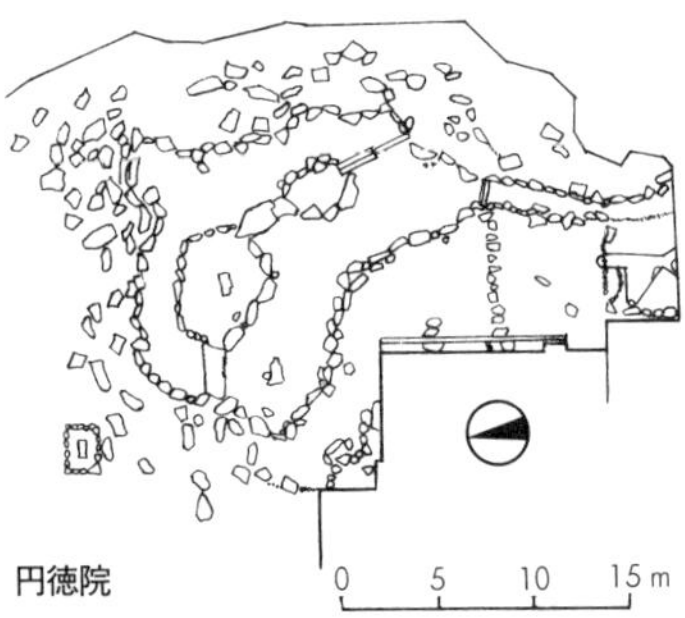

円徳院

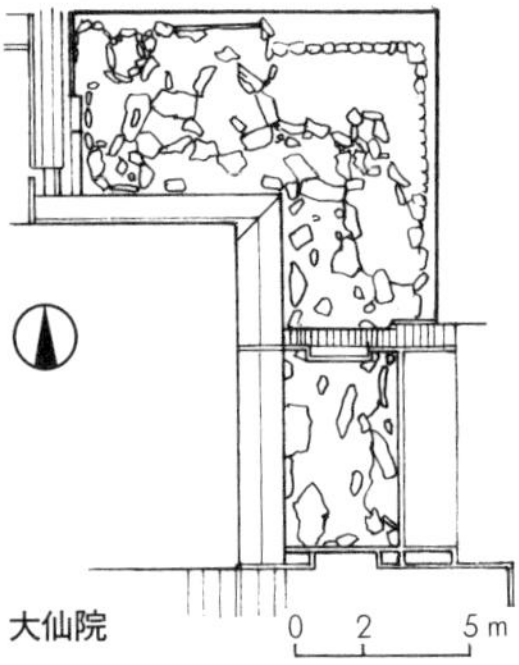

大仙院

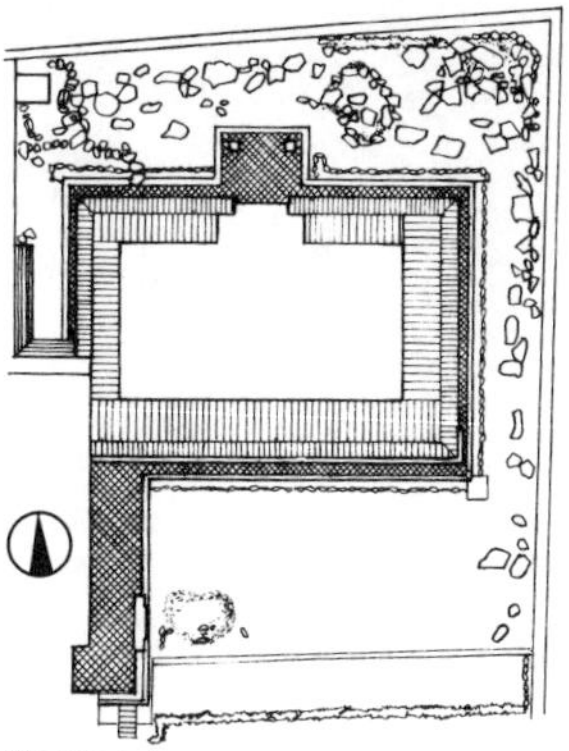

酬恩庵方丈　0　5　10 m

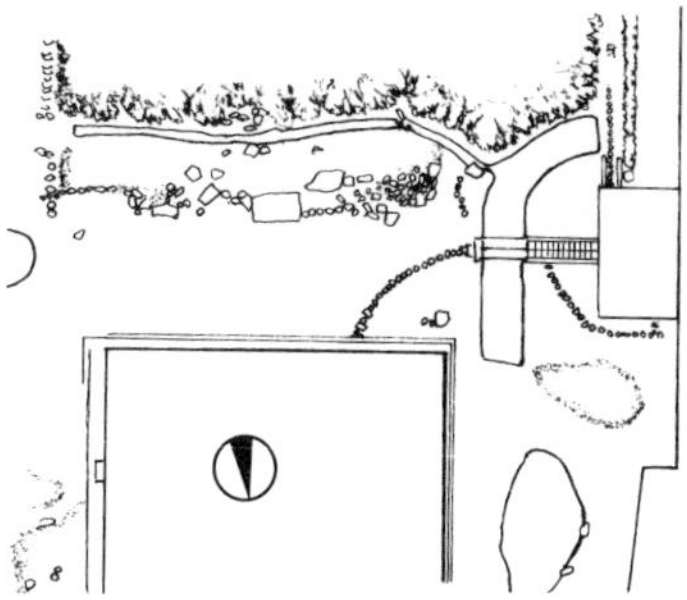

金地院　0　10　20 m

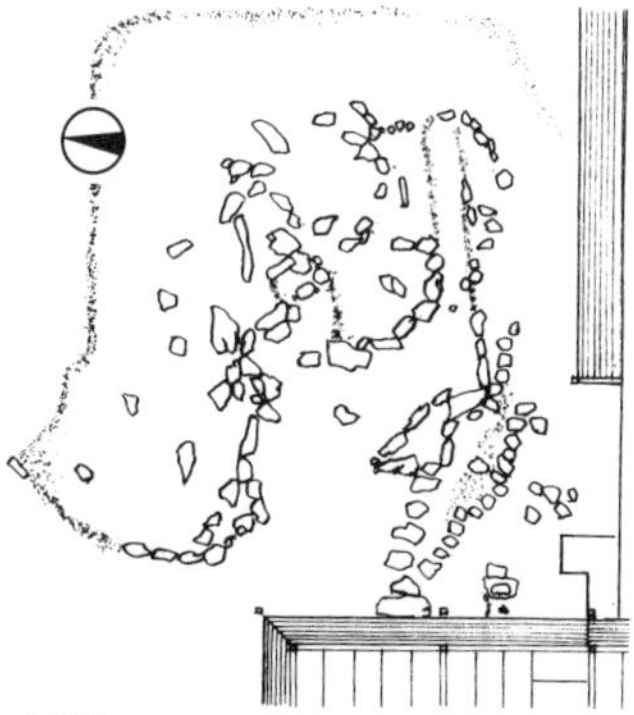

大通寺　0　5　10 m

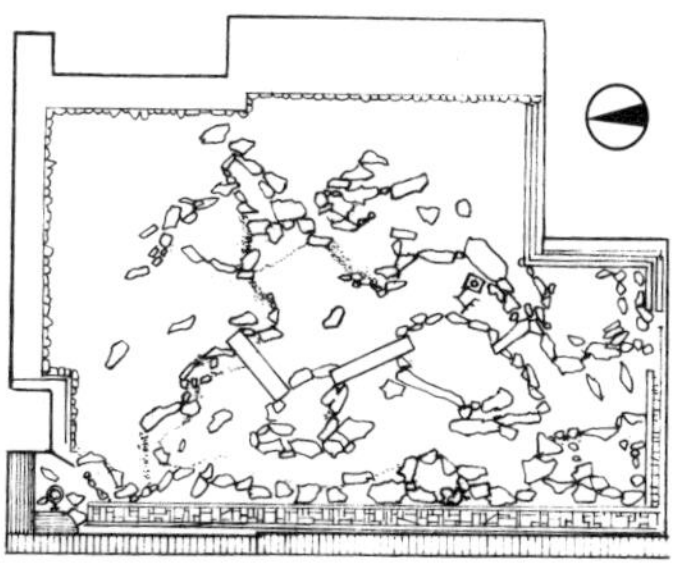

本願寺大書院　0　5　10 m

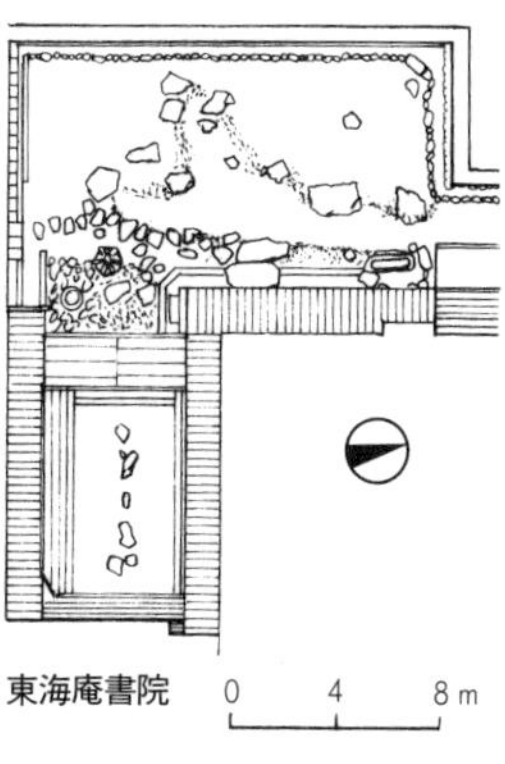

東海庵書院　0　4　8 m

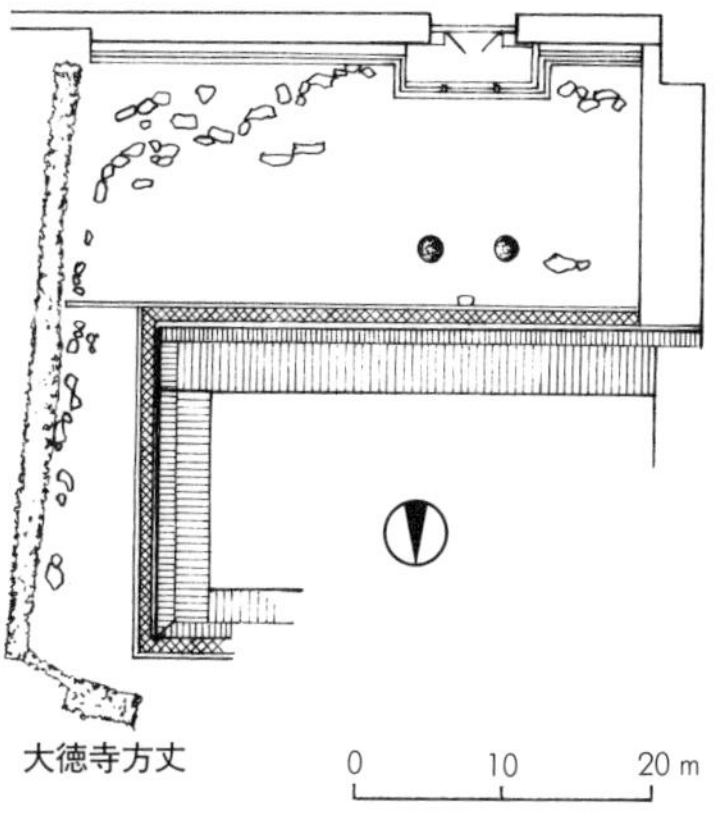

大徳寺方丈　0　10　20 m

27　地割の変遷

石 組

須弥山・鶴亀蓬萊石組

石組は庭園の骨格である。『作庭記』にも、冒頭に立石口伝として、石組の要諦が記されている。

庭園の石組以前に、日本には天津磐座、磐境があった。石を神の依代として祀り、また神のいます神聖な結界として、石で囲った。自然のままの巨岩もあれば、組んだものもある。石組は、古来から日本人の心の中にあった。

飛鳥時代、仏教の伝来で須弥山思想が入り、須弥山像が石で彫刻的に作られた。須弥山を主題とした庭は数が少ない。益田市の万福寺はその秀例。特殊なものとして、北畠神社や旧玄成院の渦巻式須弥山石組がある。

神仙思想は古墳時代にすでに入っていたことが知られる。平城京跡東院の北岸に奈良時代の集団石組があり、蓬萊山石組と推測される。漢の武帝が太液池《たいえきち》の中に三神仙島を築いた時、島を亀の形に象っている。この神仙蓬萊庭は鶴亀蓬萊の形で移入されたと考えられる。鶴島亀島の石組は、日本庭園の根幹である。

平安時代、鶴亀の遺構はないが、毛越寺の立石岩島と荒磯風の石組も鶴島亀島と見ることもできる。室町時代、西芳寺や天龍寺、永保寺では、禅庭の副題として小さく、遠く離して組まれている。鹿苑寺では、鶴島亀島が大小七つも散在している。戦国時代は鶴島亀島は主題として正面に築かれる。保国寺や医光寺では、池中に中島一島で、鶴は陸部に象徴的に組まれている。朝倉氏湯殿跡は池中に鶴島を配し、陸部に亀島を組んでいる。旧秀隣寺では、鶴島と亀島が向かい合った一対の構成にしている。桃山時代も、西本願寺対面所、円徳院、三宝院など一対形が多い。

江戸時代に入っても、金地院のごとく一対形が続いた。江戸時代の小庭園の大半はこの形をとっている。

亀頭石だけで亀島を表していることも多い。特殊な形として、東氏館跡や兼六園のように一島で鶴に見えたり、亀に見えたりする兼用手法もある。鶴島亀島は神仙蓬萊島を表しているが、別個に海上遙かに浮かぶ蓬萊島を岩島の形で表現することもある。栗林園の仙磯《せんき》は海上に揺らめく姿が組まれている。蓬萊山の象徴として洞窟石組がある。仙人の棲家を象徴する。蓬萊石組に有孔体の怪石が用いられるのは、この仙窟をあらわしている。

磐座・鶴石組（阿知神社）

蓬莱山（平城京跡東院）

須弥山（万福寺）

須弥山（龍源院）

須弥山（北畠氏館跡）

亀島（旧秀隣寺）

鶴島（旧秀隣寺）

鶴島・亀島（鹿苑寺）

鶴島（東氏館跡）

亀島（医光寺）

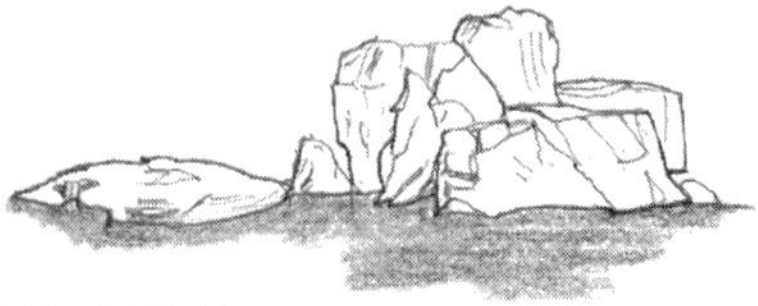

鶴島（常栄寺）

亀島（常栄寺）

亀島・鶴島（醍醐寺三宝院）

鶴亀・蓬莱（円徳院）

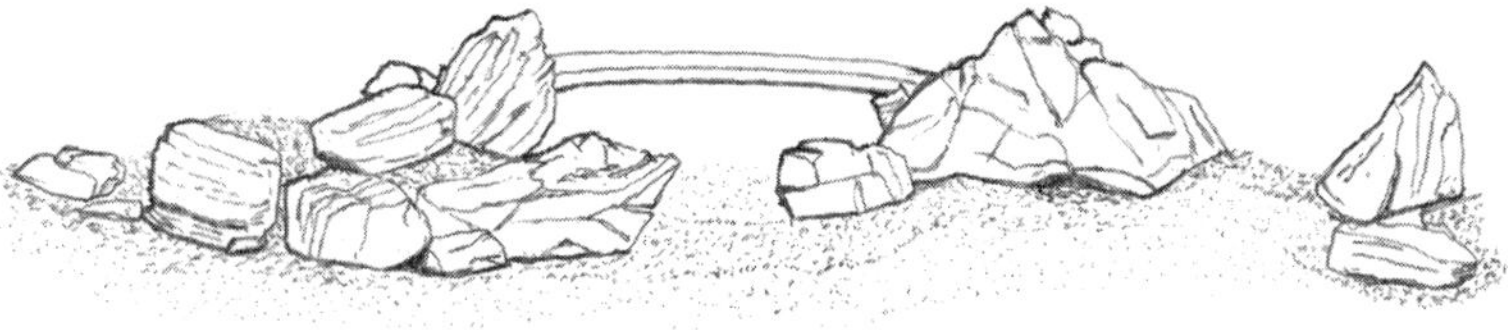

亀島・鶴島（本願寺大書院）

亀島（金地院）

鶴島（金地院）

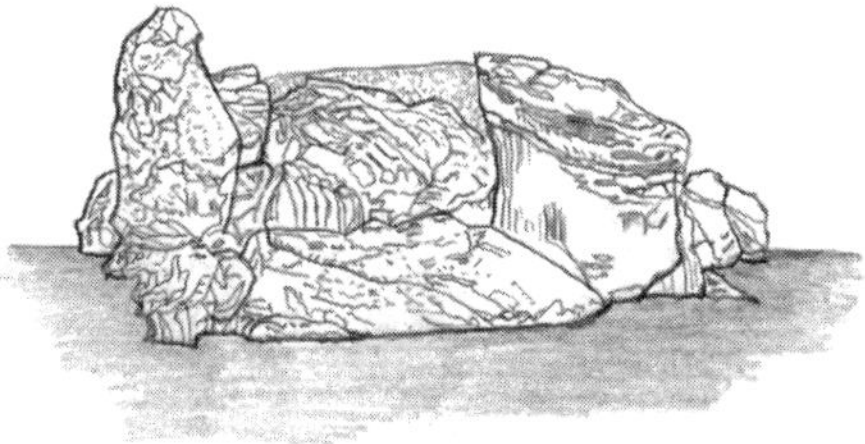

鶴島（深田氏邸）

亀島（深田氏邸）

三尊石組

「石を立つるに、三尊仏の石は立ち、品文字の石は伏す、常事也」と、『作庭記』は記している。中央の石を高く、手前左右に二石を低く組添えた形を、仏像の三尊形式に喩えて三尊石と称している。阿弥陀三尊（阿弥陀、観音、勢至《せいし》）、釈迦三尊（釈迦、文殊、普賢）、薬師三尊（薬師、日光、月光）などを範とする。とくに不動三尊（不動、制吒迦《せいたか》、矜羯羅《こんがら》）は滝石組の中によく見られる。

石を調和させて、連続的に組むと必然的に三尊的な形ができる。その中でも、中心に大きく組んだものを三尊石という。

大覚寺大沢池の名古曽の滝は、中心石が脇添石二つを抱くような形をしている。品文字形の三尊である。

室町初期の西芳寺には二種の三尊石がある。枯山水亀島と池泉護岸の三尊である。亀島の亀頭部を横から見ると亀の頭に見えるが、正面は三尊になる。中心石は三角形で、脇添石は左右ともに小さく低い。この三尊形式は、のちに亀島の亀甲石の三尊に多用される。三宝院、金地院はその例である。護岸の三尊石は長島の中央部の北側と南側に背中合わせに二つあり、ほぼ同じ形をしている。中心石も脇添石もともに低く横に長い。品文字形であるが、中心石は脇添石よりも少し高いだけである。

この三尊の形は鹿苑寺の葦原島《あしわらじま》に規模を大きくして写されている。ここにも背中合わせに二つある。金閣の正面に位置しており、庭の中心的な主題を表していると考えられるが、具体的にどの三尊かは不明。鹿苑寺のものは、中心石の前に低く一石を置いている。この前石を台座石とか蓮華石と称している。この形は鶴島の中心石組に発展したと思われる。

庭の主要部分の中心的石組は三尊石になることが多く、各時代にわたって数多くあるので、おおよその時代判別の材料となる。

東海庵の三尊石には、中心石に不動尊、脇添石に日天、月天の名がついているが、このような例は稀である。

三宝院の名石藤戸石は、秀吉が聚楽第から運んで立てさせたもので、秀吉はこの石を主人石とし、平天の脇添石を低く組んでいる。

西芳寺（亀島）

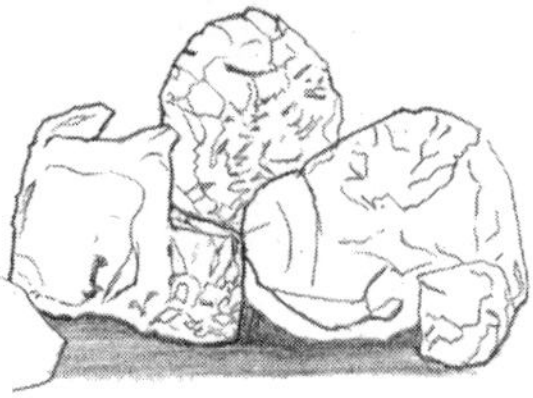

大覚寺大沢池（名古曽の滝）

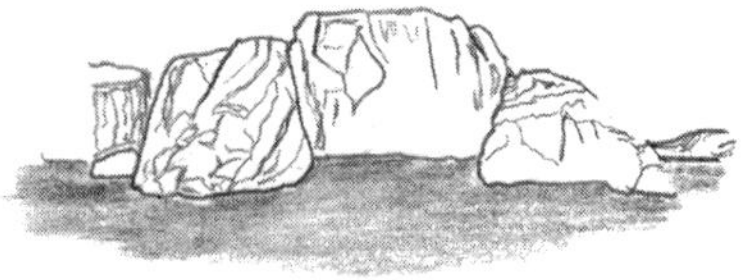

西芳寺（長島）

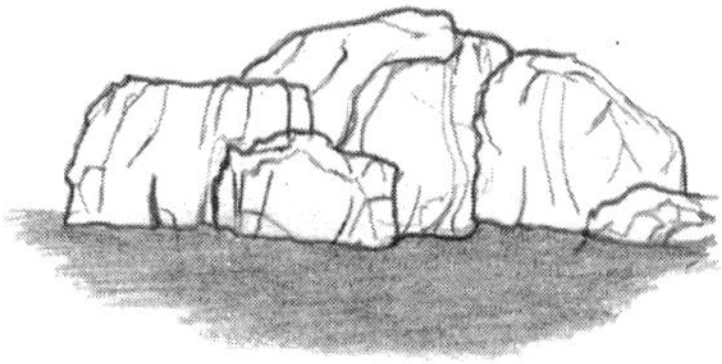

鹿苑寺（葦原島）

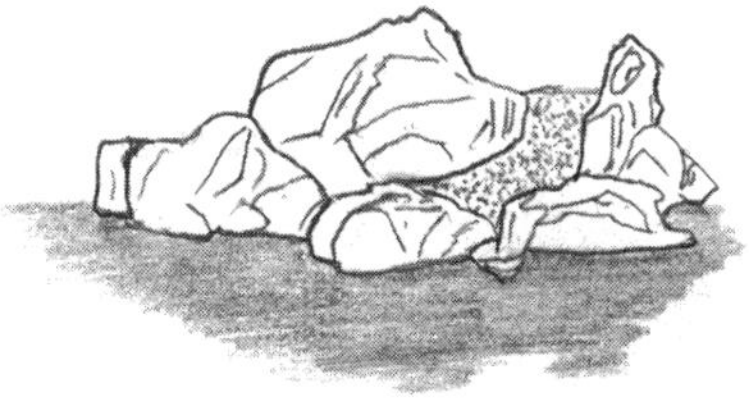

慈照寺（白鶴島）

万福寺

酬恩庵（虎丘）

小川家

醍醐寺三宝院（藤戸石）

円徳院

向嶽寺

金地院（亀島）

東海庵書院

摩訶耶寺

滝石組

飛鳥時代の島庄《しまのしょう》遺跡で流れの滝が発掘された。万葉集に詠まれた「東の激流」と考えられるが、落差はない。

奈良時代では、平城京東院と平城京左京三条二坊宮跡に、池泉の北東部の水口に小滝を見ることができる。

平安時代は、滝が非常に発達した。『作庭記』は、滝の形とその組方を詳しく記述している。遺構としては、大覚寺大沢池の名古曽の滝、法金剛院の青女《せいじょ》の滝が有名。法金剛院の滝は二段に積み足した三・五m余の高さがある。この時代は、自然の名勝の滝などを手本とし、その滝を不動尊とした。不動明王の誓願は、三尺以上の滝はすべて明王自身であるとし、滝が高いほど明王の強い法力を得ることができると考えられていた。必ず左右に二童子石を添えることを基本とした。

鎌倉時代は、禅宗が龍門瀑を庭の主題とした。龍門瀑は黄河の中流にあり、激流を登りきった鯉魚は龍になるという登竜門の伝説の滝である。建長寺の開山、蘭渓道隆は、この故事を、命を賭して修行する喩えとして、僧堂の修業僧の心構えに説いた。さらにそれをわかりやすくして庭に作った。東光寺は蘭渓の作と推測される。龍門瀑は三段の滝とそれを登ろうとする鯉魚石をもって表現される。

西芳寺の龍門瀑は枯山水に作られている。三段の滝の間を座禅の場所とするために枯山水にしたと考えられる。鯉魚石は下段の滝を登ったところで、中段に向かって泳ぎ出した形に組まれている。

天龍寺の龍門瀑は、二m余の板状の石を水落石に立て、その上に鯉魚石がある。上天の姿である。願勝寺はこの形を写している。鹿苑寺は滝の真下に、鯉魚が跳躍した瞬間の躍動的な姿に組んである。常栄寺や普賢寺は鯉魚石を滝から五mほど離して組んでいる。

大仙院は巨石の不動石と観音石を並べ立て、その足元に小さな鯉魚石を置き、観音石の右奥に三段の枯滝を落している。観音石は悟りの智恵を象徴するものとして龍門瀑には必ず組まれ、白衣観音の形をイメージさせる。天龍寺は山頂に、鹿苑寺は滝横にある。大仙院は龍門瀑に作庭記流の不動の滝が重ねられたものである。

桃山時代からは、滝は三段に組むことを基本としながら、龍門瀑の意味が薄れて、滝の景趣の面白さが求められるようになった。

大覚寺大沢池（名古曽の滝）

島庄遺跡（流れ）

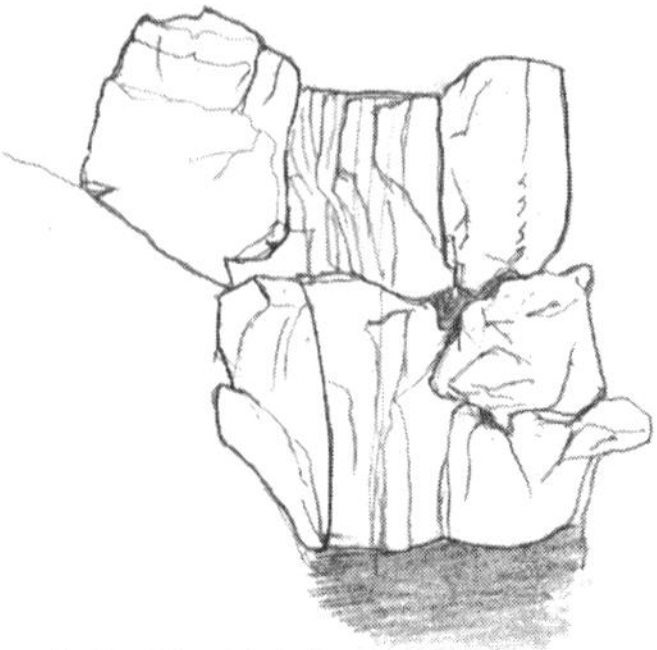

法金剛院（青女の滝）

観自在王院跡

毛越寺（遣水）

天龍寺（龍門瀑）

東光寺（龍門瀑）

常栄寺（龍門瀑）

光前寺（龍門瀑）

普賢寺（龍門瀑）

願勝寺（龍門瀑）

大仙院（龍門瀑）

本法寺（龍門瀑）

碧巌寺（龍門瀑）

醍醐寺三宝院（三段の滝）

二条城二之丸

青岸寺

大徳寺本坊方丈

兼六園（翠滝）

根来寺（三段の滝）

無鄰庵（三段の滝）

橋石組

石橋は、平安時代の前栽や遣水に用いられたものが、文献や絵巻物などに散見されるが、現存するものはない。

室町初期の天龍寺の石橋が池泉に架けられた最初のものと考えられ、龍門瀑の前に架けてある。龍門瀑は池泉庭の中心にあって、観賞の対象である以上に、修業僧が滝の前に立って、鯉魚石を見るためのものである。登段している鯉魚を見て、修業僧は修業心の熱意をいよいよ堅固にする。石橋は、その見所として架けられたと思われる。薄い板石を三枚、直線的につないで架け渡している。

三枚の石橋には、禅的な内容が込められている。禅の石橋としては、虎渓《こけい》の石橋と趙州《じょうしゅう》の石橋が有名。

虎渓の石橋は、「虎渓の三笑」として、水墨画によく描かれ、儒教、仏教、道教の三教合一思想の表現とされる。盧山《ろざん》に隠棲した慧遠《えおん》法師は修業の信念として、虎渓の橋を渡って街へ降りないことにしていた。陶淵明《とうえんめい》（儒教者）と陸修静《りくしゅうせい》（道教者）が訪ねて来た時、慧遠は二人を見送って橋の所に来たが、自戒を忘れて橋を渡ってしまい、虎の声で気付き、三人が大笑したという。三教を合一し、それを超越したところに悟りがあるということを示すとされる。天龍寺を作庭した夢窓は、永保寺に虎渓の橋を架けているので、この橋も虎渓の石橋と推測することもできる。

慈照寺では、白鶴島を挟んで二石と一石が架けてある。三枚の橋石を架ける三橋式が一つの基本となった。大仙院は、龍門瀑の前に薄い石橋を一枚だけ、山水画風に架けている。室町後期になると、石橋は鶴島や亀島、或いは蓬莱島へ架けられるようになった。

桃山時代は、鶴亀蓬莱島への石橋が巨大化した。長さだけでなく、厚さも非常に厚くなった。また、大きな切石橋も用いられるようになった。徳島城表御殿は、長さ一〇m余の自然石と、六mと三mの切石の橋を架けており、この時代の特色を最もよく伝えている。

江戸期に入り、二条城では、六m、四・五m、三・五m、三mの四枚の自然石を架けているが、重要な視点からは三橋のみが見えるようになっている。

名古屋城二之丸では、石橋が渓谷の上に高く架けてあり、玉澗《ぎょっかん》式と呼んでいる。清涼山に架かり、文殊浄土に至る天空の石橋とされる。桂離宮の白川橋は二河白道《にかびゃくどう》を意図したものと解される。末期は雁行橋など面白い切石橋ができた。

天龍寺

天龍寺（平面図）

慈照寺

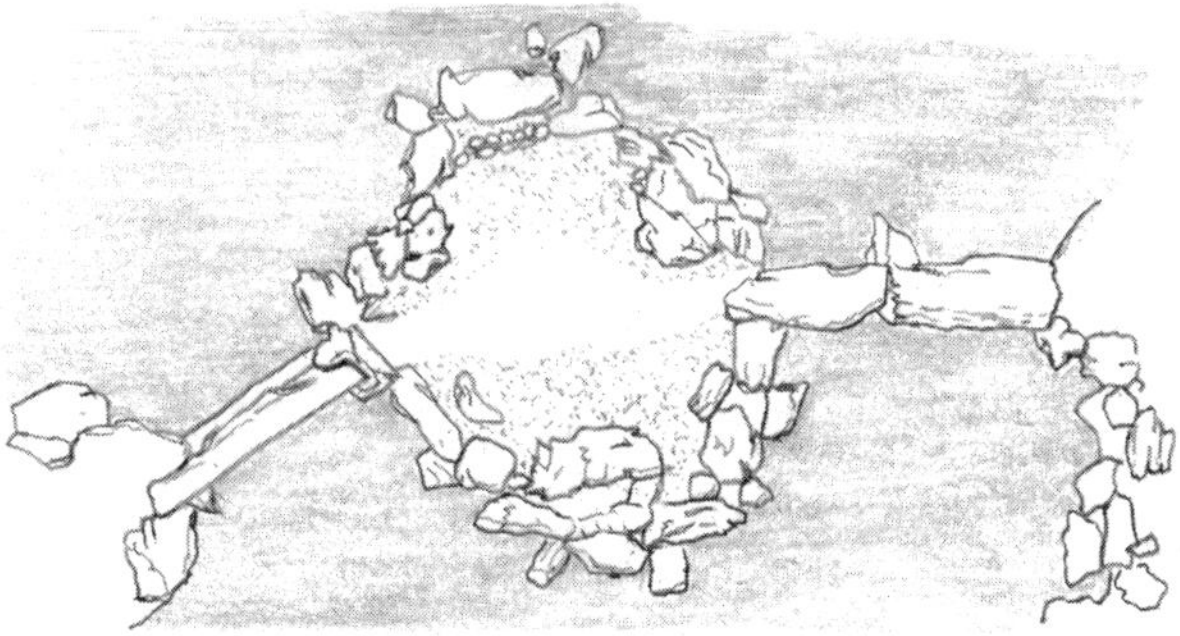

慈照寺（平面図）

大仙院

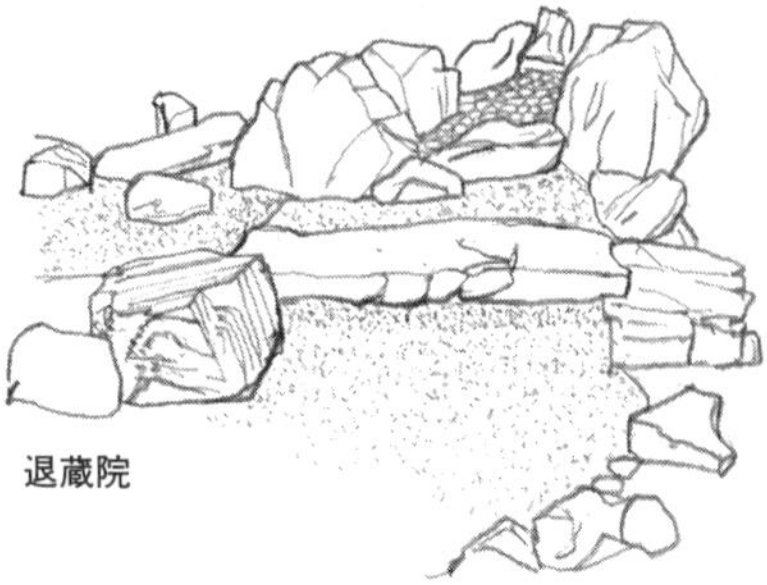

退蔵院

旧秀隣寺

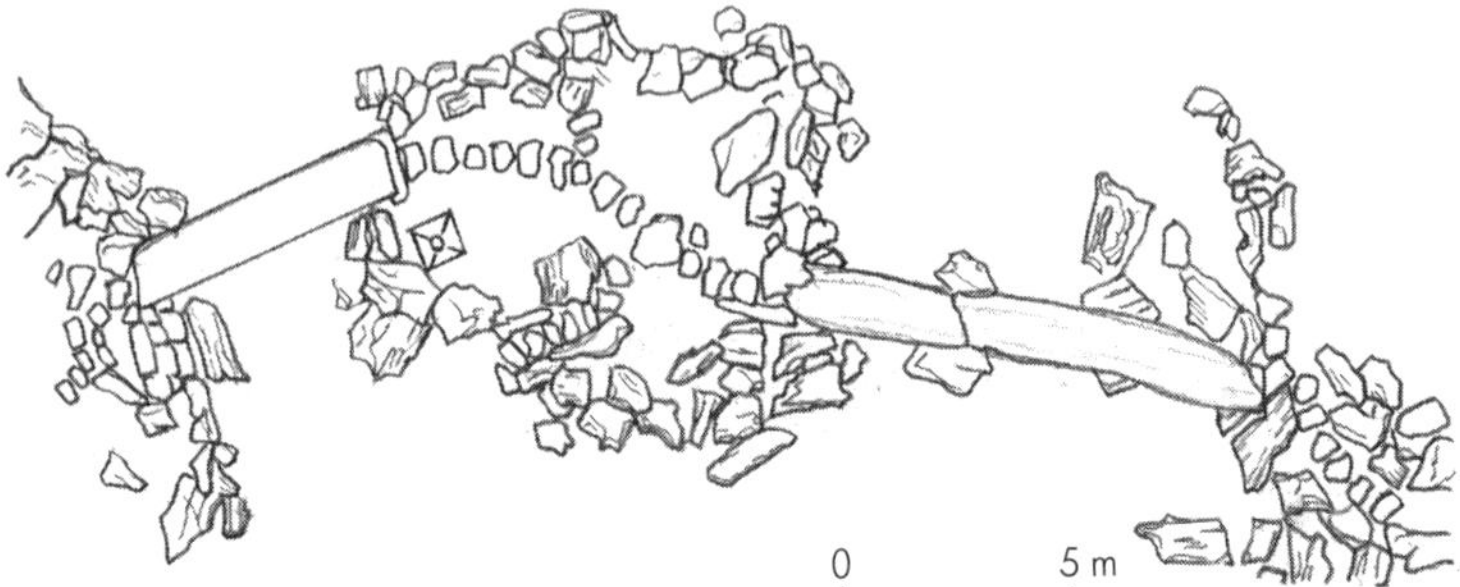

旧徳島城表御殿（平面図）

旧徳島城表御殿

二条城二之丸

曼殊院書院

智積院（平面図）

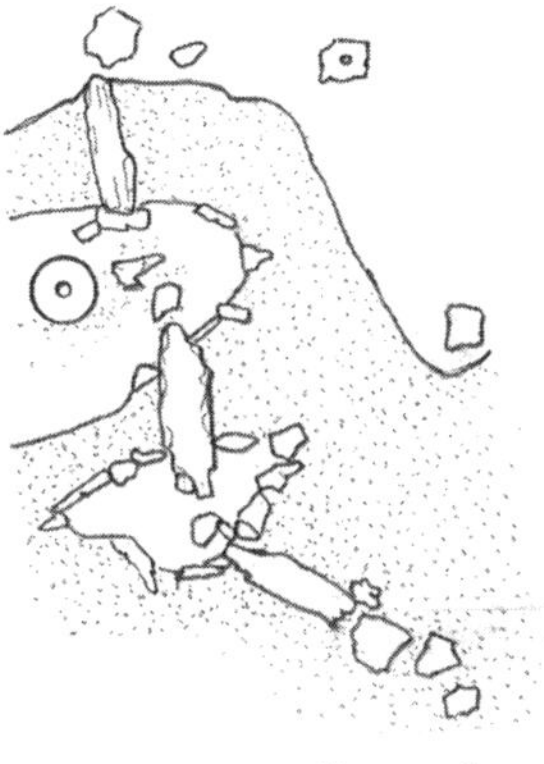

西江寺（平面図）

兼六園（雁行橋）

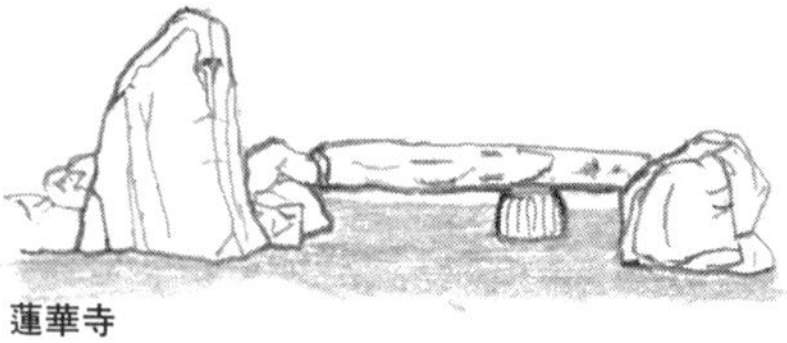

蓮華寺

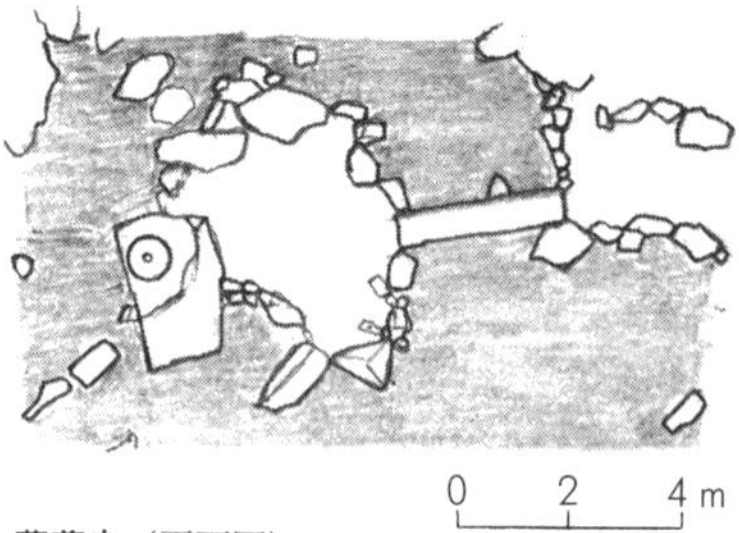

蓮華寺（平面図）

名古屋城二之丸（玉澗式）

温山荘

根来寺

苑路と垣

飛　石

飛石は、桃山時代の露地（茶庭）にはじまり、露地以外の庭にも用いられるようになった。

雨の時や濡れた土や苔の上を草履で歩くと、足を濡らして、汚れた足で茶室に入らなければならなくなる。それを嫌って飛石が打たれた。草履は湿りがあっても足袋が濡れないように、竹皮製のうらに革を張った雪駄《せった》が作られた。

飛石は、歩幅と歩みを基本とする。打たれた通りに歩まなければならない。一歩も歩く人の自由がない。大股に、小股に、右に左にと半歩の遊びも与えられない。歩む人を完全に規制し、自分の世界に確実に誘導することができる。

一期一会を旨とする茶事では、飛石は、歩むという実用以上に内容のある働きをする。客人に対する心遣いを示し、その茶人の呼吸やリズムやさらにはその茶人の茶の世界をも窺い知ることができる。

飛石の打ち方について、千利休は、用を六分、景を四分といい、弟子の古田織部《おりべ》は、用を四分、景を六分と主張した。実用と美しさの均衡の取り方の違いを示している。

飛石は、歩幅と歩みに従って、歩きやすく打つ。右、左、右、左と打つのが基本で千鳥打ちと呼ぶ。飛石の距離や方向、役割、庭全体に対する均衡を考えて、直打ち、大曲り、二連打ち、三連打ち、四連打ち、二三連打ち、三四連打ち、雁掛け、七五三打ち、筏《いかだ》打ちなどの打ち方がなされる。また方向転換や休止させる役目を持つこともある。

織部、遠州を中心とした書院式露地では、飛石は大きく荒く打たれたが、宗旦の頃より侘茶が盛んとなり、飛石も小さいのが好まれた。

露地の中で、特別の働きを持った飛石を役石という。腰掛、中門《ちゅうもん》、蹲踞《つくばい》、躙口《にじりぐち》、砂雪隠《すなせっちん》などにある。腰掛には貴人石、次客石、連客石、お詰石、中門には客石、乗越石、亭主石、蹲踞には鉢石、前石、湯桶石、手燭石、躙口には踏石（一番石）、落石（二番石）、乗石（三番石）、砂雪隠には足掛石、裏返石、小用返石がある。このほか、踏分石、物見石、額見石、刀掛石（二段石）などがある。

露地以外の庭の飛石は、いっそう美しさが強く求められる。桂離宮は敷石と合わせて、飛石が最も美しく見える庭園である。飛石を池や川の中に打ったものを沢渡りという。

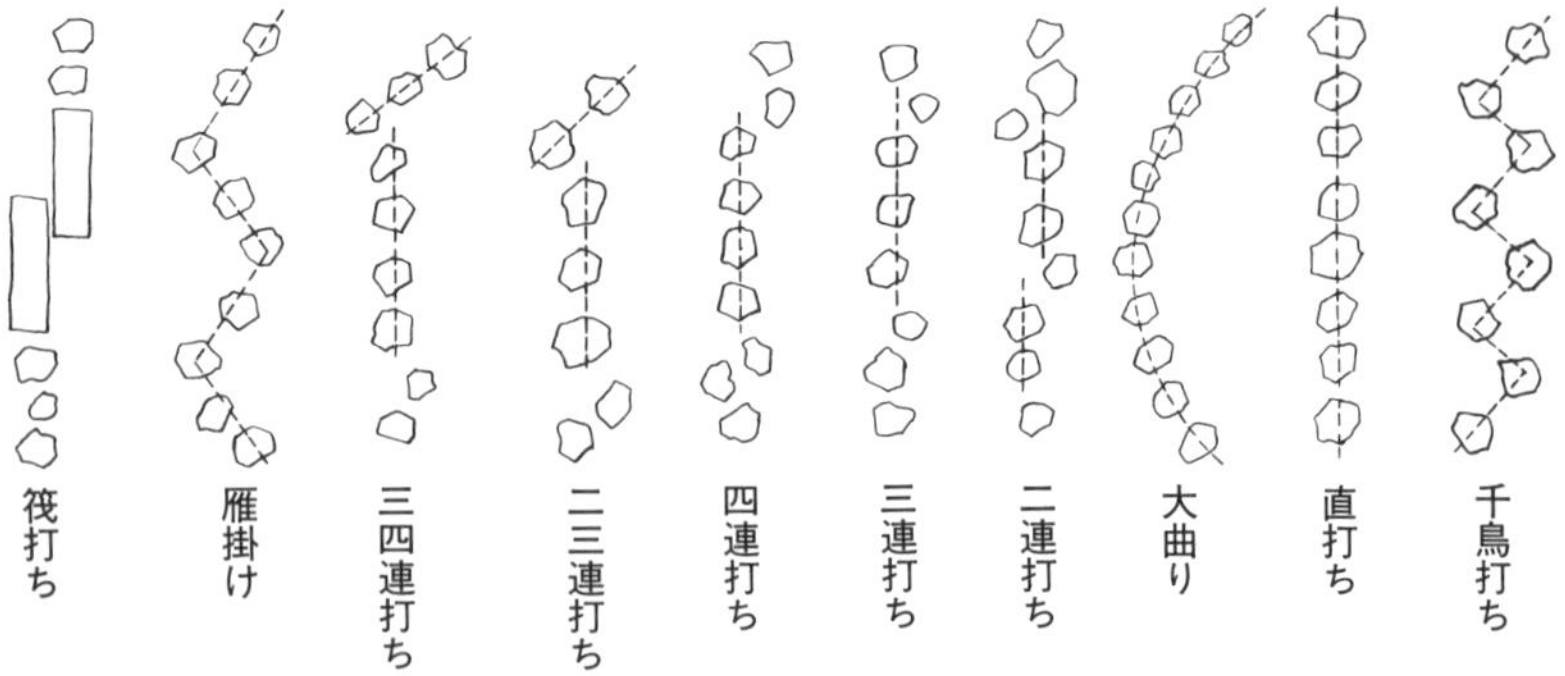

飛石打ち方図

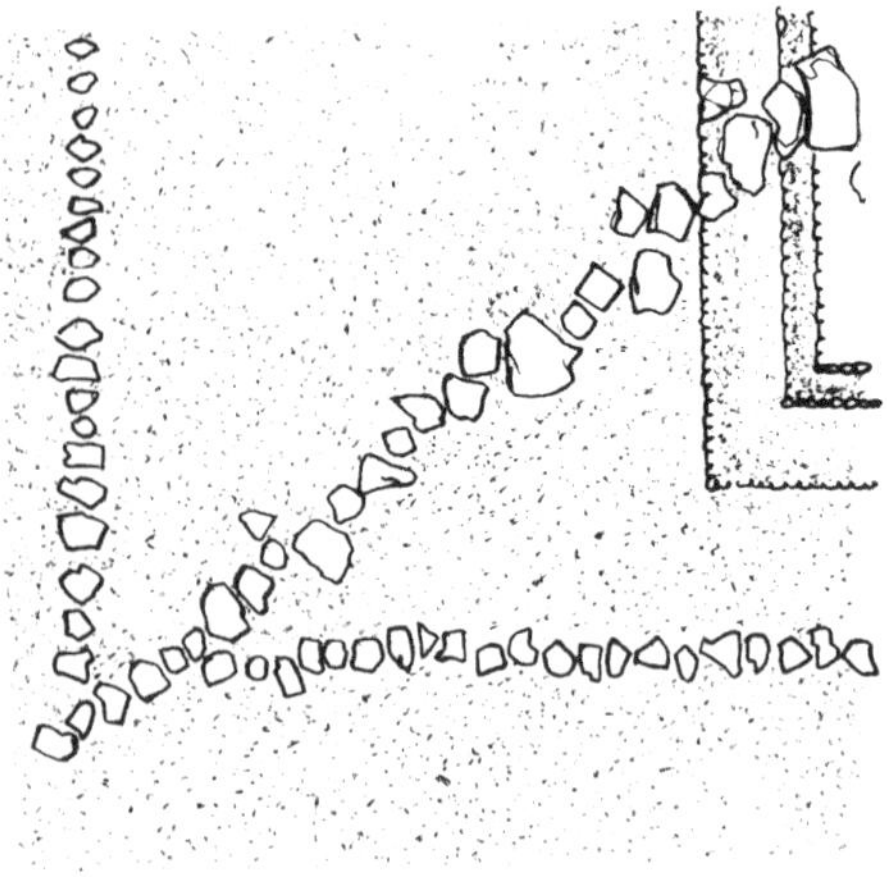

桂離宮古書院前（七五三打ち）

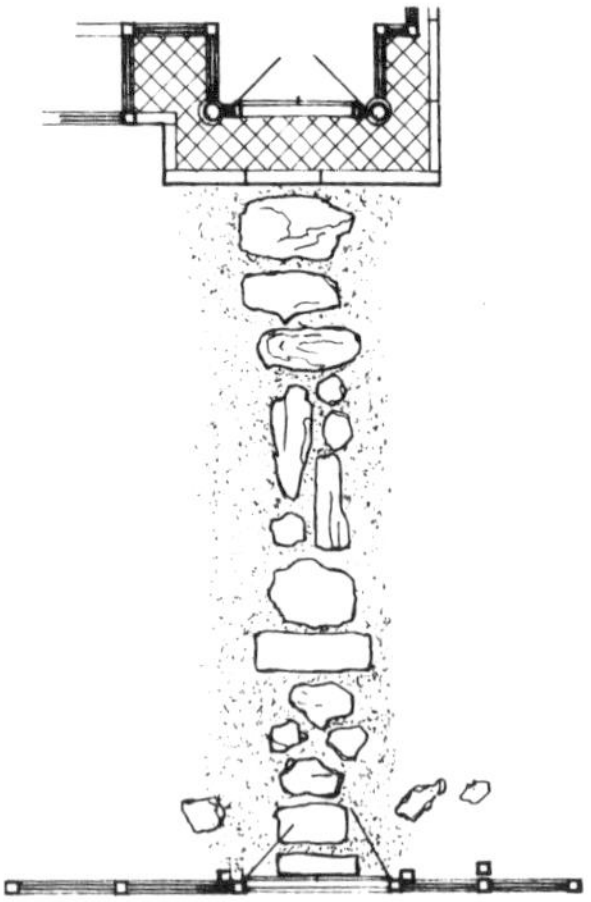

真珠庵玄関前（七五三打ち）

金地院（大曲り）

平安神宮神苑（沢渡り）

表千家内腰掛前

裏千家又隠躙口前

表千家不審庵躙口前

敷石

敷石は、古墳時代から見られ、飛鳥の酒船遺跡は、全面敷石遺構である。

庭園の道筋（苑路）に敷かれるようになったのは、飛石と同じように露地からである。『江岑夏書《こうしんげがき》』によると、利休が大徳寺門前の屋敷に四帖半の茶室を作った時に、その露地に、初めて敷石を敷いた。西芳寺にあった敷石をみて、それに倣って敷いたという。また、利休は小石を敷き詰めるのを好みとした。利休の時代は、石を敷くことを畳むといい、畳石、また延段、石段ともいった。

敷石は、飛石よりも歩きやすく安全で、その幅だけ歩行者に自由が与えられる。露地では、客が一列に並んで、立ち待ちする所、迎付けを受ける中門前や蹲踞にかかる少し手前などに敷かれる。露地口周りやその前の苑路には、ほとんど敷かれる。

草庵露地の敷石は山路の風情が表われるように敷くことを基本とする。主として山肌のある小石を用いる。

古田織部、小堀遠州は、長い短冊型の御影石に小石を敷き合わせる手法を編み出した。侘びた山路の風情を残しつつ、華麗でかつ格式を保った手法である。書院とその他の建物をつなぐ大露地や露地以外の庭にもよく用いられる。

草庵の風情を保つのは、自然石の敷石であり、格式を持つのは切石敷である。切石敷の基本形としては、市松敷、短冊敷、煉瓦敷、四半敷、鱗敷、氷紋敷、網代敷、亀甲敷などがある。

自然石の敷石は玉石を敷き詰めるのが基本で、これを霰零《あられこぼ》し（霰敷）とよんでいる。石の大小や目地の取り方によって、大霰、小霰、千鳥足、芦分《あしわけ》、霰崩しなどに分類される。千鳥足は石を網代状に並べたもの。芦分は、目地が十文字にならないように丁寧に敷いたもの。霰崩しは、大小の石を取り混ぜて、無造作に敷いたもの。一見荒れた感じがするが、山路の風情は強い。

切石と自然石とを混ぜて敷き合わせる寄せ石敷は、多種多様がある。敷石はこの種が最も多い。孤篷庵玄関前の敷石や桂離宮外腰掛前の敷石は、力強い華麗な美しさを有し、遠州好みとされる。

敷石は、石の質感が何より大切で、表面がつるつるしたものなどは好ましくない。鑿仕上げなど、荒肌の方がいい。

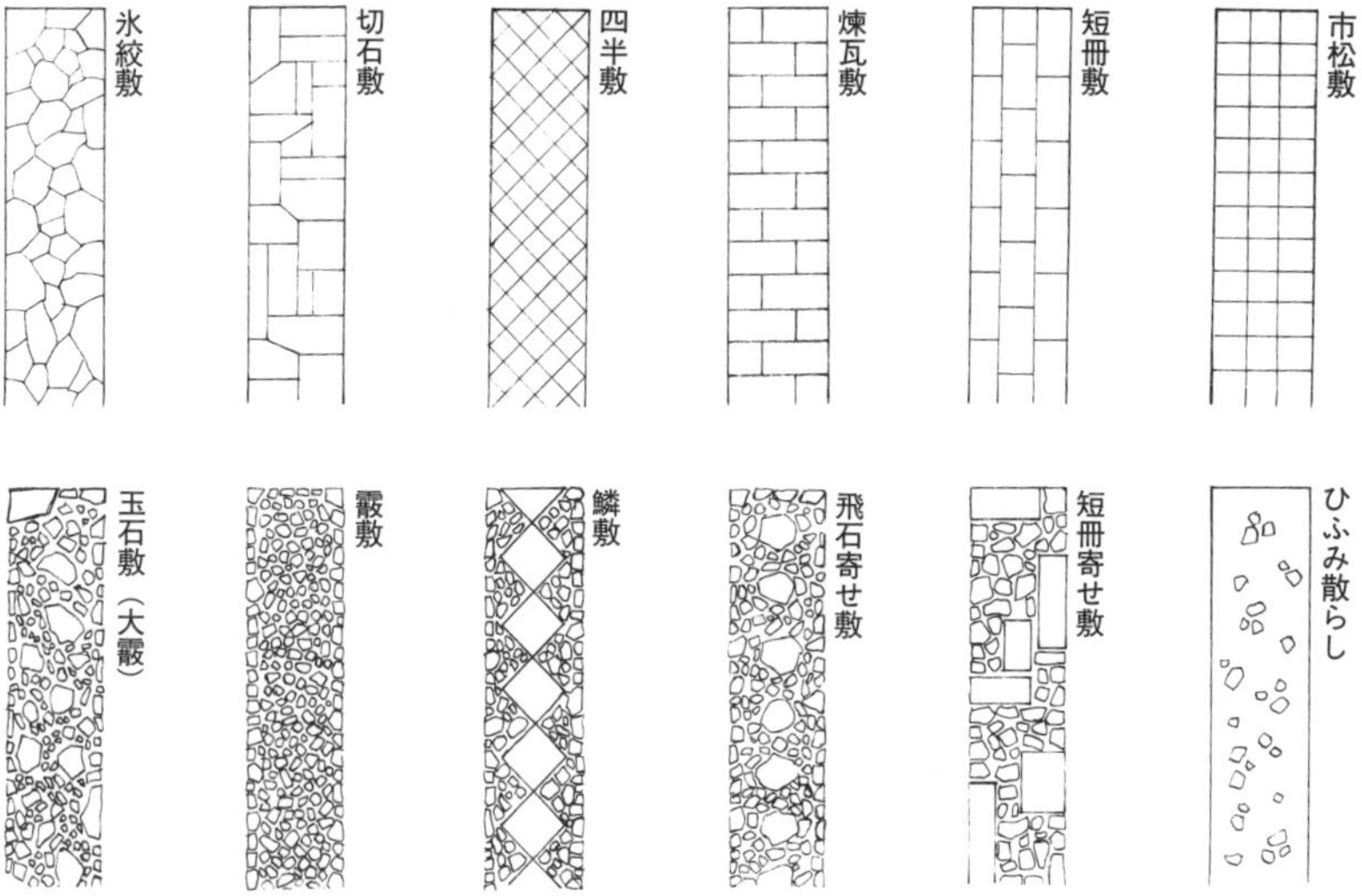

敷石見本図

裏千家中門付近

裏千家玄関前

堀内家玄関前

表千家玄関前

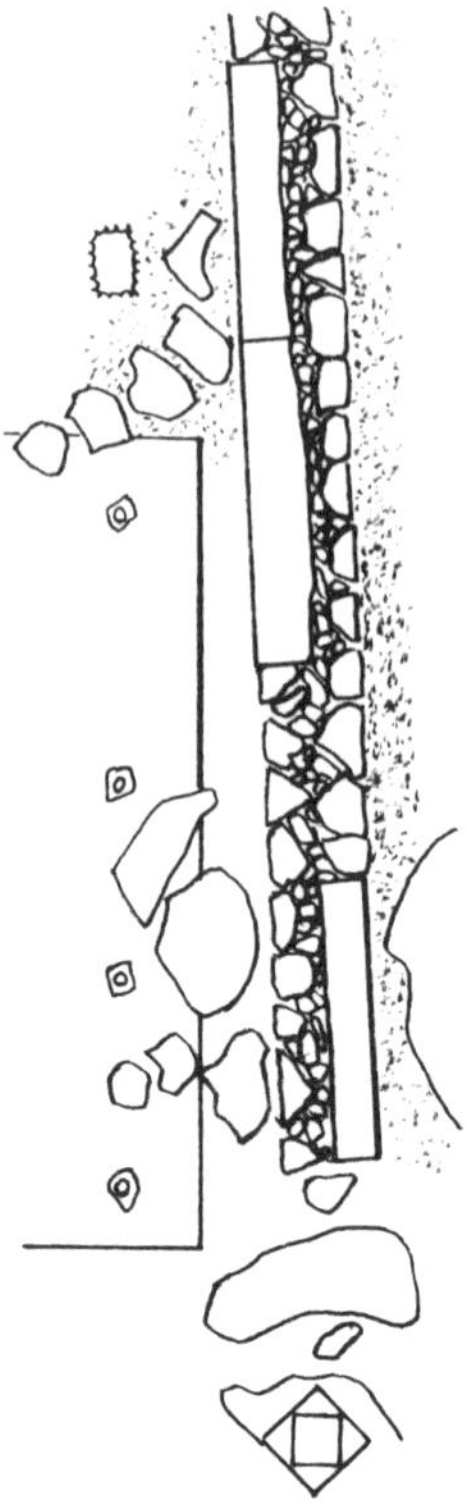

桂離宮外腰掛待合前

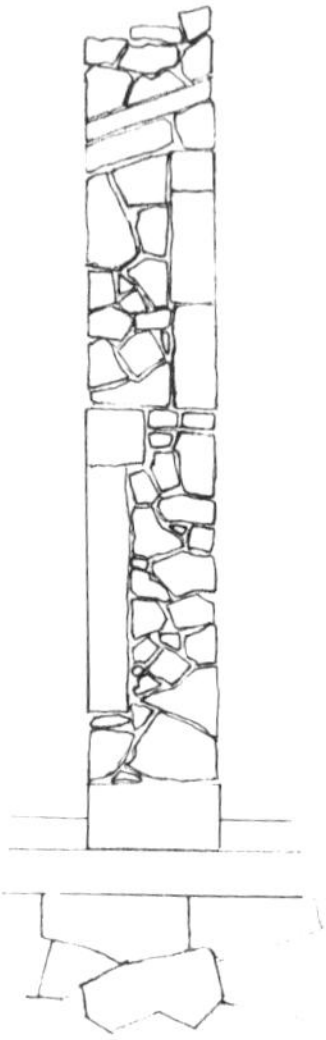

孤篷庵玄関前

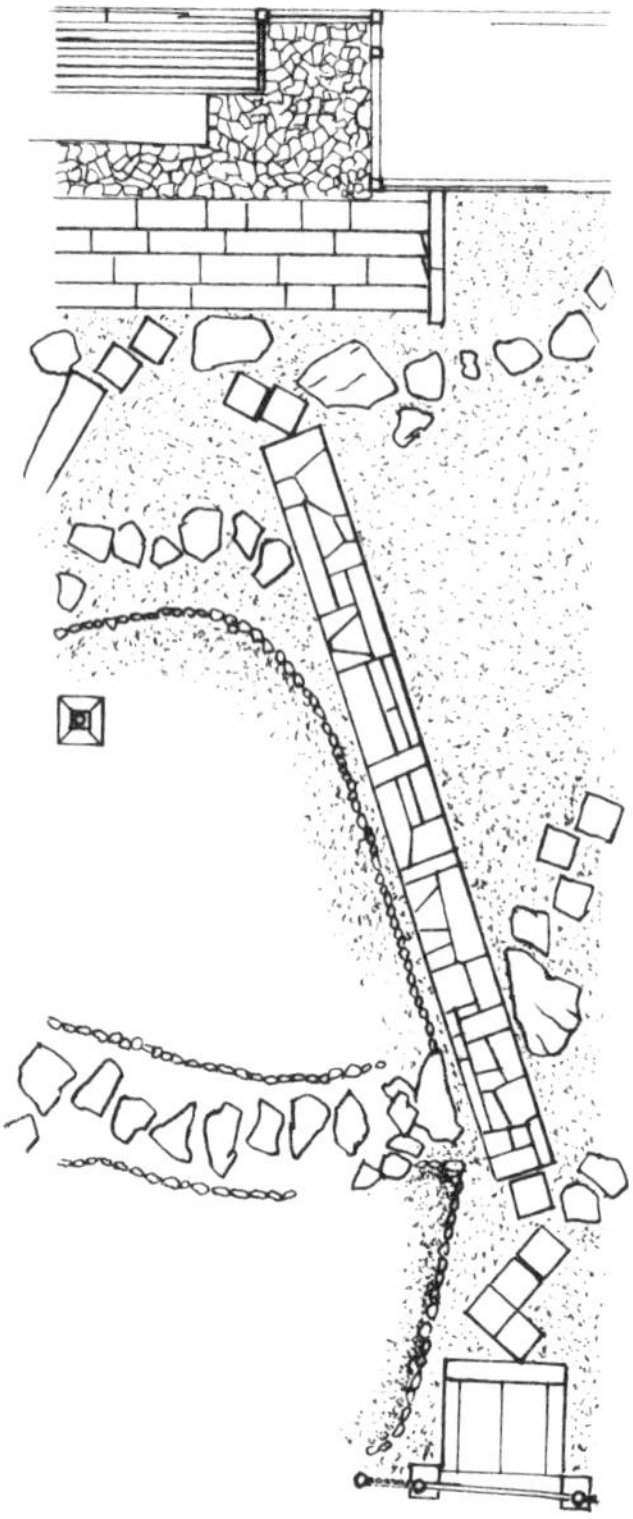

桂離宮古書院玄関（真の飛石）

表千家露地門から中門付近

裏千家又隠横

小河家書院軒内

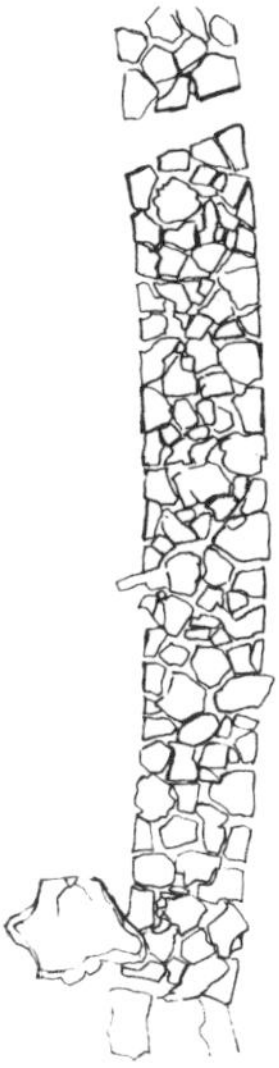

表千家點雪堂前

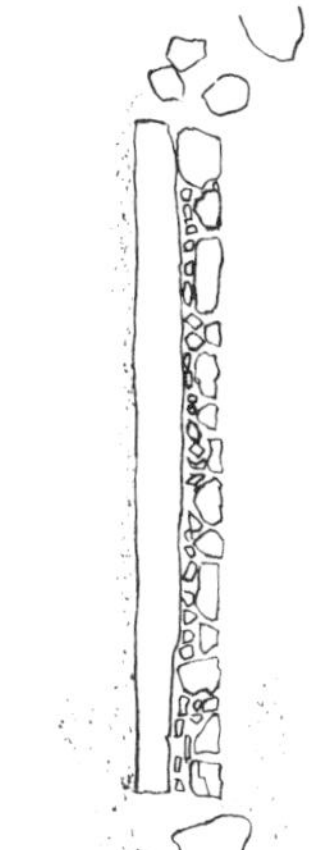

藪内家燕庵前

垣

奈良時代、平城京跡東院は高い築地塀で囲まれ、平城京跡左京三条二坊宮跡は板塀で囲まれている。平城京北の松林苑も築地垣で囲まれていたことが判明している。日本庭園の多くは、このように垣で囲まれた敷地に築かれる。垣は、時代、公家貴族、社寺、武家などの階層、またその敷地の大小などにより、それぞれに違いがある。

材料別では、土を築き固めた築地塀、土塀、瓦塀、石塀、板塀、竹垣塀、杉皮塀、柴垣、生垣などがある。

龍安寺の築地塀は、庭の塀として、特に有名である。黒ずんだ複雑な模様が浮き出た様は、現代の絵画にも似て、石庭を斬新な空間に見せている。この石庭のように、塀そのものが重要な観賞の対象になることは少ないが、枯山水などでは塀も大切な背景である。

板塀は、比較的狭い屋敷の塀として、また庭の仕切塀として用途がひろい。板の張り方や間の明け方によって、透塀、源氏塀、棚板塀、竪板塀、簓《ささら》塀などと呼ばれている。

杉皮塀は、一般には大和塀と呼ばれる。杉皮を縦に張って、横に竹の押縁を打ったものである。落ち着いて、侘びた風情があり、露地にも多く用いられる。

庭に最も多く用いられるのは竹垣である。野趣、風情があり、侘びの世界を象徴するものでもある。竹垣は大別して三種ある。竹を割った立子を張付けたもの。これには、建仁寺垣、銀閣寺垣、大津垣などがある。網代垣は竹を叩き延して、網代に張ったもので、沼津垣ともいう。

竹の穂を用いたものを穂垣という。大徳寺垣、桂穂垣、簑垣はことに有名。桂垣と呼ばれるものは、生えたままの竹を折り曲げて竹の葉を編込んだものをいう。

小竹をそのまま用いたものには、四ツ目垣、金閣寺垣、随流垣などがある。とくに四ツ目垣は、露地の間《あい》の垣として、もっとも一般的である。小竹を横に張った簾《みす》垣は関東に多い。

珍しいものとしては、光悦垣、龍安寺垣、鉄砲垣などがある。

柴垣は、黒文字や萩、雑木の小枝を用いたもので、侘びた趣が強い。黒文字垣は鶯垣ともいう。露地第一の垣とされる。腰の部分を両側に膨らましたものを馬背垣という。

桂離宮の桂垣（左）、桂穂垣（右）

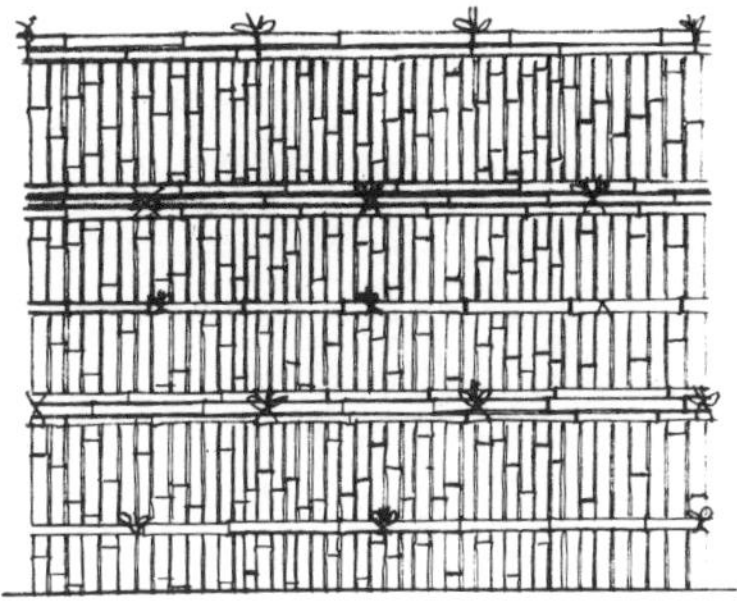

建仁寺垣

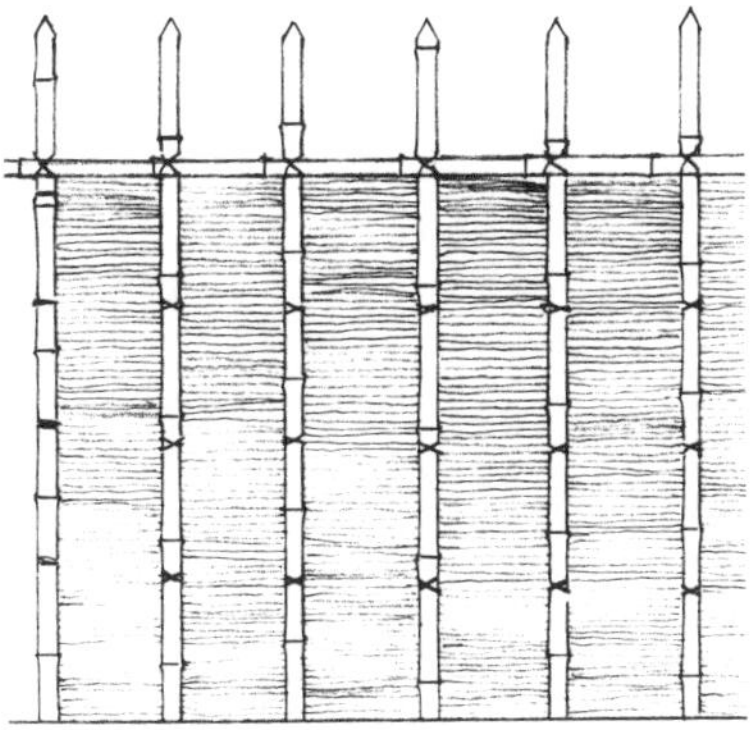

桂穂垣

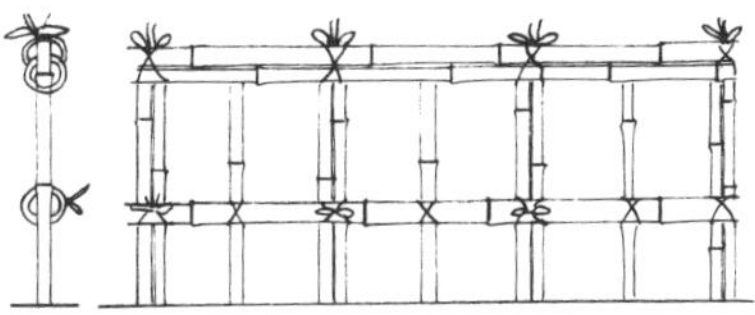

金閣寺垣

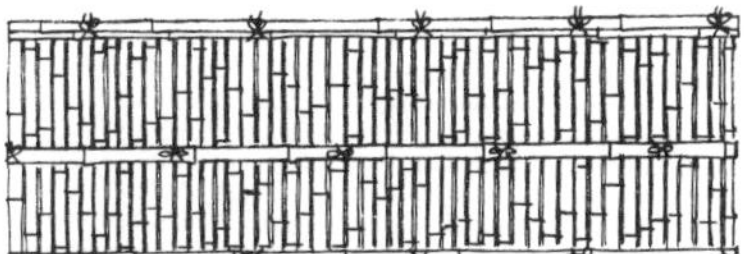

銀閣寺垣

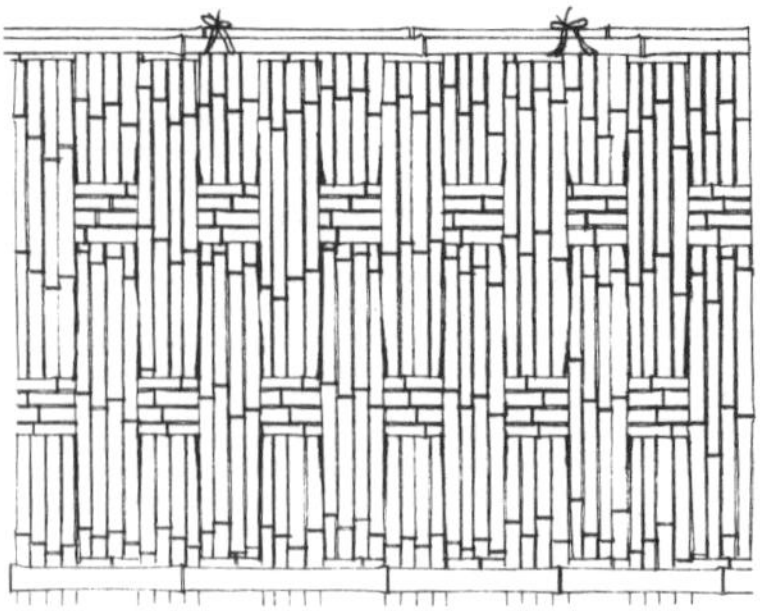

大津垣

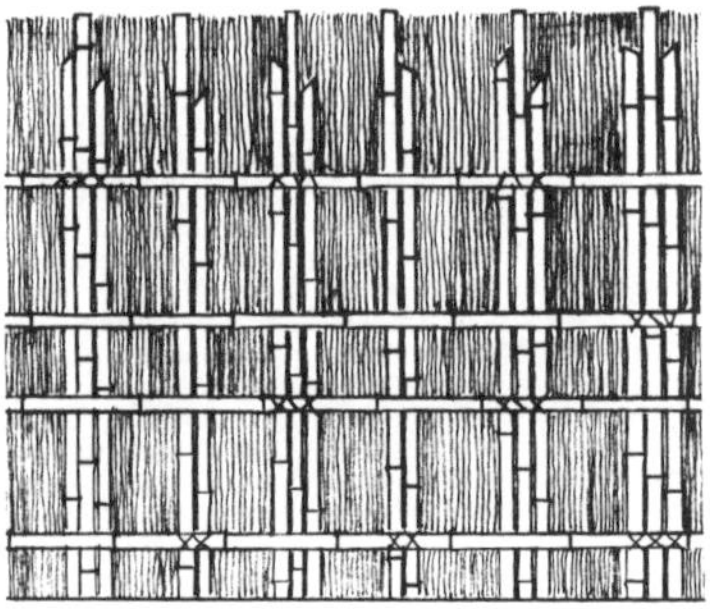

萩合せ垣

簾垣

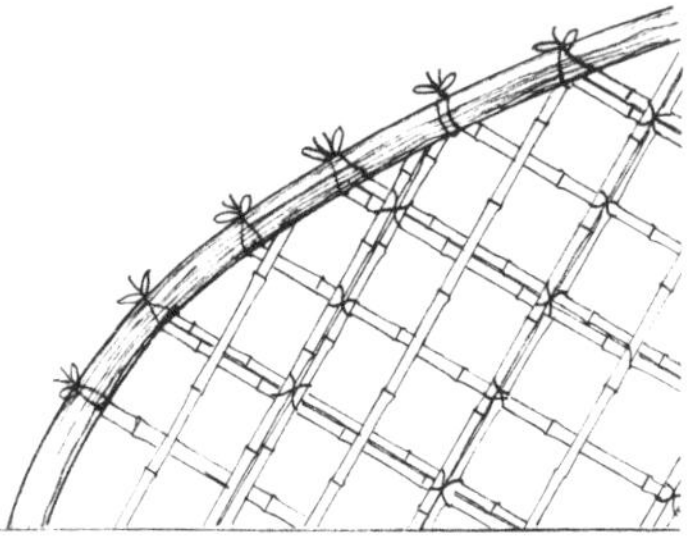

光悦垣

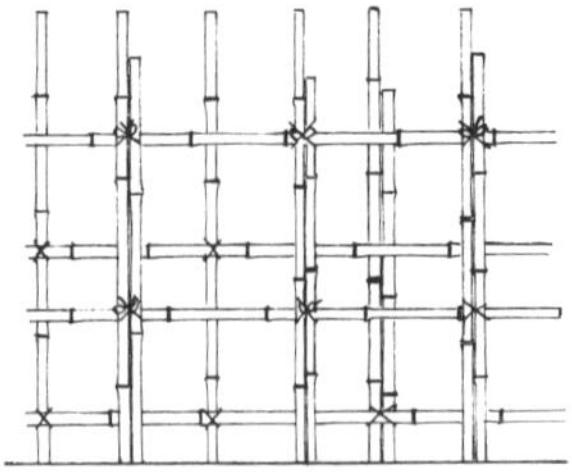

四ツ目垣

光悦垣

石造美術品

石燈籠

　社寺の本殿や仏堂の前に立て、献燈するための器具である。飛鳥・奈良時代は、正面に一基だけ立て、燈明を上げていた（古制）。室町末・桃山時代以降になると左右に二基立て一対とする習慣になった。このように社寺に奉納された石燈籠の名品を、茶人達が請い受けて茶庭に用いることを始めた。利休がその始めといわれている。古い名品には数に限度があるので、それの模倣品を作って何々形と称した。その何々形の基になるものを本歌といって、現存する名品は名物燈籠として茶人の注目する所となった。

◆本歌燈籠の種類、所在地

形式	名称	所在地
八角	当麻《たいま》寺形	奈良県、当麻寺・金堂前
	柚ノ木《ゆのき》形	奈良市、春日大社（宝物館）
	醍醐寺形	京都市、醍醐寺・上醍醐清滝宮前
	小町形	京都市、市原・補陀落寺（現在金沢市）
六角	平等院形	宇治市、平等院・鳳凰堂前
四角	太秦《うずまさ》形	京都市、広隆寺・桂宮院前
	白太夫《しらだゆう》形	京都市、北野天満宮・旧白太夫社前
	高桐院形	京都市、大徳寺・高桐院内
	蓮華寺形	京都市、蓮華寺・本堂前
	善導寺形	京都市、木屋町・善導寺
	燈明寺形	京都府、加茂・燈明寺（現在真如堂）
	蟬丸形	大津市、関蟬丸下社
	般若寺形	奈良市、般若寺・本堂前（現在東京都）
	三月堂形	奈良市、東大寺・三月堂前
	祓戸《はらいど》形	奈良市、春日大社・祓戸社脇
	奥ノ院形	奈良市、春日大社・奥ノ院
	雲卜《うんぼく》形	奈良市、春日大社（通称春日燈籠）
	橘寺形	奈良県、橘寺（宝物館）
	西円堂形	奈良県、法隆寺・五重塔前
	南宗《なんしゅう》寺形	堺市、南宗寺・実相庵
	西ノ屋形	奈良市、春日大社・西ノ屋
	御間《おあい》形	奈良市、春日大社・御間道（宝物館）
	神前形	本歌はないが竿が下に開いて、撥《ばち》形になっているもの。

　このうち、当麻寺形は奈良時代。柚ノ木形と平等院形は平安後期。ただし平等院のものは基礎石だけで、竿・中台・笠は鎌倉末期、火袋と宝珠は桃山時代。御間形、醍醐寺形、太秦形、白太夫形、蟬丸形、般若寺形、橘寺形、西円堂形、三月堂形、高桐院形は鎌倉時代。

燈明寺形と小町形は共に本歌が旧位置を離れているが、前者はまことに巧妙な模倣品を旧地に置き、後者は似ても似つかぬ物を旧地に据えている。

この他に鎌倉中期のものとして、旧報恩寺と旧鴻池家の石燈籠（いずれも北村美術館所在）、鎌倉後期のものでは河桁御河辺《かわけたみかべ》神社石燈籠（滋賀県八日市市）が優秀かつ著名である。

これらの本歌を模倣した石燈籠が多く作られたが、他に数寄者たちが考えた独自の燈籠が江戸期に入る頃より盛んに作られた。大茶人の名を冠した燈籠や、名園の燈籠を本歌とする模倣はさらに多く作られるようになり、むしろ現在ではこれらの燈籠が庭園空間を豊かに彩っているといえる。

その他燈籠には、以下の種類がある。

六角燈籠台付	利休形、濡鷺《ぬれさぎ》形、太閤形、光悦形、烏丸形、蜻蛉形（成就院）
六角燈籠生込《いけこみ》	雪の朝《あした》（藪内）、露地形、道明寺形
四角燈籠台付	一休寺形（酬恩庵）、永徳寺形
四角燈籠生込	織部形、草屋形、櫓《やぐら》形（修学院）、袖形（修学院）、朝鮮形（本歌不明）、水蛍形（桂）、曼殊院形
円形燈籠	宝形、松琴亭形（桂）
脚付燈籠	雪見形、琴柱形（兼六園）、後楽園形、勧修寺形、山寺形（修学院）、三角形（桂）、蘭渓形
変形体燈籠	珠光形（笠が丸、他は角）、諫鼓《かんこ》形
置燈籠	寸松庵形、手鞠形（成就院）、天下茶屋形、玉手形、三光形（桂）、岬形（桂）
塔燈籠《とうとうろう》	海石塔（兼六園）、他（詩仙堂、曼殊院）

他に石造美術を見立てて火袋を彫り燈籠に改造した例もあり、石幢を改造した石幢形はその代表といえる。また石塔の断片を集めた寄燈籠があり、藪内家燕庵(利休)、孤篷庵忘筌（遠州）はその代表例である。

また自然石を集めた山燈籠（化燈籠）がある。一般的には後退した意匠と見られがちだが、庭園全体のバランスの中では構成要素として重要な存在のものも少なくない。これを美術的見地からのみ無視したり除外するのは早計といえる。磯庭園や知覧(ともに鹿児島)、信州の名園に見る化燈籠はその好例といえる。

雪見・琴柱形（兼六園）＊

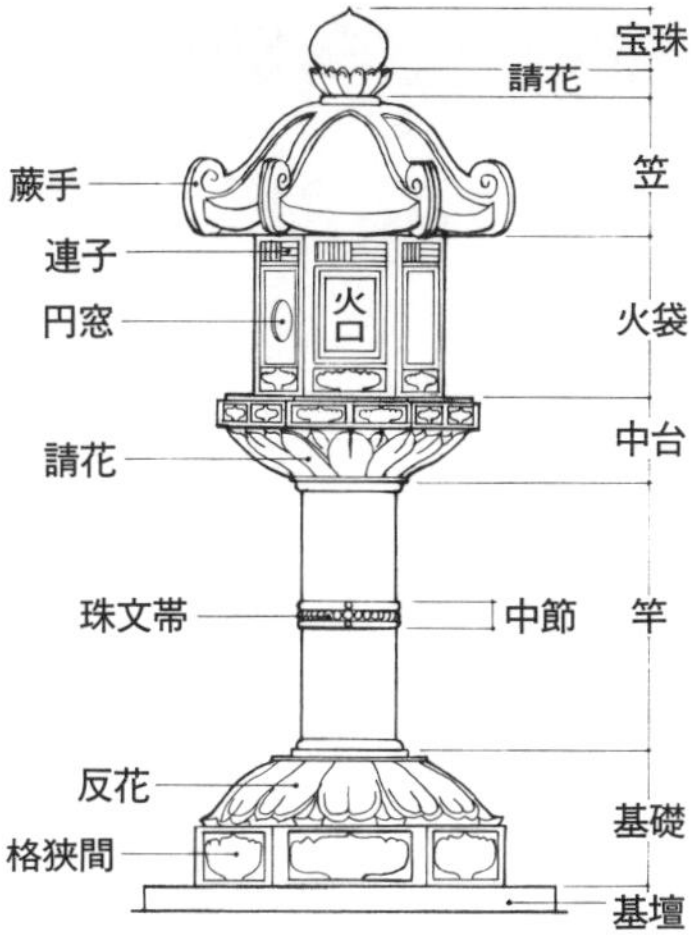

石燈籠細部名称図

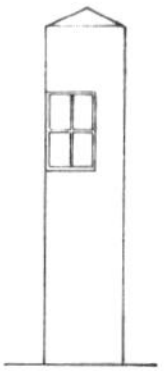

道しるべ形

雪見形

寄燈籠

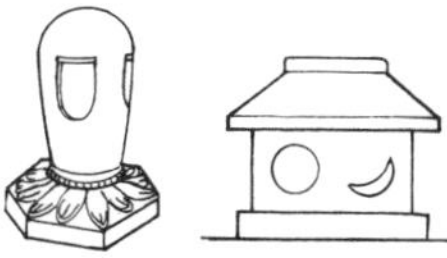

置燈籠

袖形

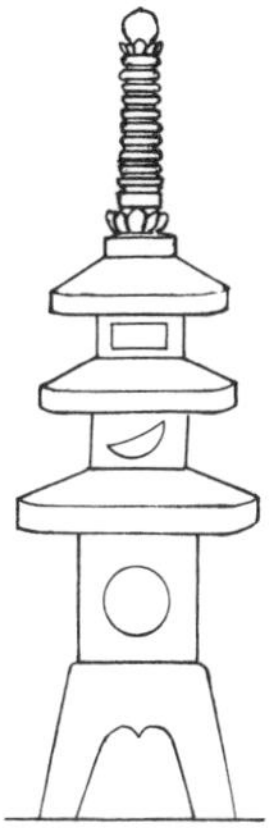

塔燈籠

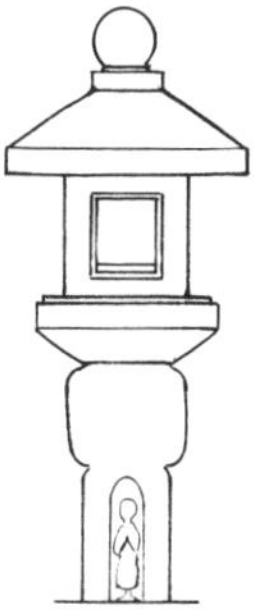

織部形

円形

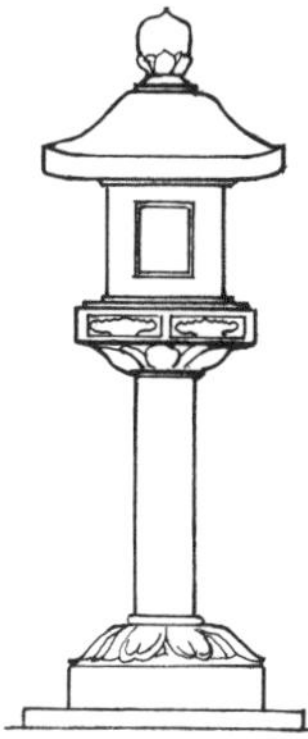

四角形

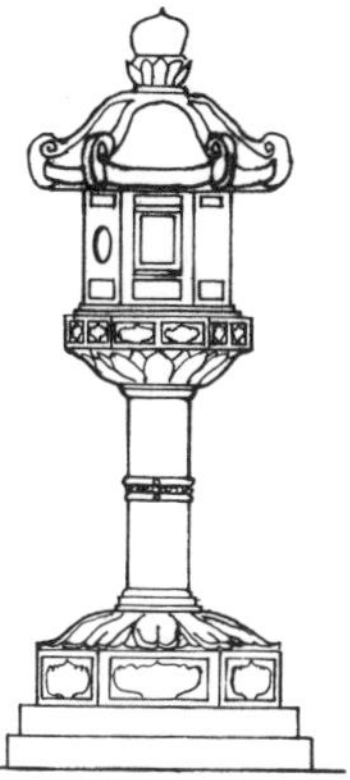

六角形

醍醐寺形（八角）＊

柚ノ木形（八角）＊

河桁御河辺神社形（六角）

小町形（八角）＊

高桐院形（六角）＊

平等院形（六角）＊

西ノ屋形（四角）＊

雲巌寺形（八角）＊

石清水八幡宮形（六角）＊

岬形（桂離宮）

三光形（桂離宮）

寸松庵形＊

雪見形（三角）（桂離宮）

雪見形（六角）（桂離宮形）＊

袖形（修学院離宮）

水蛍形（桂離宮）

織部形（桂離宮）

滝見形（修学院離宮）

石塔類

◆**多層塔**

多層塔《たそうとう》は、屋根を何重にも重ねた石造塔で、その重ねる数によって、表のように区別する。それぞれの例を上げる。

◆**宝塔・多宝塔**

宝塔《ほうとう》は、塔身が円筒形で首の部分がある一重の塔。多宝塔《たほうとう》は、宝塔に裳階《もこし》をつけて屋根を二重にした形の塔。

◆**五輪塔**

五輪塔《ごりんとう》は、下から地輪（方）、水輪（円）、火輪（三角）、風輪（半円）、空輪（宝珠）の五石を積み重ねた塔。ほかに一石で作り出した一石五輪塔や、長い柱状の上に五輪塔をつけた五輪卒塔婆もある。

◆**宝篋印塔**

宝篋印塔《ほうきょういんとう》は、基礎、塔身、笠ともに水平断面は四角形の一重の塔。笠の四隅に隅飾突起があり、上部は数段の段形になっている。最上部に相輪を立てる。

形式名称	所在地
三重石塔	滋賀県、石塔寺《いしとうじ》
五重石塔	京都市、二尊院
七重石塔	奈良県、栄山寺
九重石塔	滋賀県、松尾寺
十一重石塔	古例なし
十三重石塔	京都府、宇治川浮島
宝　塔	滋賀県、長安寺
多宝塔	滋賀県、廃小菩提寺
五輪塔	京都市、安楽寿院
五輪卒塔婆	和歌山県、高野山（高野山町石）
宝篋印塔	滋賀県、徳源寺

◆**板　碑**

板碑《いたび》は板状の石塔婆で、頭部に二段の括《くび》れがあり、最頂部は山形をした塔。塔身の表面には、仏像や種子（梵字）、または銘文などを刻む。関東方面に圧倒的に多く存在する。

◆**笠塔婆**

笠塔婆《かさとうば》は、柱状または板状の塔身の最頂部に笠（屋根）を置いた形の塔。仏像、諸尊の種子、銘文を刻む。

◆無縫塔

無縫塔《むほうとう》は、卵塔ともいう。卵形の塔身を、台座または基礎上に据えた形の塔。鎌倉時代初期に中国から伝えられた墓塔。

◆石　幢

石幢《せきどう》は、多面体（六角、八角）柱状の幢身《どうしん》（竿）の最上部に笠を置いた形の塔。幢身の上部に仏像、下部に銘文などを刻む。また、幢身の上に中台と龕部《がんぶ》、さらに笠をのせた形もある。龕部に六地蔵を彫った、六地蔵石幢が多い。

板　碑	埼玉県、円照寺
笠塔婆	奈良市、般若寺
無縫塔	京都市、泉涌寺
石　幢	岡山県、保月六面石幢

他に石造美術としては、以下のものがある。

石仏	大分県臼杵市
石標《せきひょう》	大阪市、四天王寺下馬石
石龕	京都府、岩船寺
石鳥居	山形市小立
石壇	奈良市、唐招提寺仏壇
石橋	滋賀県、日吉大社

層塔（十三重）

石塔（五重）

石塔（三重）

宝篋印塔

五輪塔

宝塔

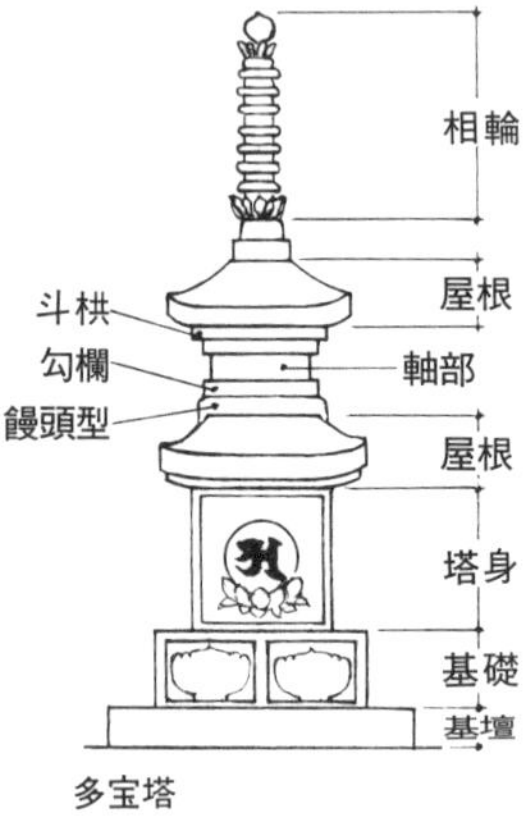

多宝塔

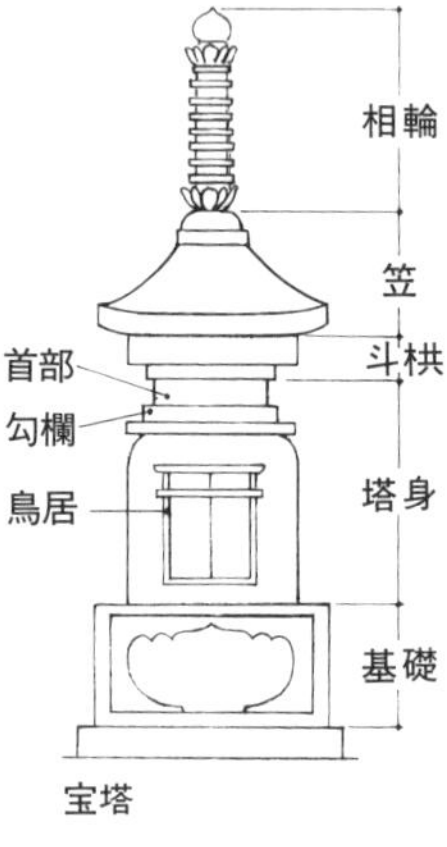

宝塔

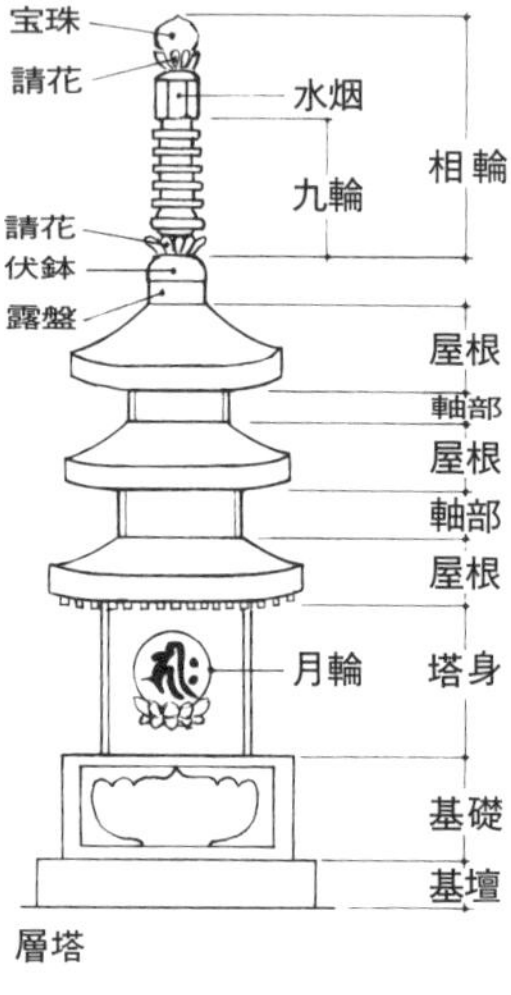

層塔

笠塔婆

笠塔婆

板碑

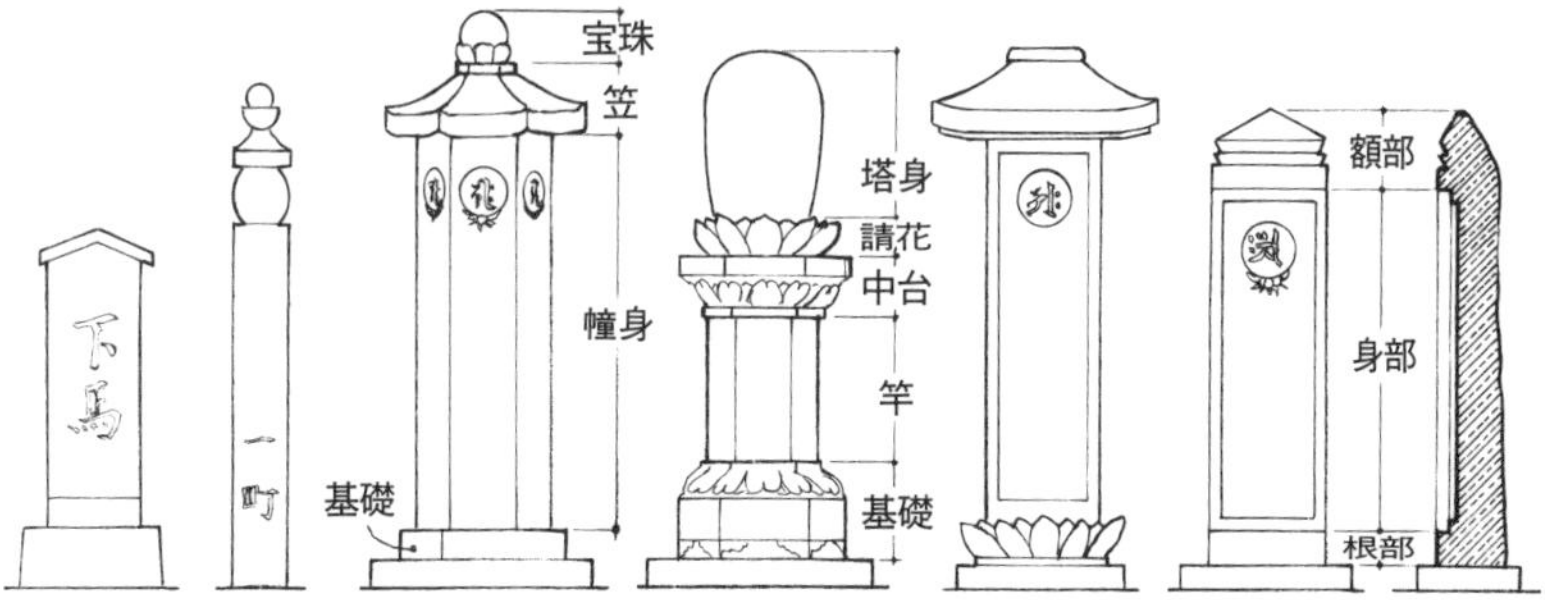

下馬石　町石　石幢　無縫塔　笠塔婆　板碑

その他の石塔類

下馬石

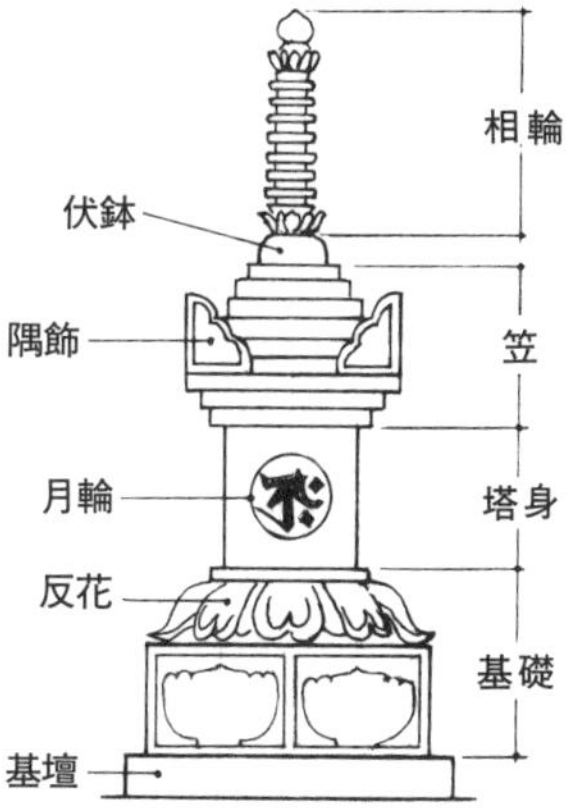

宝篋印塔

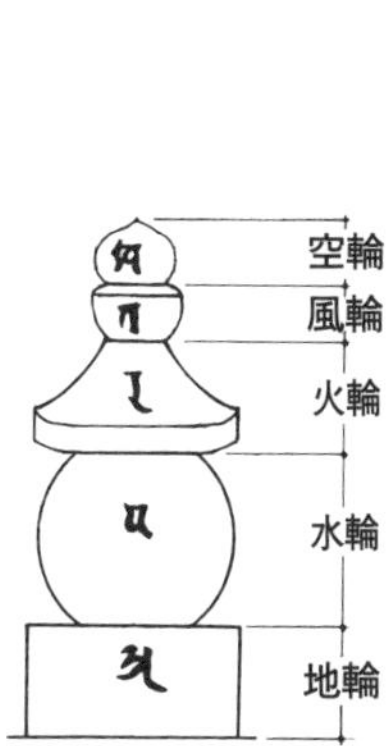

五輪塔

宝篋印塔の笠

宝篋印塔の格狭間

◆宝篋印塔の時代判定

宝篋印塔《ほうきょういんとう》は五輪塔と共に良く見かける石造美術品であるが、その製作年代は、笠（屋根）の四隅にある隅飾突起の形状により、おおよそ判断できる。鎌倉時代中期頃までは隅飾りの外側の縦線が垂直になっている。鎌倉末から南北朝頃になると少し外側に傾き、室町、桃山へとだんだんと外へ、江戸末期頃には反りかえるようになる。

鎌倉　室町　江戸初期　江戸中期　江戸末期

◆格狭間による時代判定

古くは机の脚のように、天板を支える持送りの形であったが、その持送りの部分が接近してできた曲線で囲まれた形を格狭間《こうざま》という。古建築の肘木、懸魚、蟇股などと共に、その形が時代判定の重要な資料となる。古建築では須弥壇、唐戸、露盤《ろばん》などに多用されている。石造品では、石燈籠の基礎や中台、火袋などに、また石塔類では基礎などに、ほとんどといって良いほど用いられている。

図示の奈良時代のものは、まだ持送りの姿で、この繰形が時代の推移とともに変化し、平安、鎌倉の曲線へと移行していく。格狭間内には、宝相華《ほっそうげ》、瑞鳥《ずいちょう》、蓮華《れんげ》、連子《れんじ》、嫩葉《わかば》などの彫刻が見られる。それらの曲線と文様が、各時代の判定の目安となる。

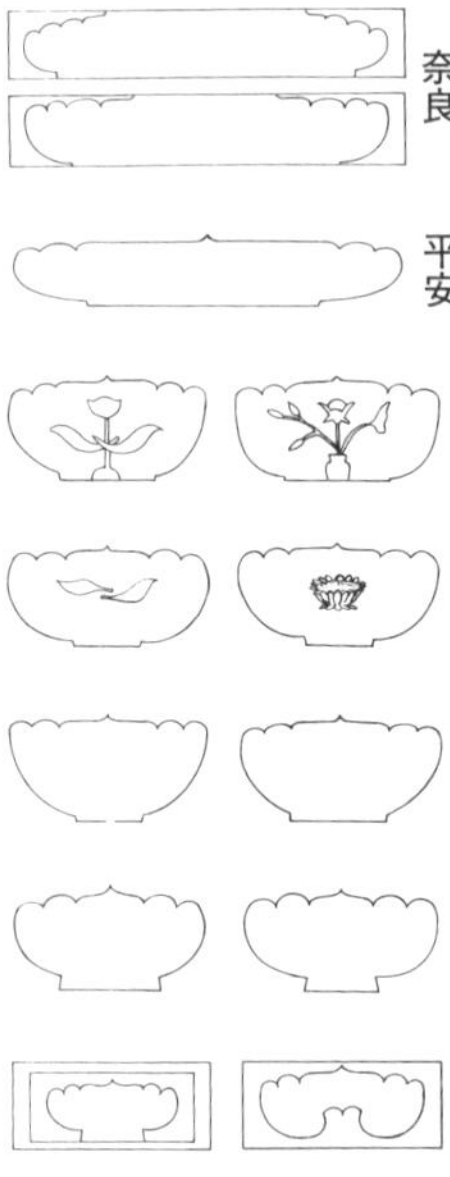

奈良　平安　鎌倉　鎌倉　室町　桃山　江戸

手水鉢

手水鉢《ちょうずばち》は、庭園内や縁先にあって、手を洗い口を漱《すす》ぐための石、陶器、金属などで作られた水鉢をいう。社寺には参拝用の水鉢が古くからあり、庭園や茶庭、特に露地にはなくてはならないものである。形には、自然石の上に水穴をあけたもの、石を加工して特殊な形にしたもの、または古い石造美術品の部分を転用した、いわゆる見立物とがある。

◆自然石

富士形、一文字形、貝形、鎌形、温公《おんこう》形、誰ヶ袖《たがそで》形など。

形式名称	所在地
一文字形	京都市、養源院
温公形	京都市、等持院
誰ヶ袖形	京都市、成就院

◆加工品

円形では、棗《なつめ》形、鉄鉢《てっぱつ》形、菊形、銭形、梟《ふくろう》形、橋杭形。角形では、銀閣寺形、呼子《よぶこ》形、枡形など。

棗　形	京都市、玉鳳院
鉄鉢形	京都市、桂離宮賞花亭
銭　形	京都市、孤篷庵
梟　形	京都市、曼殊院
銀閣寺形	京都市、銀閣寺
呼子形	京都市、真如院
枡　形	京都市、桂離宮

◆見立物

袈裟形、湧玉《わくだま》形（五輪塔の水輪を利用）、四方《よほう》仏、檜垣、梅ヶ枝、月見などと名付けたものが種々あるが、石燈籠や石塔など、石造美術品の基礎、塔身、笠などを流用したものが多い。

袈裟形	京都市、渉成園（宝塔の塔身）
四方仏	京都市、仁和寺遼廓亭（層塔の塔身）
檜垣形	京都市、円徳院（宝塔の笠）
梅ヶ枝	京都市、玉泉院（石棺の蓋）
月見形	大津市、聖衆来迎寺（宝塔の笠）
露　結	京都市、孤篷庵（宝塔の塔身）

◆蹲　踞

蹲踞《つくばい》とは、手水を使うときに蹲《つくば》ってする、いわゆる蹲踞《そんきょ》の姿勢で行うことからきている。手水鉢の手前には前石、左右に手燭石と湯桶石などの役石を配置する。また手水鉢の向うに後石を据えることもある。手燭石と湯桶石の配置は、各流派によって異なる。

自然石（今日庵露地）＋

礎石（不審庵露地）

四方仏（又隠露地）

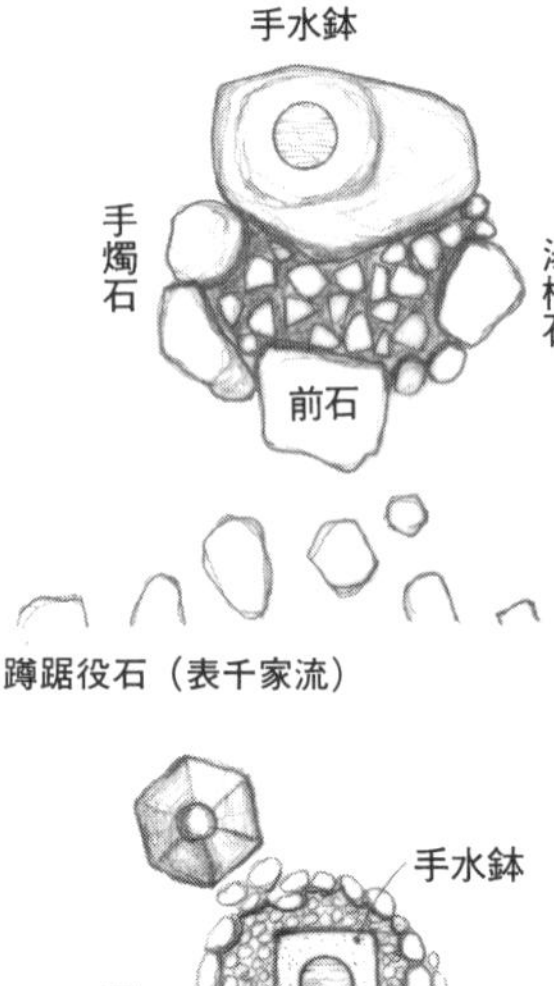

蹲踞役石（表千家流）

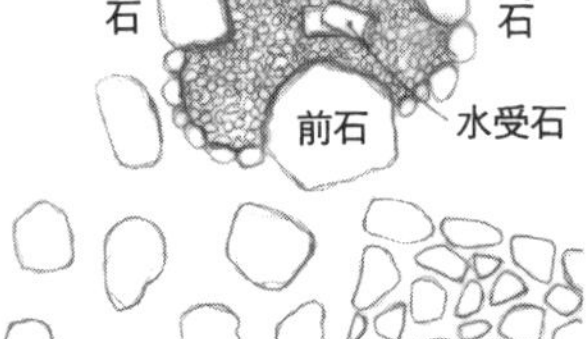

蹲踞役石（裏千家流）

銀閣寺形＊

鉄鉢形＊

宝塔塔身

自然石

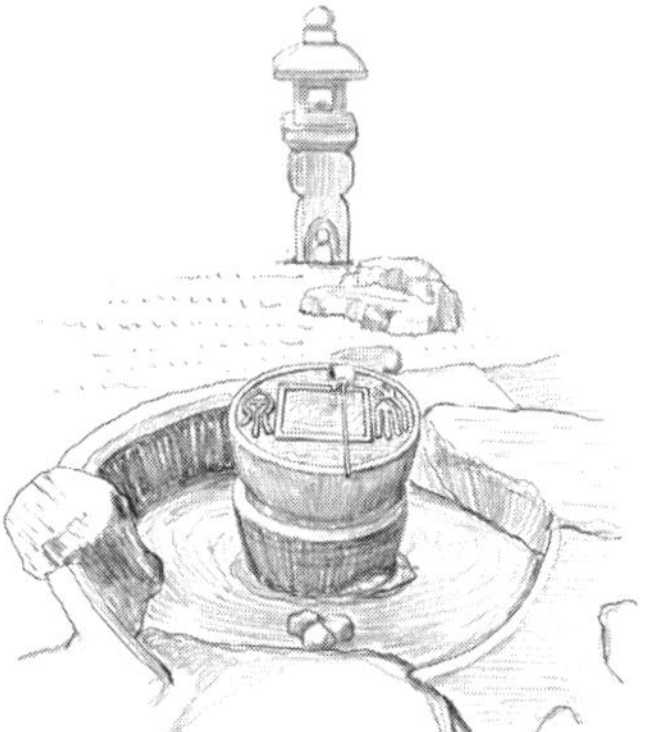

布泉形手水鉢（孤篷庵）

梵字

梵字《ぼんじ》とは梵語を記すのに用いる文字で、梵語はインド古代の言語である。

その梵字も年代や地方で違いがあったが、日本に伝えられたのは「悉曇《しったん》」とよばれるものである。ここで例示するのは、その悉曇梵字である。中国では智広《ちこう》の著した『悉曇《しったん》字記《じき》』が著名で悉曇学の根本書である。

日本へは奈良朝にすでに悉曇梵字は入っていたが、本格的には、密教が弘法大師によってもたらされてからと思われる。入唐八家《にっとうはっけ》は相次いでその典籍を請来したが、平安朝末期にはほぼ大成されて、今日われわれが古美術品において接する梵字となった。画幅、木彫仏、工芸品、石造品に書きつけられ、あるいは彫りあらわされているので、これを知っておくことによって、庭園と関係深い石造品を理解しやすくなるのである。

鎌倉、室町時代には悉曇梵字は学習されてきたが、近世江戸時代にはとくに研究がさかんで、相次いで浄厳《じょうげん》、澄禅《ちょうぜん》、慈雲《じうん》の三人の碩徳《せきとく》がでている。浄厳は河内の延命寺の人、また江戸霊雲寺にいた。澄禅は京都の智積院の学匠としても名高く、また慈雲は河内高貴寺を本拠として、京都にもしばしば住し、梵字研究に最大の貢献をしている。高貴寺に残る『梵学津梁《ぼんがくしんりょう》』一〇〇〇巻は今の学者もその全部を手がけることができがたいほどのものである。浄厳には『普通真言蔵』の編著があって延宝八年（一六八〇）の開版である。澄禅にもまた数種の編著があるが、『種子集』はわれわれに重宝である。

種子《しゅじ》とは種子字を略したものである。諸尊にはそれぞれの種子があり、梵字一字を書いて仏・菩薩を表す符号のようなもので、種子という言葉には根本という意味がある。

種子には共通になっている場合があり、尊名が決まらないこともある。特定尊が決められていない通種子もあるが、だいたいはその仏・菩薩の真言の頭文字をもって種子としている。

真言とは真実の言説《ごんぜつ》ということであり、諸尊の証得された真理や、本来の誓願をのべたことばをいう。諸仏や諸菩薩にはそれぞれ真言があり、密語、密言《みつごん》、密咒陀羅尼《みつじゅだらに》、明、神咒《しんじゅ》また単に咒《じゅ》という。だいたい長いのを陀羅尼、短いのを真言として使っている。

◆**塔身の梵字**

石塔類の塔身には、おおかた四方に仏像が彫られているが、代りに、種子（梵字）を刻んだものがある。それには顕教、および密教の金剛界と胎蔵界の三種類があり、それぞれに仏や菩薩の種類や安座の位置が異なる。以下にその配置の一例を示した。

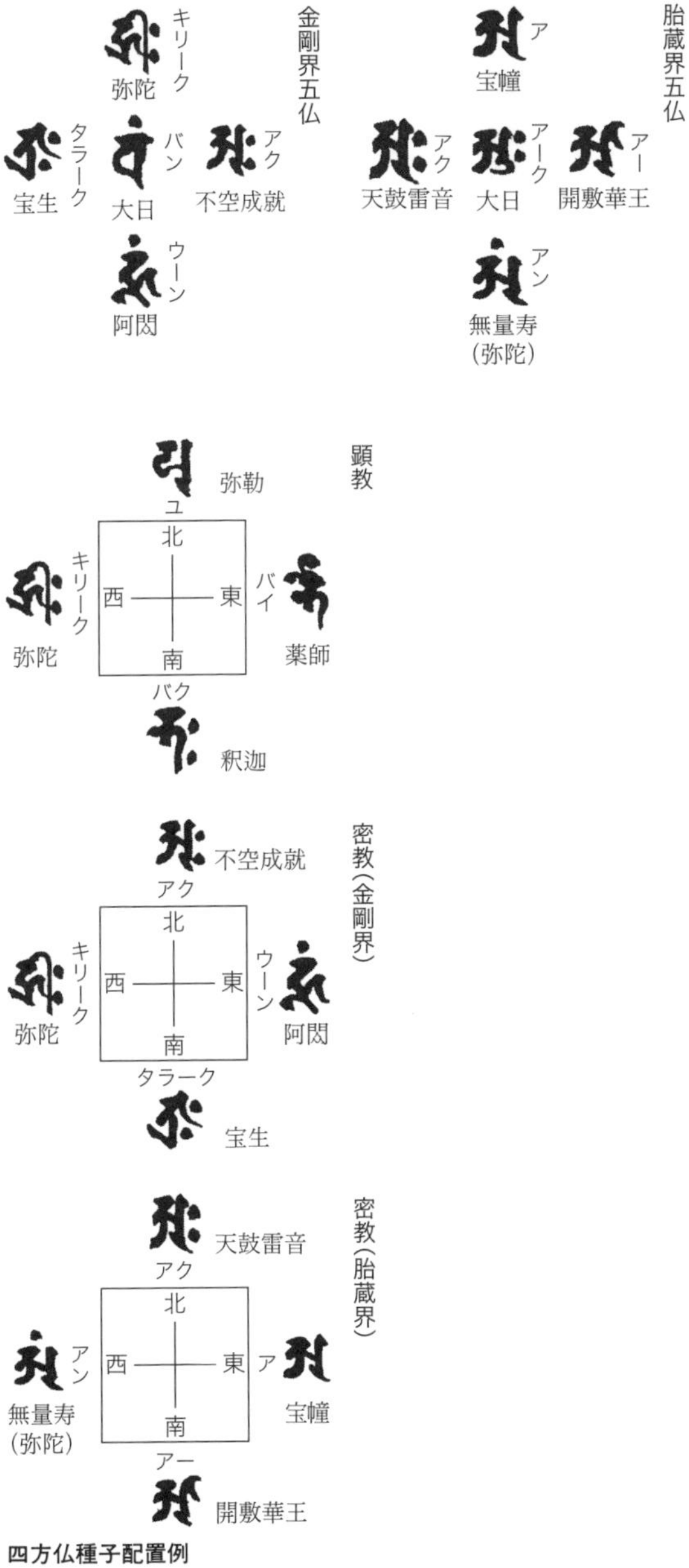

四方仏種子配置例

金剛界大日
バン
バーンク
胎蔵界大日
ア
アーンク
釈迦三尊
バク
釈迦
アン
普賢
マン
文殊
不動三尊
カーンマーン
不動
タラ
矜迦羅童子
タ
制吒迦童子
五大明王
ウーン
降三世
ウーン
金剛夜叉
カーン
不動
ウーン
軍荼利
キリーク
大威徳
弥陀三尊
キリーク
弥陀
サ
観音
サク
勢至
毘沙門三尊
バイ
毘沙門天
キャ
善膩師童子
シリー
吉祥天
四天王
バイ
多聞天
ビ(ビー)
広目天
ジリ
持国天
ビ
増長天
薬師三尊
バイ
薬師
ア
日光
シャ
月光
金剛大日三尊
バン
大日
カーン
不動
バイ
毘沙門天
六観音
サ
聖
ウーン
馬頭
ボ
不空羂索
キリーク
千手
キャ
十一面
キリーク
如意輪
六地蔵
イ
イー
イ
イー
ラン
カ
イー
イー
サン
イー
カ
カ
十二天
イ
伊舎那天
ニリ(ニ)
羅刹天
ボラ
梵天
イー
帝釈天
バ
水天
ヒリ
地天
ア
火天
バー
風天
ア(アー)
日天
エン
炎魔天
バイ
多聞天
シャ
月天

種子

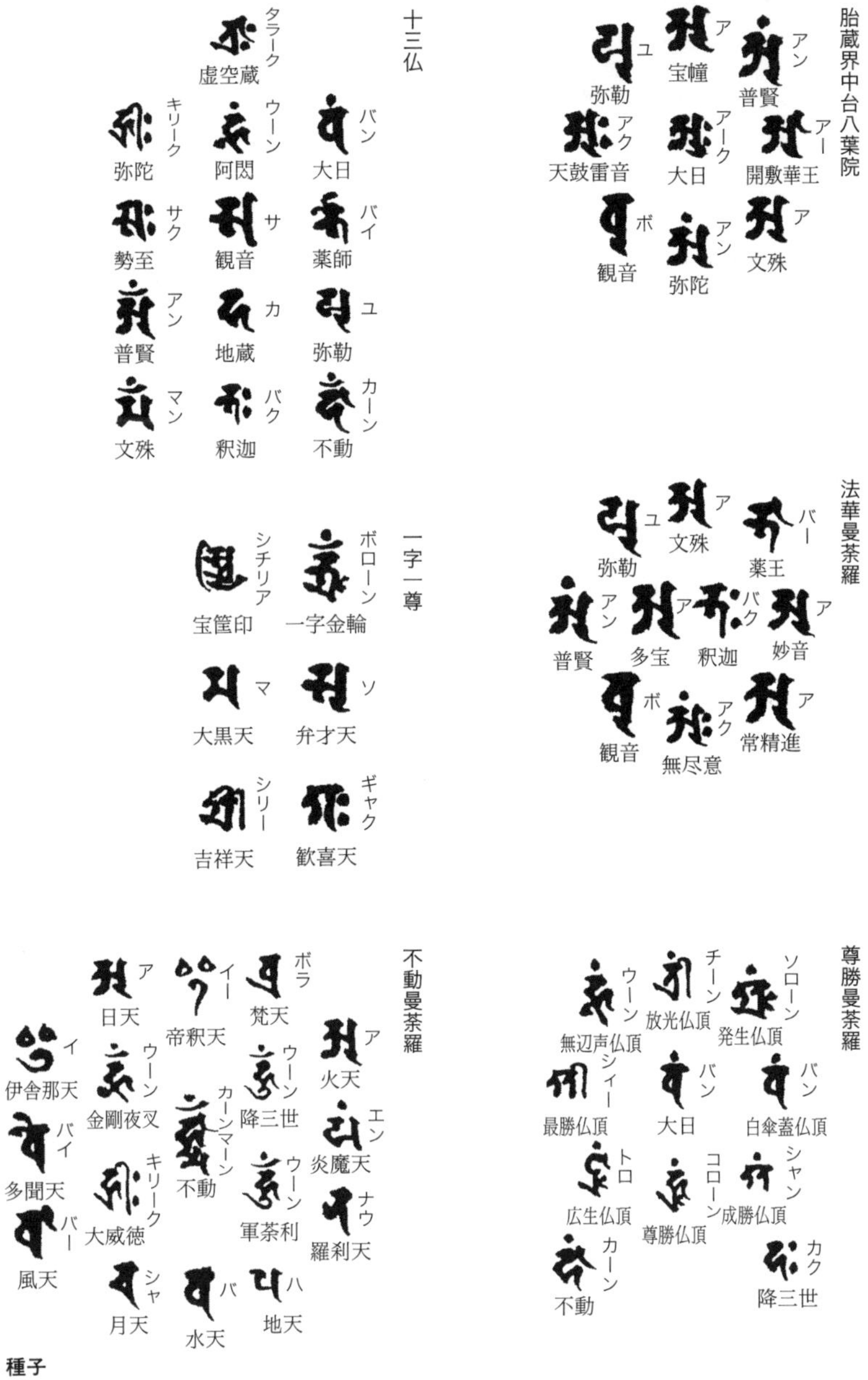
胎蔵界中台八葉院
アン 普賢
ア 宝幢
ユ 弥勒
アー 開敷華王
アーク 大日
アク 天鼓雷音
ア 文殊
アン 弥陀
ボ 観音
十三仏
バン 大日
バイ 薬師
ユ 弥勒
カーン 不動
タラーク 虚空蔵
ウーン 阿閦
サ 観音
カ 地蔵
バク 釈迦
キリーク 弥陀
サク 勢至
アン 普賢
マン 文殊
法華曼荼羅
バー 薬王
ア 文殊
ユ 弥勒
ア 妙音
バク 釈迦
ア 多宝
アン 普賢
ア 常精進
アク 無尽意
ボ 観音
一字一尊
ボローン 一字金輪
シチリア 宝篋印
ソ 弁才天
マ 大黒天
ギャク 歓喜天
シリー 吉祥天
尊勝曼荼羅
ソローン 発生仏頂
チーン 放光仏頂
ウーン 無辺声仏頂
バン 白傘蓋仏頂
バン 大日
シィー 最勝仏頂
シャン 成勝仏頂
コローン 尊勝仏頂
トロ 広生仏頂
カク 降三世
カーン 不動
不動曼荼羅
ボラ 梵天
イー 帝釈天
ア 日天
ア 火天
ウーン 降三世
ウーン 金剛夜叉
イ 伊舎那天
エン 炎魔天
カーンマーン 不動
バイ 多聞天
ナウ 羅刹天
ウーン 軍荼利
キリーク 大威徳
バー 風天
ハ 地天
バ 水天
シャ 月天

種子

大日法身真言

ア バン ラン カン ケン

金剛界大日真言

バ ザラ ダ ド バン

胎蔵界大日真言

ア ビ ラ ウーン ケン

五輪塔四門

（東）発心門

キャ カ ラ バ ア

（南）修行門

キャー カー ラー バー アー

（西）菩提門

ケン カン ラン バン アン

（北）涅槃門

キャク カク ラク バク アク

光明真言

オン アボ ギャ ベイ ロ シャ ナウ マ カー ボ ダラ マ ニ

ハン ドマ ジンバ ラ ハラ バ リタ ヤ ウーン

阿弥陀心咒

オン ア ミリ タ ティ セイ カ ラ ウーン

薬師小咒

オン コ ロ（コロ）セン ダ リ マ トウ ギ ソワ カー

不動小咒

ナウ マク サ マ ンダ バ ザラ ダン カーン

釈迦小咒

ナウ マク サ マ ンダ ボ ダー ナーン バク

随求小咒

オン バ ラ（バラ）サン バ ラ（サンバラ）イ ンヂリヤ ビ シュ ダ

ニ ウーン ウーン ロ ロ シャ レイ ソワ カー

茶室と露地（茶庭）

茶の湯（茶道）が確立したのは、室町時代末期と考えられ、大永三年（一五二三）ごろにはすでに本格的な茶の湯の成立とともに、台子《だいす》飾りをみることができ（『御飾記』）、さらに奈良称名《しょうみょう》寺の村田珠光《むらたじゅこう》によって初めて独立した茶室・方形（宝形）造の四帖半が作られた。天文ごろ（一五三二〜五四）になると、武野紹鷗《たけのじょうおう》も左勝手北向き四帖半の茶室を建て、その弟子の千利休のころになって本格的な侘草庵の茶室・四帖半や、それ以下の小間が作られるようになった。

桃山時代には、豊臣秀吉が筑前箱崎、大阪城内、北野の大茶会などを催し、茶の湯が大いに隆盛となり、そのころ露地ができつつあった。中潜《なかくぐり》、揚簀戸《あげすど》、飛石、手水鉢、石燈籠が用いられていたことが、諸種の文献により知られる。

江戸時代初期になると、利休の孫の宗旦《そうたん》によって侘草庵の極致が示された。今日庵や又隠席《ゆういんせき》は好例である。

一方、四帖半以下の小間のような侘びを強調した草庵式の茶室に対して、武家好みの書院式茶室や、四帖半以上の広間が、利休の弟子古田織部《ふるたおりべ》によって創案された。そのまた弟子の小堀遠州《こぼりえんしゅう》も独自の書院式茶室を好んだ。

露地が今日の如く形式的に完成されたのは江戸時代初期から中期にかけてである。また露地には大別して書院式と草庵式の二様式があり、飛石の打ち方、蹲踞や塵穴《ちりあな》などの作りに違いがある。

露地は、まず露地門を潜って腰掛待合に至る。腰掛待合の近くに下腹雪隠が附設されている。腰掛の前には正客石、連客石などの役石や飛石が打たれ、亭主の迎付けによって、客は飛石や敷石を伝って中門に至る。中門の左右は四ツ目垣などがあって、この垣までを外露地といい、垣の内側を内露地という。内露地では、中門から飛石を伝って蹲踞へ、手水を使った後、さらに飛石を伝って茶室の入口へと向かう。内露地には、中立ち用の腰掛待合があり、腰掛の近くには、稀にではあるが砂雪隠が設けられる。

露地には、深山幽谷を旨とし、また狭い空間を広く感じさせるために所々に植栽を配する。あるいは門や石燈籠、茶室、また扁額などを美しく見せるための、額掛《かか》りや庵掛りなどの掛り木も植えたりする。

茶室と露地、腰掛待合、中門、蹲踞、躙口の役石、飛石の打ち方などは、それぞれの図版を参考にされたい。

一帖台目向板
（裏千家・今日庵）

二帖
（妙喜庵・待庵）

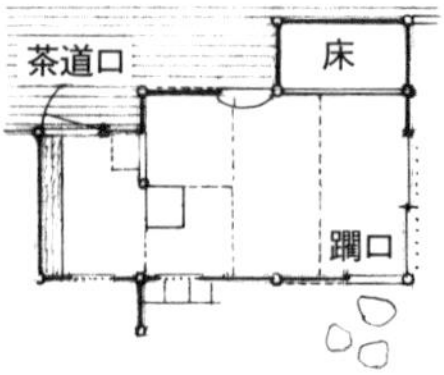

三帖台目小板入
（表千家・不審庵）

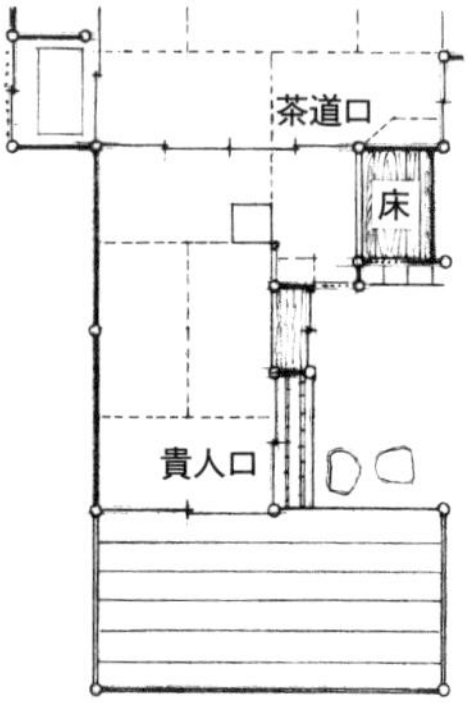

四帖台目亭主床
（西芳寺・湘南亭）

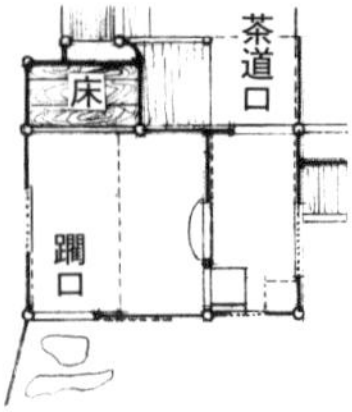

三帖・宗貞囲
（西翁院・澱看席）

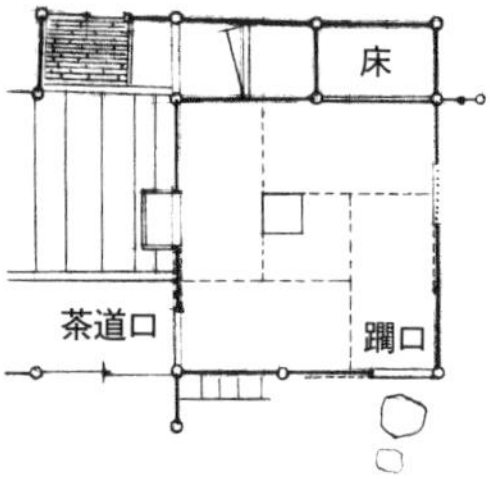

四帖半
（裏千家・又隠）

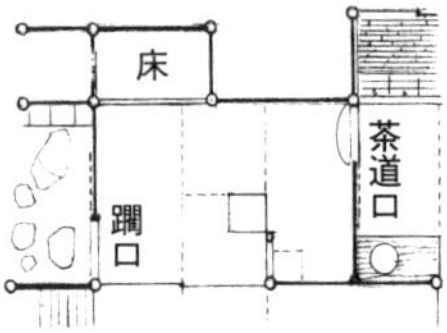

三帖・上台目切
（聚光院・閑隠席）

茶室間取実例

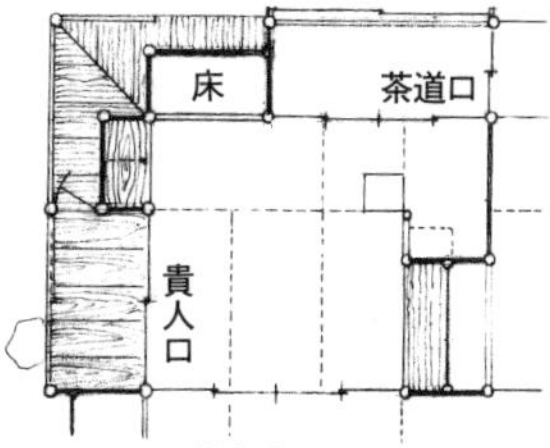

四帖半台目
（龍光院・密庵席）

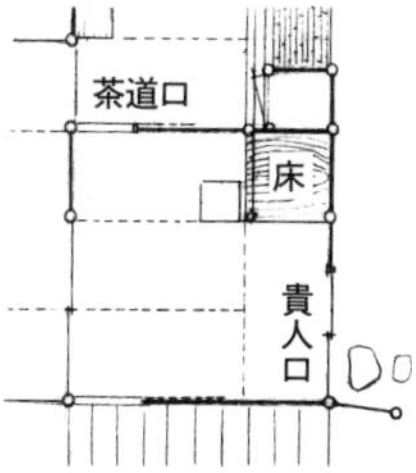

四帖桝床
（聚光院・桝床席）

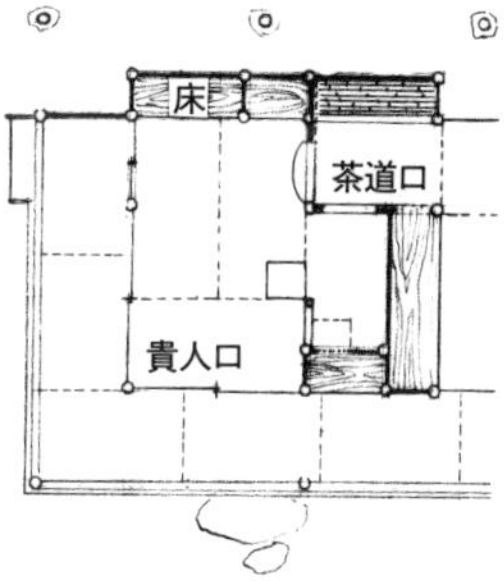

三帖台目
（水無瀬神宮・燈心亭）

三帖中板
（玉林院・養庵）

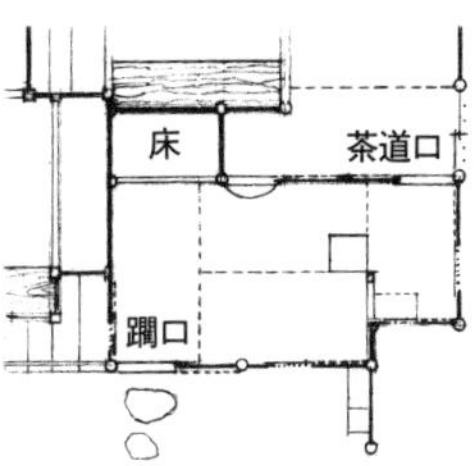

三帖台目
（曼殊院・八窓席）

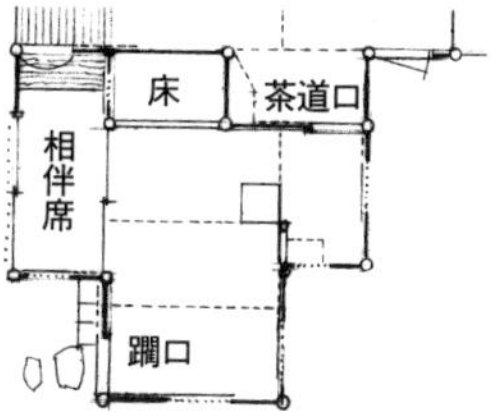

三帖台目
（藪内家・燕庵）

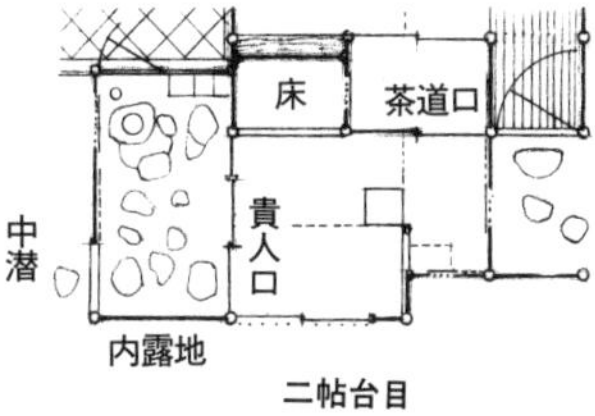

二帖台目
（真珠庵・庭玉軒）

三帖半鱗板入
（有楽苑・如庵）

茶室間取実例

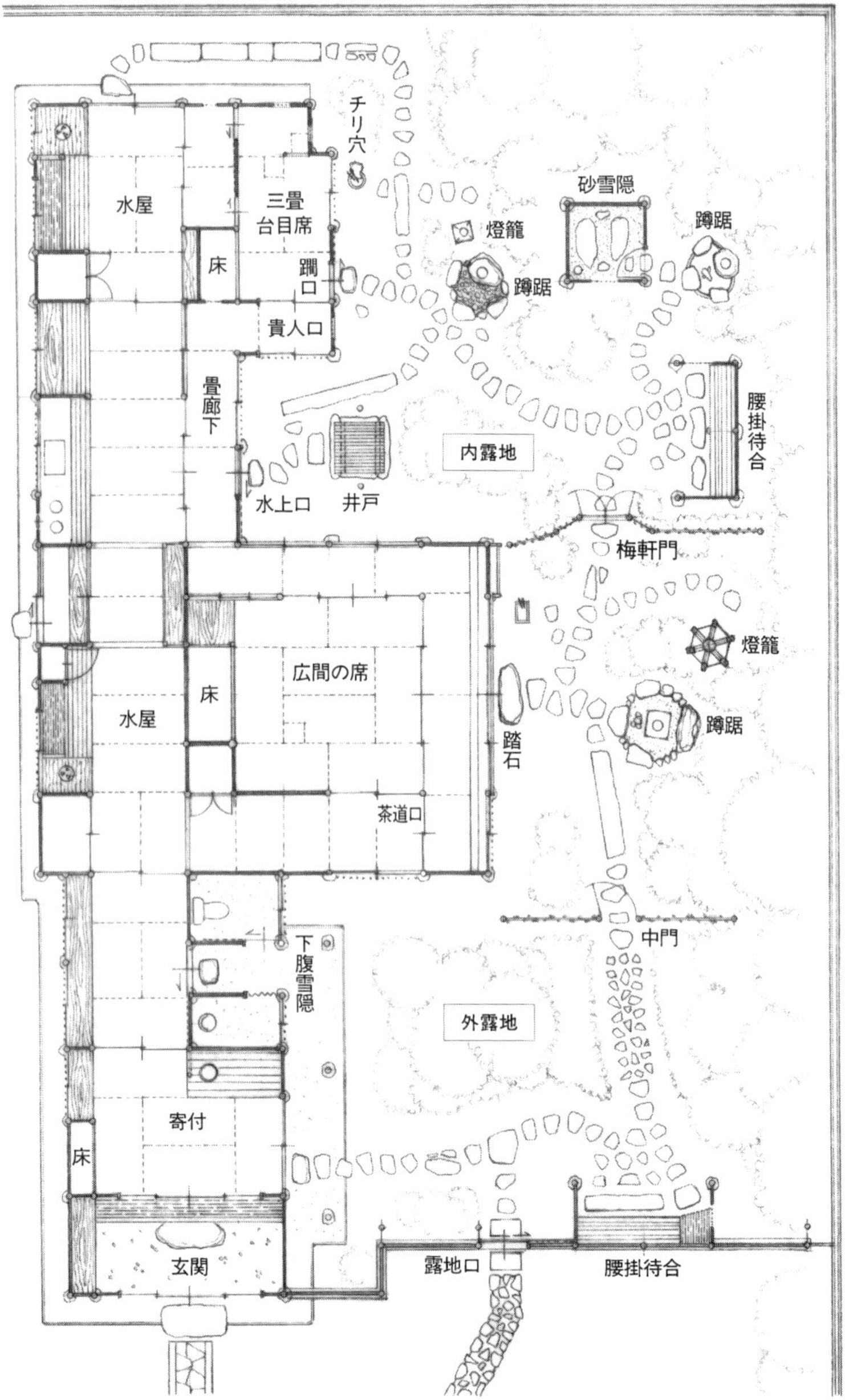

茶室・茶庭様式図（平面配置図）

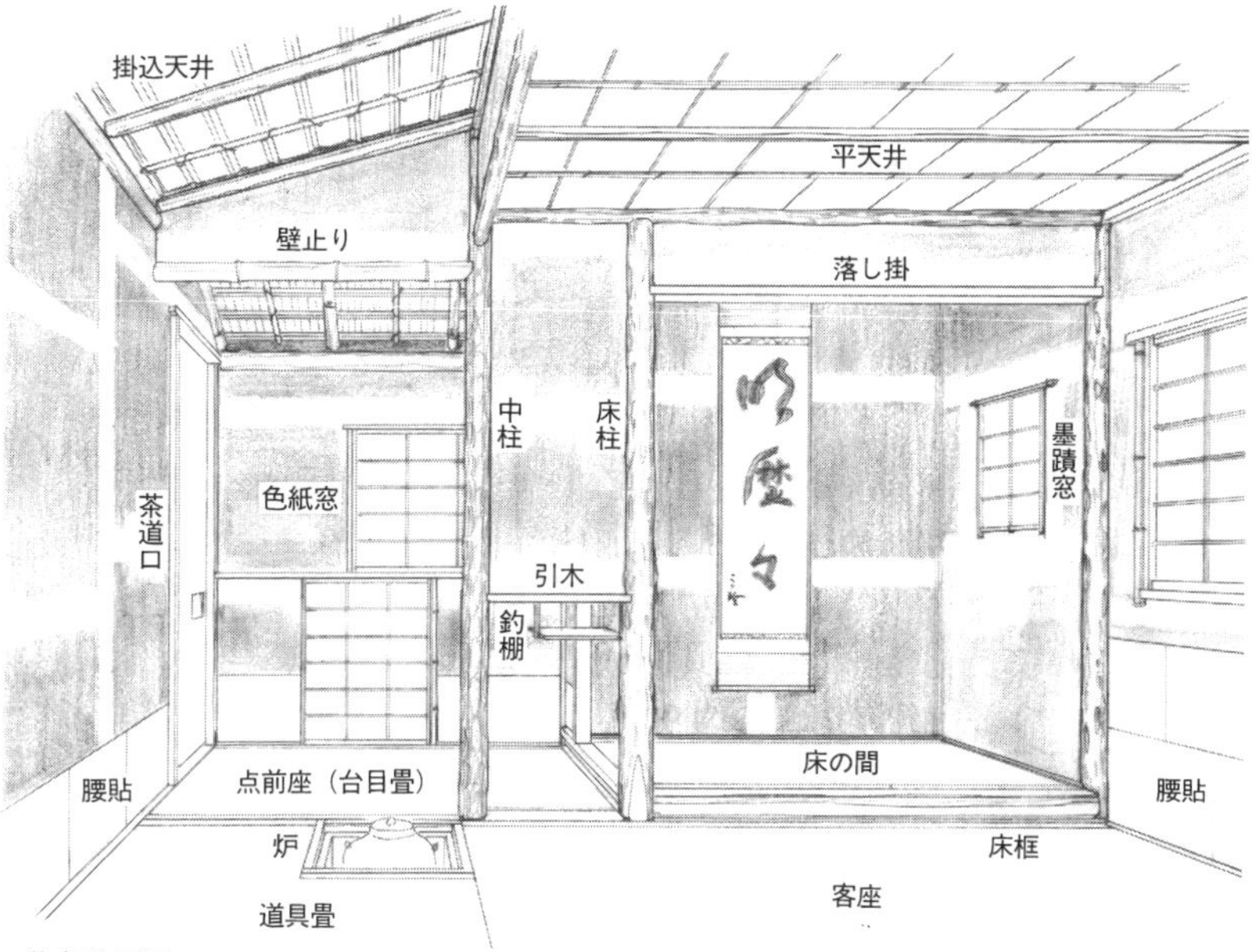

茶室詳細図

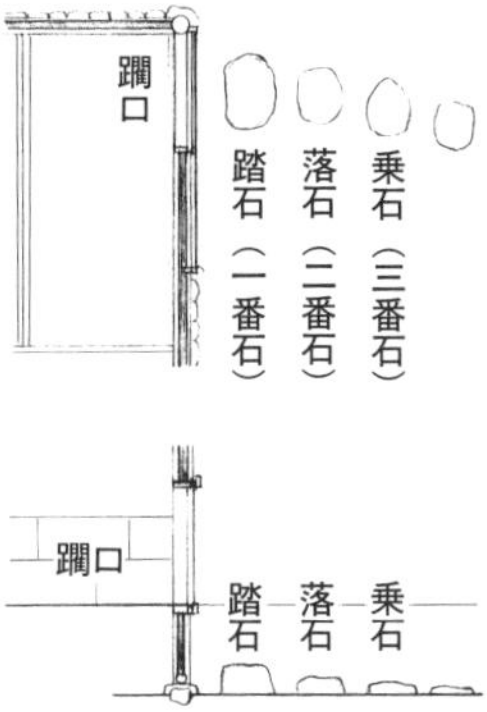

躙口役石

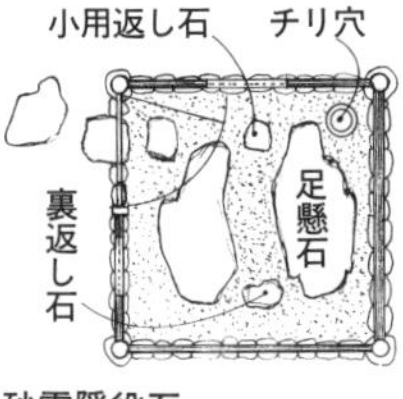

砂雪隠役石

躙口

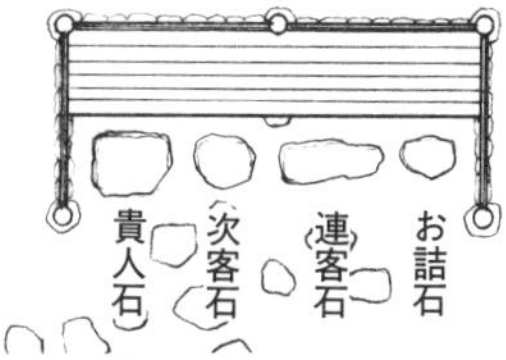

腰掛待合役石

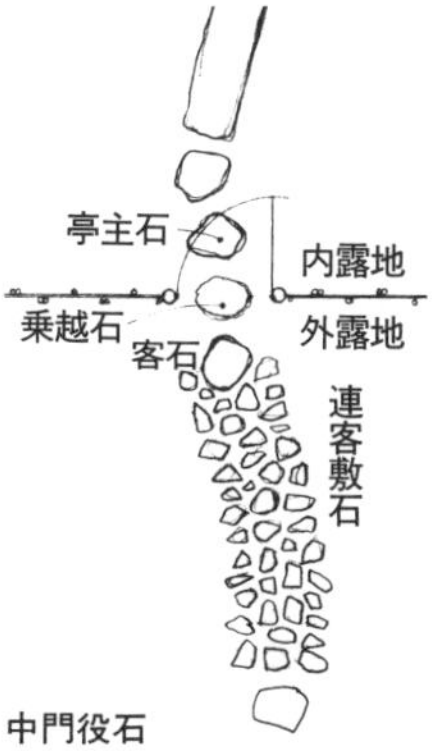

中門役石

中門

古建築

柱

建造物（木造・石造）の柱は本格的には円柱であるが、方柱を用いた場合、和様では切面をとる。

　面とは稜角を平面またはほかの形に削り取った後をいうので、平面のほか、入隅面《いりずみめん》、唐戸面《からどめん》、几帳面《きちようめん》などがある。面を作ることを面をとるといい、七面取、十面取などという。十面取とは、面の幅が柱や垂木、竿などの幅の、十分の一に取ることで、平安後期の平等院鳳凰堂では五分の一に近い大面取で誠に力強い。大面取は見かけより太い材料がいる関係から、時代がくだるとともに段々小さくなり、明治以降には糸面と称する細いものになってしまう。

　面取も、木造・石造の時代を知る着眼点である。

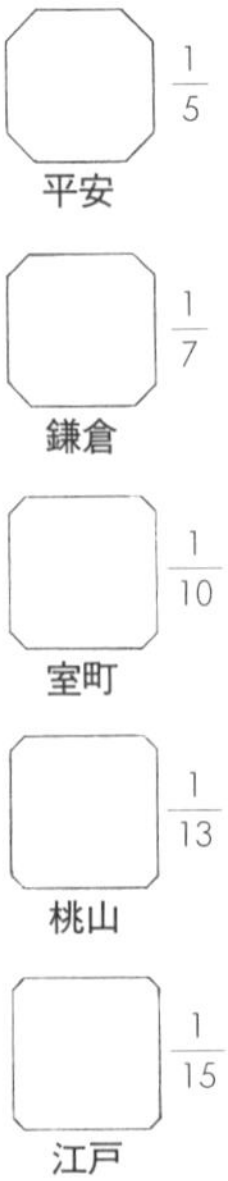

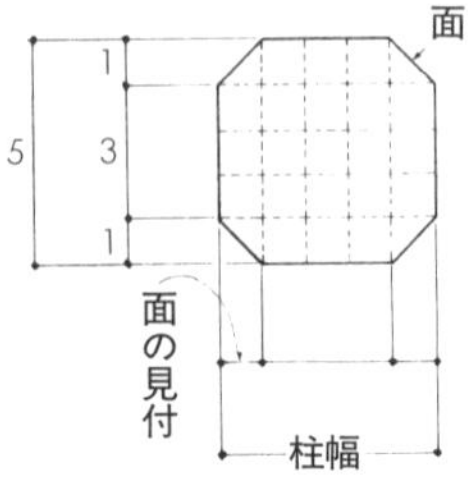

面・平安後期の例

$\frac{見付}{柱幅} = \frac{1}{5}$ の場合、

$\frac{1}{5}$ の面取という

大面取の柱・肘木・垂木

大面取の角柱

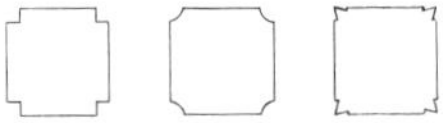

入隅面　唐戸面　几帳面

丸柱

神社本殿形式

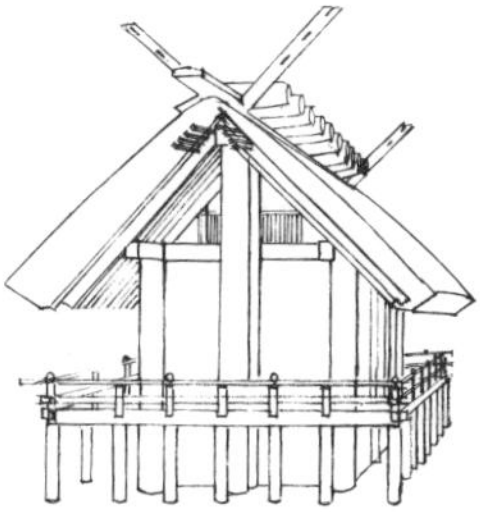

神明造

住吉造

春日造

八幡造

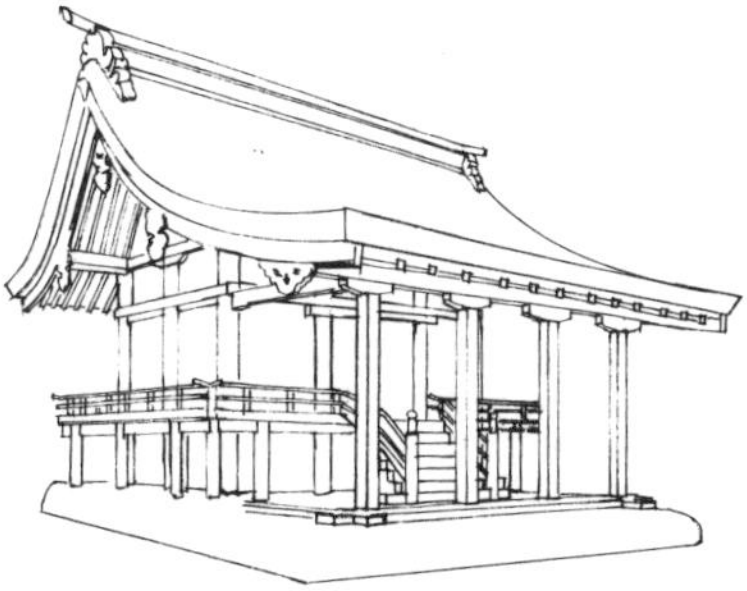

流造

日吉造

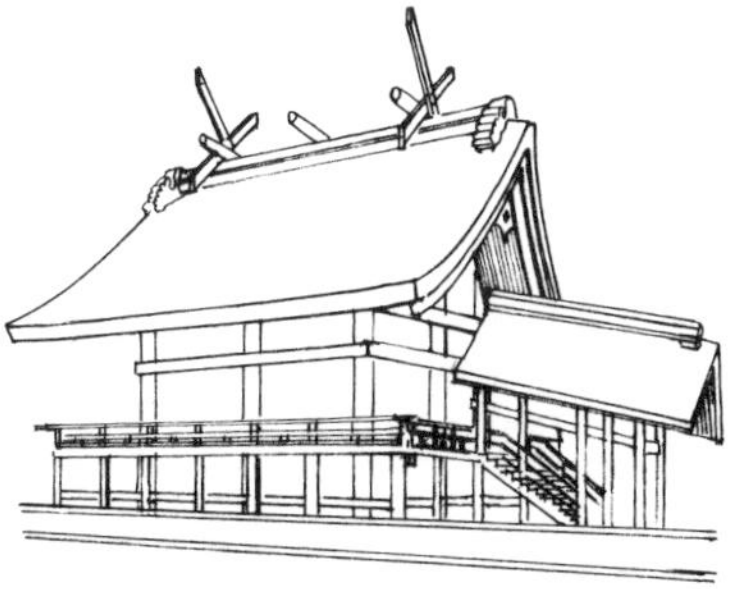

大社造

屋根と平面

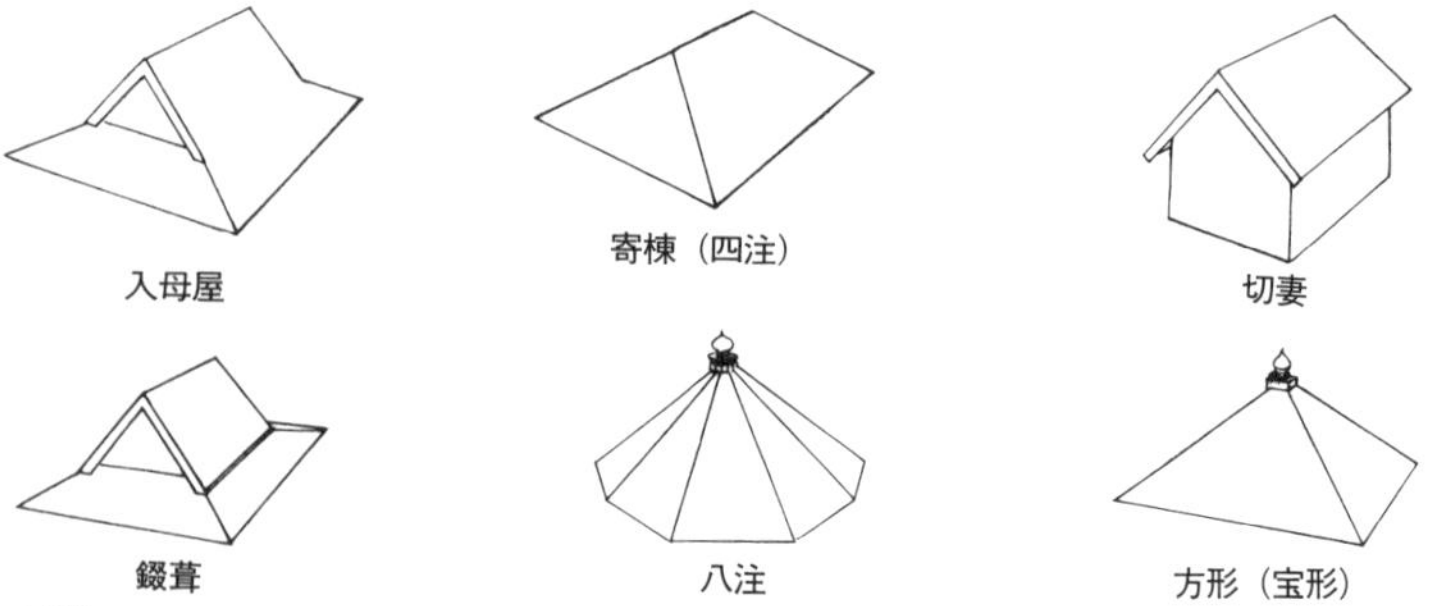

屋根

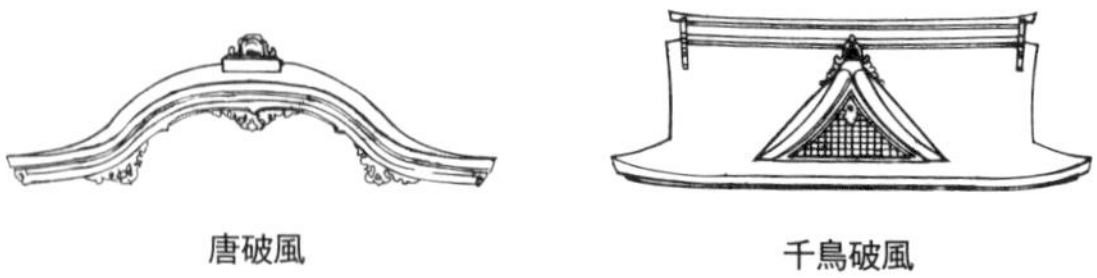

破風

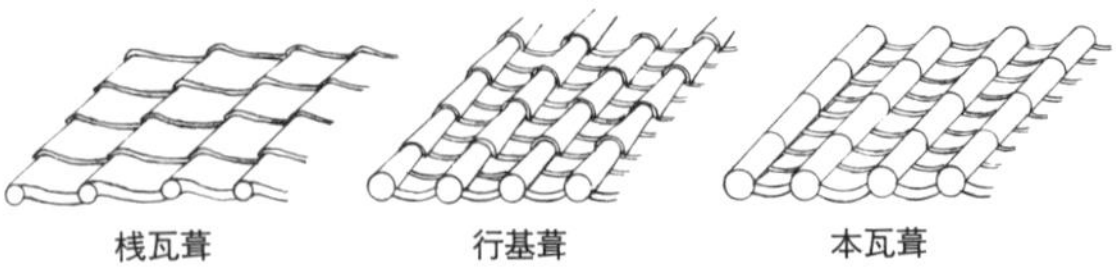

瓦葺

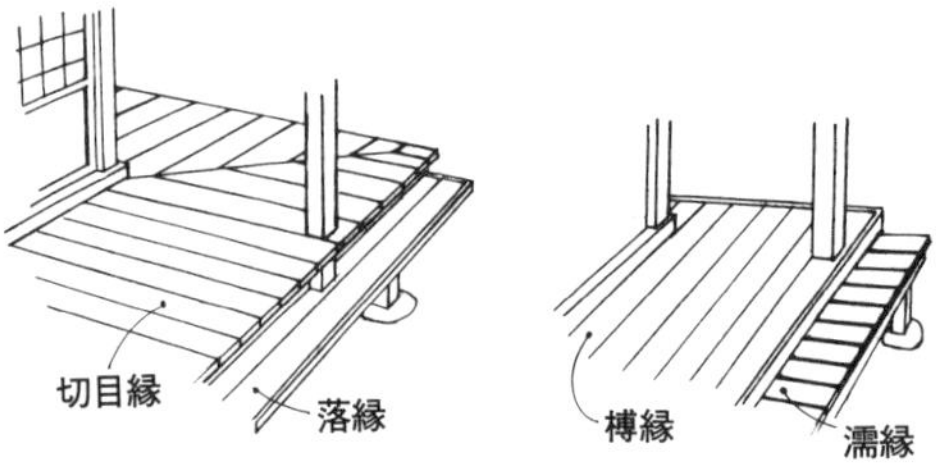

板縁

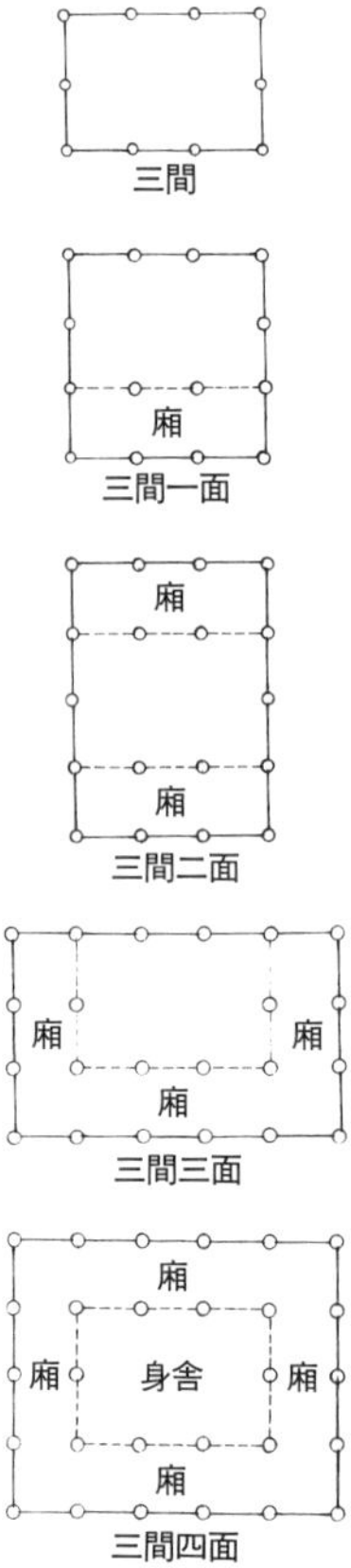

身舎(母屋)と廂(庇)の展開

組物詳細

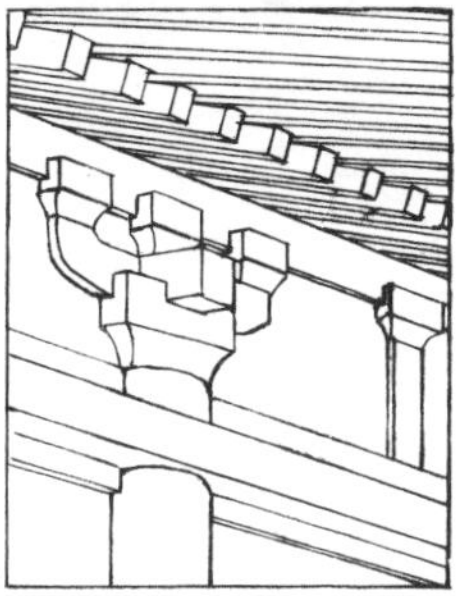

平三斗

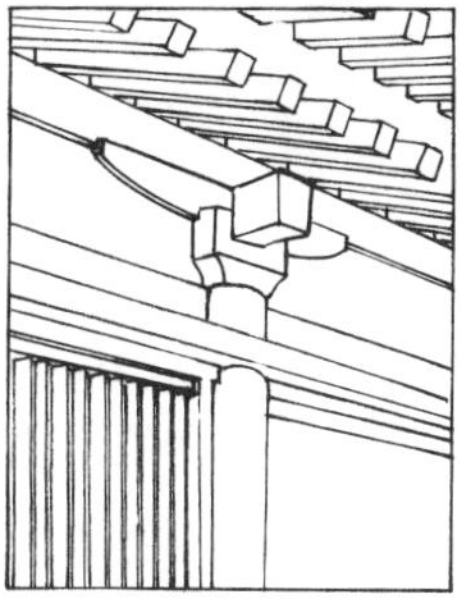

大斗肘木

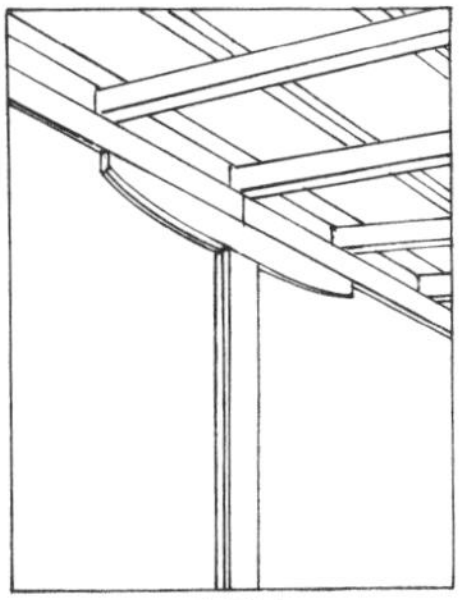

舟肘木

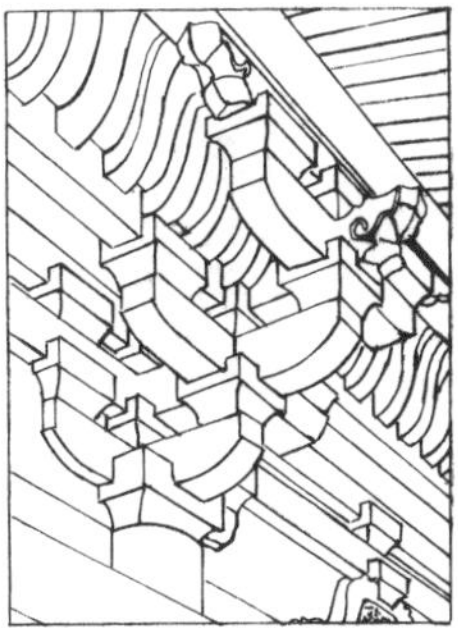

二手先（尾垂木のないもの）

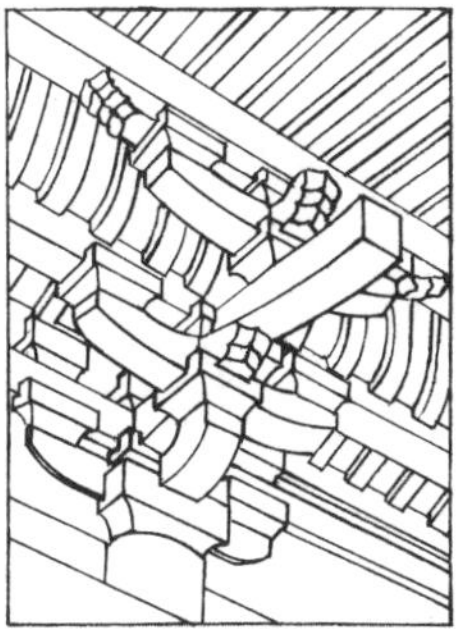

二手先（尾垂木のあるもの）

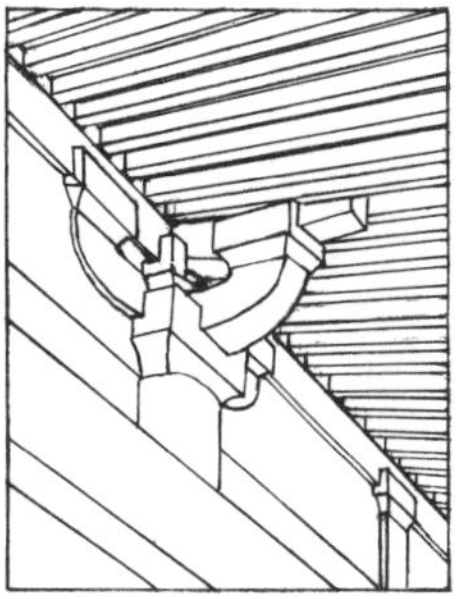

出三斗

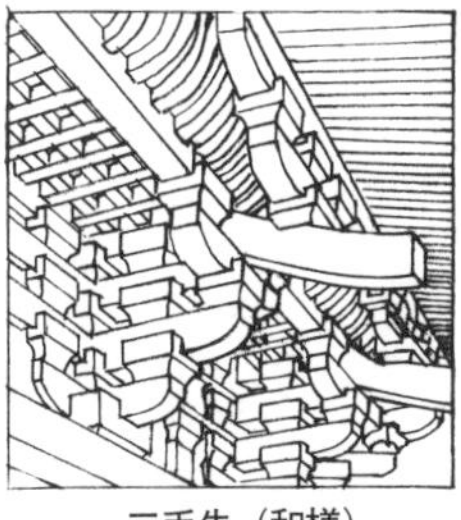

三手先（和様）

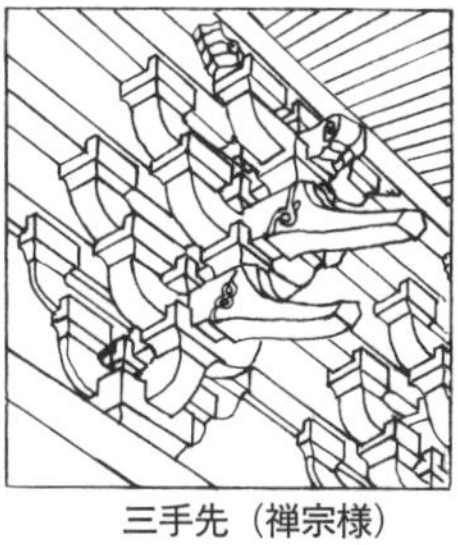

三手先（禅宗様）

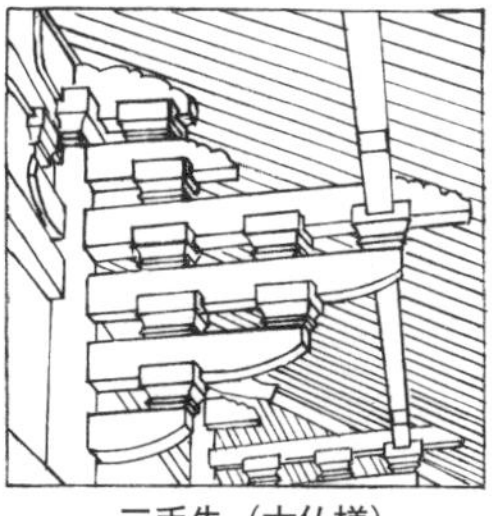

三手先（大仏様）

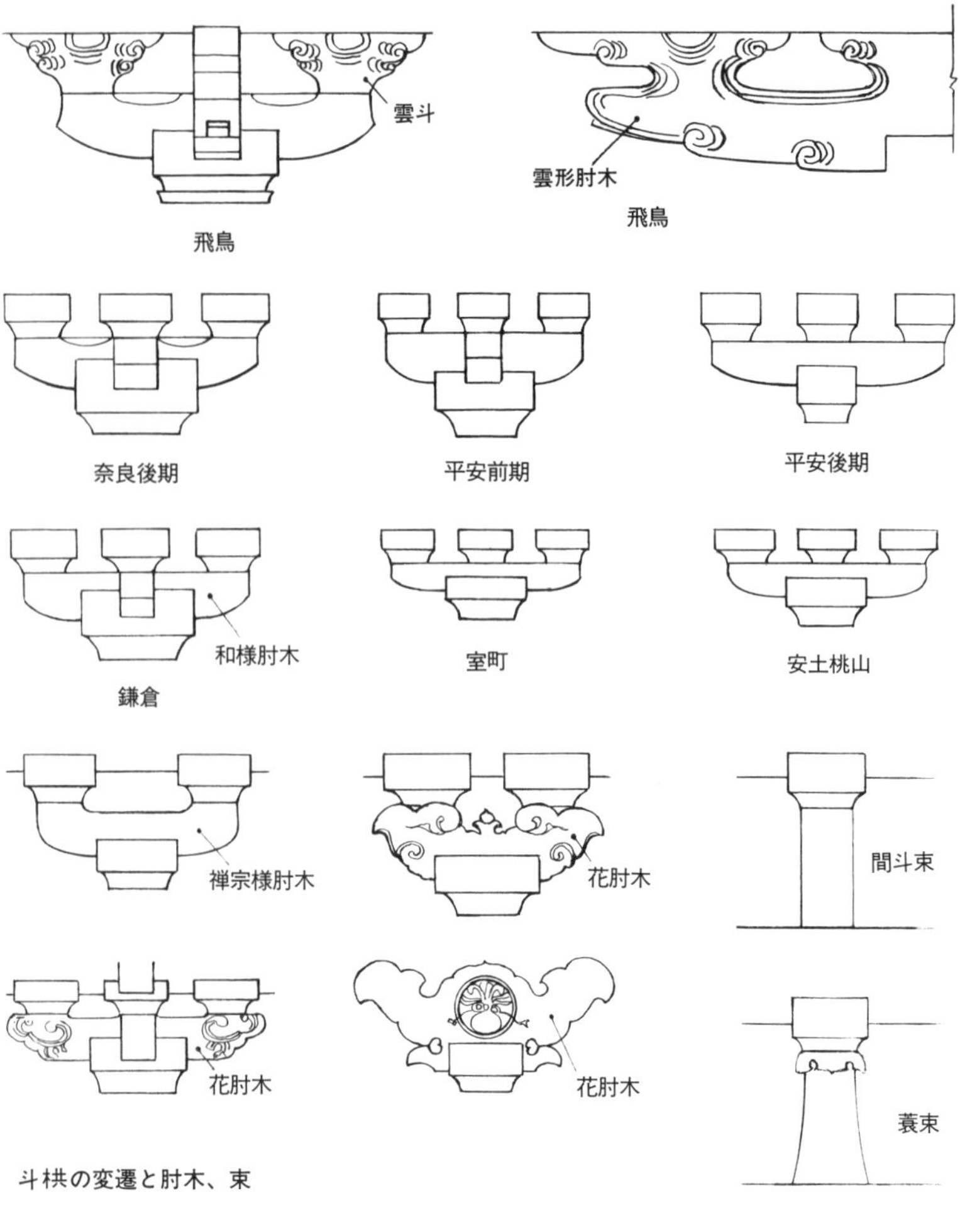
雲斗
飛鳥
雲形肘木
飛鳥
奈良後期
平安前期
平安後期
和様肘木
鎌倉
室町
安土桃山
禅宗様肘木
花肘木
間斗束
花肘木
花肘木
蓑束

斗栱の変遷と肘木、束

蟇股

平安後期

鎌倉

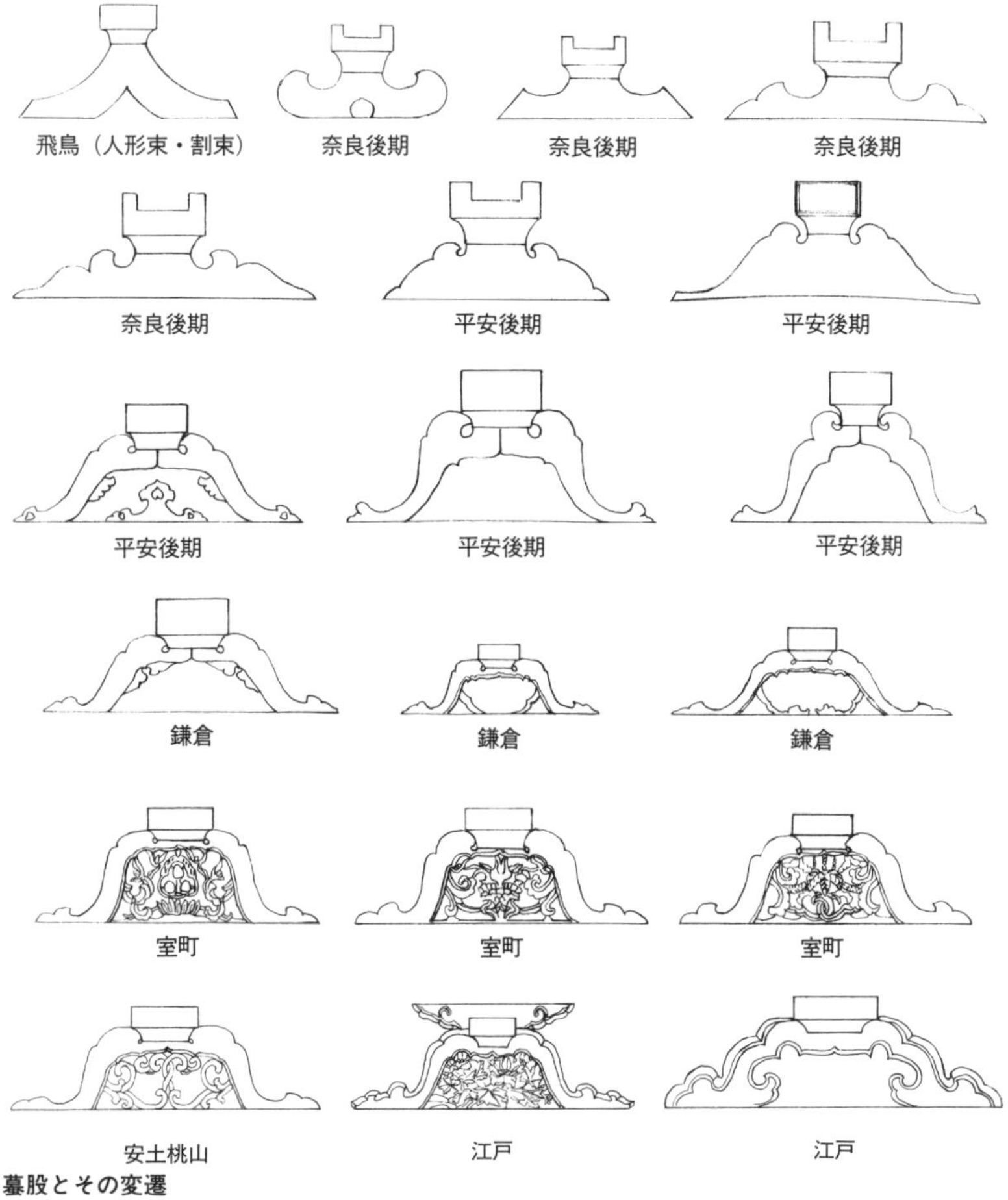

蟇股とその変遷

1
2
3
4
5
6
7
8
9
10
11
12
13
14
15
16
17
18
19
20
21
22
23
24
25
26
27
28
29
30
31
32
33
34
35
36
37
38
39
40
41
42
43
44
45
46
47
48
49
50
51
52
53
54
55
56
57
58
59
60
61
62
63
64
65
66
67
68
69
70
71
72
73
74
75
76
77
78
79
80

建築物要部図

古建築の要部

庭園と密接な関係にある建造物の、一般的な部位を図で示した。なお、本図は各様式の特徴的な部分を寄せ集めて図化したので、一貫した様式の建築物ではない。

1 棟《むね》(大棟《おおむね》)
2 六葉《ろくよう》
3 懸魚《げぎょ》(拝懸魚《おがみげぎょ》)
4 大瓶束《たいへいづか》
5 笈形《おいがた》
6 虹梁《こうりょう》(妻虹梁《つまごうりょう》)
7 箕甲《みのこう》
8 破風《はふ》
9 抓格子《つまごうし》
10 前包《まえづつみ》
11 桟瓦葺《さんがわらぶき》
12 垂木《たるき》(疎垂木《まばらだるき》)
13 大斗肘木《だいとひじき》
14 蟇股《かえるまた》(板蟇股《いたかえるまた》)
15 蓑束《みのづか》
16 檜皮葺《ひわだぶき》(または柿葺《こけらぶき》)
17 軒付《のきづけ》
18 隅木《すみぎ》
19 垂木《たるき》(本繁垂木《ほんしげだるき》)
20 尾垂木《おだるき》
21 木鼻《きばな》
22 欄間《らんま》(波連子《なみれんじ》)
23 勾欄親柱《こうらんおやばしら》(逆連柱《ぎゃくれんちゅう》)
24 隅叉首《すみさす》
25 縁束《えんづか》
26 禅宗様勾欄《ぜんしゅうようこうらん》
27 亀腹《かめばら》
28 花頭《かとう》(火頭)窓《まど》
29 基壇《きだん》(乱石積《らんせきづみ》)
30 花狭間《はなざま》
31 藁座《わらざ》
32 桟唐戸《さんからど》
33 基壇《きだん》(亀甲積《きっこうづみ》)
34 頭貫《かしらぬき》
35 飛貫《ひぬき》
36 腰貫《こしぬき》
37 花肘木《はなひじき》
38 地覆長押《ぢふくなげし》
39 腰長押《こしなげし》
40 内法長押《うちのりなげし》
41 板扉《いたとびら》(板唐戸《いたからど》)
42 饅頭金具《まんじゅうかなぐ》
43 八双金具《はっそうかなぐ》
44 幣軸《へいじく》
45 釘隠《くぎかくし》(六葉《ろくよう》)
46 連子窓《れんじまど》
47 礎石《そせき》
48 基壇《きだん》(壇上積《だんじょうづみ》)
49 地覆石《じふくいし》
50 葛石《かつらいし》
51 束石《つかいし》
52 羽目石《はめいし》
53 礎盤《そばん》
54 勾欄親柱《こうらんおやばしら》(宝珠柱《ほうじゅばしら》)
55 擬宝珠勾欄《ぎぼしこうらん》(昇勾欄《のぼりこうらん》)
56 柱《はしら》(向拝柱《こうはいばしら》)
57 虹梁《こうりょう》(海老虹梁《えびこうりょう》)
58 手挟《たばさみ》
59 懸魚《げぎょ》(桁隠懸魚《けたかくしげぎょ》)
60 破風《はふ》(縋破風《すがるはふ》)
61 留蓋瓦《とめぶたかわら》
62 地垂木《じだるき》
63 飛檐垂木《ひえんだるき》
64 棟《むね》(稚児棟《ちごむね》)
65 棟《むね》(隅降棟《すみくだりむね》)
66 間斗束《けんとづか》
67 斗栱《ときょう》(出三斗《でみつと》)
68 蟇股《かえるまた》(透蟇股《すかしかえるまた》)
69 舟肘木《ふなひじき》
70 本瓦葺《ほんかわらぶき》
71 獅子口《ししぐち》(経の巻型鬼《きょうのまきがたおに》)
72 棟《むね》(妻降棟《つまくだりむね》)
73 懸魚《げぎょ》(降懸魚《くだりげぎょ》)
74 棟《むね》(回棟《まわりむね》)
75 掛瓦《かけがわら》
76 棟《むね》(平降棟《ひらくだりむね》)
77 足元《あしもと》(鰭《ひれ》)
78 鬼瓦《おにがわら》(鬼板《おにいた》)
79 鳥衾《とりぶすま》
80 向拝《こうはい》

⊠ 書院造詳細図

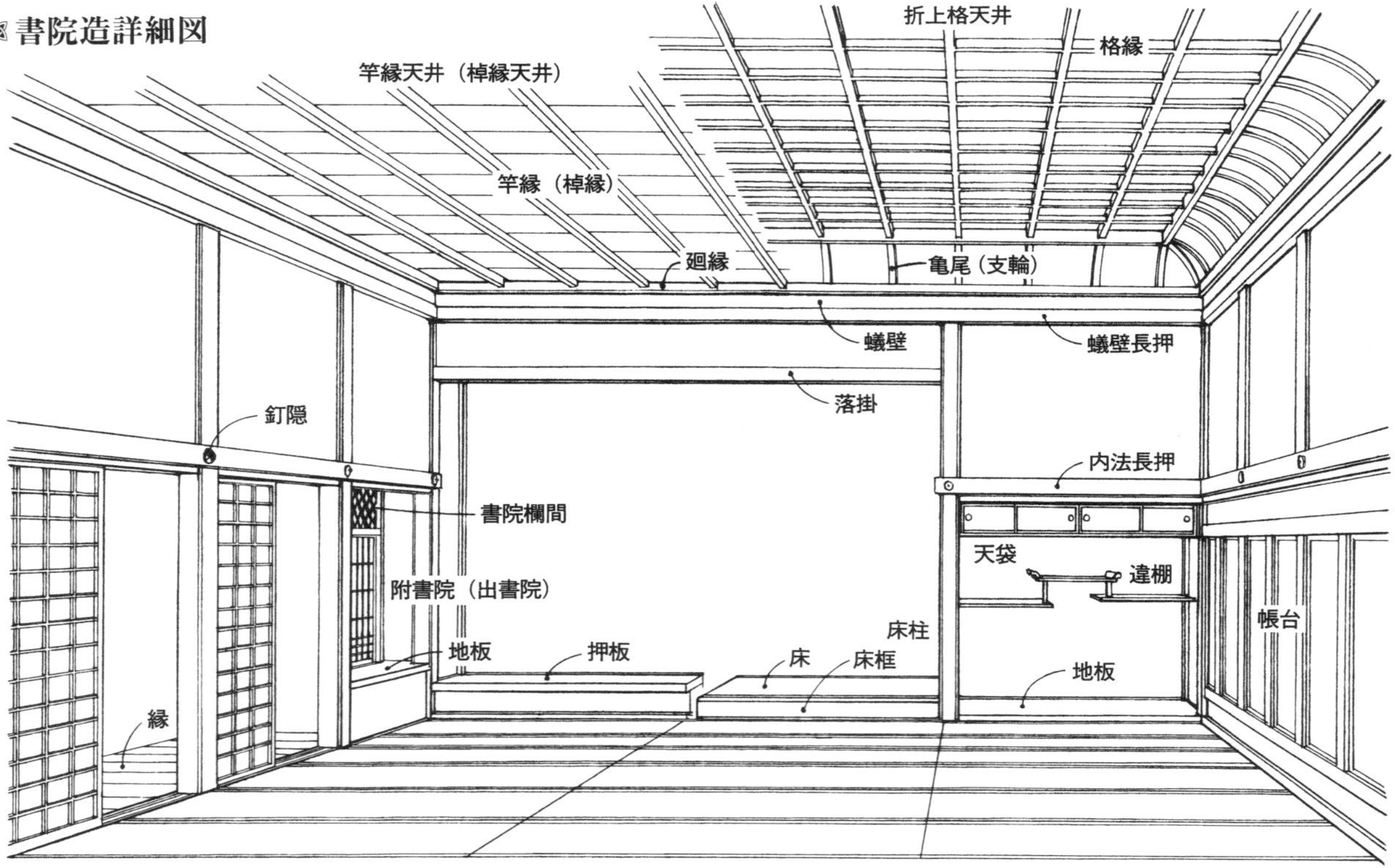

竿縁天井（棹縁天井）
折上格天井
格縁
竿縁（棹縁）
廻縁
亀尾（支輪）
蟻壁
蟻壁長押
落掛
釘隠
内法長押
書院欄間
天袋
違棚
附書院（出書院）
帳台
床柱
地板
押板
床
床框
地板
縁

庭園関連用語抄

注：庭石・石材については、京都の古庭園・露地に用いられている景石《けいせき》、石塔類、石燈籠、手水鉢、沓脱石、飛石などに使用されている石材を主にして記述した。名称は各地方により異名が用いられることが多いが、本書では京都においての通称名を用いた。明治時代中期以後のものは、一部を除いて割愛した。

あ

青石【あおいし】緑泥片岩。埼玉県の三波石、和歌山県紀ノ川の紀州石、四国に産出する阿波石と伊予石は特に多い。石組、石橋、景石などに用いる。

閼伽井屋【あかいや】仏前に供える水を閼伽《あか》といい、その水を汲む井戸が閼伽井で、それを覆う建物を閼伽井屋という。

揚簀戸【あげすど】露地に設けられた中門《ちゅうもん》代わりの仕切戸。丸竹の枠に割竹で籠目に編んだ網戸の上部をつり、竹竿で突き上げたり、下ろしたりする。

網代【あじろ】杉の皮や枌板《へぎいた》、割竹などを用いて、斜め菱形に編み合わせたものをいう。垣や枝折戸、障子の腰張り、天井などに用いられる。

東屋【あずまや】庭園内の軽い建物で、休憩と眺望を目的とする。屋根は葺き下ろしで、四角や六角、八角、あるいは円形、傘形などがある。四阿《あずまや》、亭《ちん》とも書く。

網干垣【あぼしがき】茶庭や庭園の竹垣で人字形に、あたかも海岸で網を干す様を抽象化した模様を取り付けた垣をいう。

い

伊賀石【いがいし】花崗岩。三重県伊賀の石。石塔類、石燈籠、井筒（井戸枠）などに用いる。

生垣【いけがき】垣の一種で、樹竹を植え並べた垣をいう。庭や路地の境界や背景に用いる。樹種は一種のものと、多種混植したものがある。

池心式【いけごころしき】庭園の源流とみられる上古様式に属する池で、池の中島に神を祀り、または建物を作る形式をいう。

池庭【いけにわ】水をたたえている池のある庭園をいう。池泉、林泉、園池、泉石、泉水、水閣、苑林も池庭をさす。枯池または枯山水は池庭とはいわない。

石立僧【いしたてそう】主として仁和寺系の僧侶で、作庭記の相伝に関連をもつ作庭家としての僧侶。

石壺【いしつぼ】石坪とも書く。坪庭の一種で、石を主に使用した場合を石壺という。

石燈籠【いしどうろう】神仏に燈明をあげるために、石で作られた燈籠のこと。三角、四角、六角、八角のものがある。これらが茶庭に利用され、種々な形式も生まれ、次第に庭中にも置かれるようになった。

石庭【いしにわ】石組本位の庭で、白砂、苔などをあわせて使う。有名な龍安寺庭園はその代表的なものである。

石橋【いしばし】池や流れに架けられた石の橋。初期のものは、自然石を用いたものが多く、桃山期以後になると切石も使われた。

和泉砂岩【いずみさがん】砂岩。大阪府泉南の石。石碑などに用いる。

泉殿【いずみどの】寝殿造の一部で、池に突き出している建物。四方吹き放しで、中央に正方形の湧水を持ち、縁には勾欄をめぐらし、寝殿との間は渡殿《わたどの》（廻廊）で連絡されていた。納涼、観月に使用された。

伊勢御影【いせみかげ】花崗岩。三重県菰野《こもの》の石。石燈籠、景石、手水鉢、井筒、呉呂太《ごろた》などに用いる。

板碑【いたび】板状の石塔婆のことで、自然石または切石で、表裏に種子や仏像、名号、経文、供養の祈願文、年月日、願主を刻んだものをいう。

井筒【いづつ】井戸の地上部を、木または石で囲った枠をいう。円形または方形、一石をくりぬいたもの、四枚の石で組んだものなどがある。

猪の目【いのめ】ハート形の文様で、懸魚《げぎょ》、額縁などの繰形《くりかた》として用いられている。

入母屋造【いりもやづくり】寄棟屋根の上に、切妻屋根を乗せたような形の屋根をもつ建物。側面から見ると、上部は切妻で、下部は流れ屋根になっている。

磐座【いわくら】神社祭祀初期の形式で、神の依代として信仰の対象とした石。

石組【いわぐみ、いしぐみ】日本庭園で、石を組み合わせることをいう。古くは石をたたむ、立石などと称した。たとえば、その位置、役目により三尊石組、護岸石組などとよばれる。

磐境【いわさか】神の居ます場所として、石を円形などに立てならべ、神聖な祭祀の境域を作ったもの。

陰陽石【いんようせき】正しくは「おんようせき」という。夫婦和合、子孫繁栄・豊作を祈るもので、男女の性器を象徴した石。江戸期の大名庭園に多い。

う

請花【うけばな】上向きの蓮華の図形で、仏像仏具の台座、石燈籠の中台、各種石塔の相輪など仏教関係のものにさかんに使われる。

内露地【うちろじ】外露地に対するもので、中門や中潜《なかくぐり》より内側で茶室に近い茶庭。特別に工夫を凝らした。

鱗板【うろこいた】有楽《うらく》好みの茶室で、床脇の三角形の地板をいう。如庵《じょあん》や遼廓亭《りょうかくてい》にみられ、給仕の動作を楽にするために設けられている。

え

海老虹梁【えびこうりょう】梁が海老の背のように曲がっているのでこの名がある。側柱と本柱、向拝柱と本柱など、柱の高さに差のある場合に用いられる梁。禅宗様から始まった。

烟霞【えんか】烟（煙）と霞で山水風景を表したもの。後には庭園のこともさすようになり、旅行好きや山水愛好者を烟霞癖などと言うようになった。

遠山石【えんざんせき】庭園内の、立石の名称の一つ。築山の上部や、背後部の遠景に多く用いられる立石。

円窓床【えんそうどこ】床正面の壁に丸窓をあけたもの。西行庵の皆如庵《かいにょあん》、高台寺時雨亭《しぐれてい》階上にみられる。

園池【えんち】苑池とも書く。飛鳥期から鎌倉期の池のある庭。したがって大きな池庭の場合をいう。平安京の神泉苑など。

お

扇垂木【おうぎだるき】建物の中心、または隅柱を中心として、放射状に、扇のように配置された垂木をいう。主として禅宗様建築から用いられた。

大海式【おおうみしき】庭の様式のこと。平安時代に作られた嵯峨大沢池庭園のように、あたかも大海を想定した池のある庭園をいう。

仰木石【おおぎいし】花崗岩。滋賀県大津市仰木の石。石塔類に用いる。

大面取【おおめんとり】四角な材料の角を大きく削り取ることをいう。柱や長押、石燈籠の火袋などに施す。

沖ノ島石【おきのしまいし】花崗斑岩。琵琶湖沖ノ島の石。礎石、石塔類、石燈籠などに用いる。

押板【おしいた】床の間の前身で、仏画を掛け、三具足を置くために作られた台。奥行きは浅く、高さは高い。

折上格天井【おりあげごうてんじょう】廻縁より、支輪《しりん》（亀の尾ともいう）で持ち上げられた格天井。

織部床【おりべどこ】床間の奥行きを省略した床で、一種の壁床。床に見立てた壁の、天井廻縁の下に織部板（雲板ともいう）を打ち、掛物を掛けられるようにした簡単な床。

か

廻遊式【かいゆうしき】庭内を歩きながら観賞する庭の形式で、江戸初期の池庭に多い。

反花【かえりばな】蓮の花を伏せた形をいい、伏花ともいう。仏像の台座、石塔の基礎の上部などの装飾に用いられる。

蟇股【かえるまた】中備《なかぞなえ》に設ける斗束《とづか》の一種で、蛙が脚を広げたような形であるのでこの名がある。板蟇股と刳抜《くりぬき》蟇股（本蟇股、透蟇股）の二種類がある。

鏡天井【かがみてんじょう】禅宗様の仏殿などの天井で、枠も竿縁もない平たい天井のこと。

額見石【がくみいし】物見石の一種。茶庭の飛石の一つで、客が扁額を見るために、飛石列のそとに設けられた石。

掛込天井【かけこみてんじょう】茶室の天井の一種。廂（屋根）を、そのままの勾配で室内にいれ、垂木や木舞などの屋根裏材を、化粧として見せた天井をいう。

掛樋【かけひ】露地の蹲踞《つくばい》の手水鉢に、樋で水を引いて清水を注ぎ入れる装置をいう。

飾鉢前【かざりはちまえ】手水鉢を中心に周囲を他の役石で装飾的に構成したもので実用性は少ない。

仮山【かざん】築山のこと。日本庭園の古い呼称の一つで、鎌倉期より室町期にかけて盛んに称せられた。

刀掛【かたなかけ】茶席の躙口《にじりぐち》近く、または待合に設けられた木枠で作った棚をいう。席入りのとき、刀をこの棚に掛けて入席した。

月輪【がちりん】層塔の塔身や宝篋印塔の軸部、隅飾りの中にある仏像や梵字を囲んでいる丸い輪をいう。

花頭窓【かとうまど】禅宗様建築に多く用いられる窓の一つで、火頭窓とも書く。蓮の花弁を図案化し、窓の上部を花頭形にした窓をいう。

冠木門【かぶきもん】門柱の上部を貫く水平材を冠木というが、この冠木のついた、屋根のない門をいう。

兜門【かぶともん】屋根の形が兜に似た門をいう。大徳寺龍光院の表門が好例。

亀島【かめじま】蓬莱式庭園の主要部に作る島。亀頭石、両脚石、亀甲石などがあり、一石または多数の石で組まれ、亀の形に作られる。

賀茂川石【かもがわいし】粘板岩、珪岩など多種。京都市賀茂川の石。賀茂真黒、賀茂ヌケ石（蓬《よもぎ》色で色が浅い）、紅賀茂（賀茂肉石）などがある。手水鉢、沓脱石、飛石、敷石、景石など、用途も多数。

賀茂七石【かもしちせき】賀茂七石は、京都市の高野川、賀茂川水系に産出し、古来銘石とうたわれた京の七石をいう。紫貴船《むらさききぶね》石・鞍馬《くらま》石・畚下《ふごおろし》石・紅賀茂《べにかも》石・八瀬真黒《やせまぐろ》石・雲ケ畑《くもがはた》石・賤機糸掛《しずはたいとかけ》石の七石。また、紫貴船・貴船蓬・紅賀茂・賀茂真黒・すだち真黒・畚下・虎石の七石をいうこともある。

唐門【からもん】屋根の形が唐破風造の門をいう。平入の場合は平《ひら》唐門、妻入りのものは向《むかい》唐門という。

唐様の庭【からようのにわ】庭園に異国風な石造品を使った文人好みの庭をいう。たとえば、詩仙堂など。

伽藍石【がらんせき】社寺建築の柱の礎石をいう。これを転用して飛石の踏分石などに用い、水穴を彫って手水鉢に用いることもある。

刈込【かりこみ】ツツジやサツキ、ツバキなど常緑の小樹を刈り込んで造形したもの。大刈込、小刈込、丸、角、波などの形によって、種々の呼称がある。

枯池【かれいけ】水を用いない庭の池。白砂、小石などを入れて水のあるように扱った。水の干上がったものは涸池の字を用いる。

枯山水【かれさんすい、かれせんずい】庭園の一様式。作庭記に枯山水の語がでているが、平安期から室町初期にかけてのものは、水に関係のない場所に作られた石組を称した。室町中期以後に起こったものは、水を用いない独立した庭を称する。

枯滝【かれたき】水を使わずに滝を表現した石組をいう。

枯流れ【かれながれ】水を使わない流れをいう。砂や石、苔などで水のあるように表現したもの。

河原者【かわらもの】将軍家や寺院の命で、種々の芸術労役に従事した人々。作庭に従事した者を山水河原者という。

観賞式【かんしょうしき】書院、座敷、亭などの中に座して観ることを主眼として作った庭。

岩島【がんとう、いわしま】池庭などに、石だけによる島を作った場合にいう。

き

紀州石【きしゅういし】青石のこと。また変成岩で、和歌山県南部《みなべ》川の石をも指し、石橋、沓脱石、飛石などに用いる。

北木石【きたぎいし】花崗岩。岡山県北木島の石。石燈籠、葛《かずら》石などに多用される。

亀頭石【きとうせき】亀島や亀石組に用いられる石組の一石で、亀の頭の形を表現しているものをいう。

貴人口【きにんぐち】茶席の客の出入り口。躙口の他に、もともと高貴な客の出入りのために設けたもの。

貴船石【きぶねいし】輝緑凝灰岩、水成岩など。京都市貴船の石。貴船糸掛、貴船紫、貴船蓬、貴船真黒などがあり、名石として珍重されている。景石、沓脱石、飛石などに用いる。

擬宝珠【ぎぼうしゅ】ぎぼしともいう。蓮華のつぼみの形をとる。①石燈籠や石塔などの上部に用いられる宝珠。②堂宮や須弥壇の勾欄親柱頂部の装飾に用いる。多くは金属製であるが、木製もある。

客石【きゃくいし】露地において中門や中潜の外側に据えた飛石の一つをいう。門の内側に据えた主人石に対するもので、茶事の際、これらの石の上で主客が挨拶を交わす。

逆勝手【ぎゃくがって】茶室の炉の切り方の一種。左勝手とも、非《ひ》勝手ともいう。本勝手に対したもので、手前の座の左側に客が座る構えをいう。

逆蓮【ぎゃくれん】禅宗様勾欄の親柱頂部の装飾。蓮の花が逆さまになった形から、この名がある。

給仕口【きゅうじぐち】茶室内で、亭主が給仕のために出入りする入口。禿口《かむろぐち》ともいう。多くは花頭口で、太鼓張りの襖をいれる。

曲水式【きょくすいしき】曲水宴の故事により、曲り流れる水の状態を庭園にあらわしたもの、または池を細く曲線を多くしたもの。流れの庭にもこれが用いられた。枯山水にもこの様式を用いることがある。

切妻造【きりづまづくり】屋根の棟を境にして前と後ろが流れとなり、棟と軒が同じ長さになる屋根をもつ建物。

く

釘隠【くぎかくし】長押《なげし》を取り付けるために打った釘の頭を隠す装飾的な金具で、種々の形に作る。他に七宝、木、石、陶製などもある。

潜門【くぐりもん】切抜門ともいわれ、塀の一部を切り抜いて作った簡単な出入り口をいう。

櫛形窓【くしがたまど】櫛の形をした半月形の窓。小壁の欄間、書院欄間によく使われる。

崩れ積【くずれづみ】石垣工法の一種。風雅に崩れたような形に積んだ石垣の手法。

九山八海【くせんはっかい】仏教上の理想世界の中心に須弥山があり、その周囲を囲む八つの山と、八つの海をいう。古く池庭などにこれを抽象化し、一石または数石で岩島としたものを九山八海石といった。たとえば、鹿苑寺の池庭など。

沓脱石【くつぬぎいし】書院や茶室の上がり口に、履物を脱ぐために置かれた石。これを一番石といい、次の飛石を二番石、その次を三番石という。躙口前は踏石という。

国東石【くにさきいし】凝灰岩。大分県国東の石。石燈籠、層塔などに用いる。国東塔はこの石で作られている。ノミ切仕上げが多い。

組物【くみもの】社寺建築の軒下の斗栱《ときょう》をいう。舟肘木、大斗肘木、三斗《みつど》、出組、二手先《ふたてさき》、三手先《みてさき》などがある。柱を中心として外へ組み出して、深い軒を支える役目をする。

鞍馬石【くらまいし】花崗閃緑岩。京都市鞍馬の石。本鞍馬、鞍馬の川馴れ、静原鞍馬などがある。手水鉢、景石、沓脱石、飛石など、その用途多数。

け

懸魚【げぎょ】建築の妻側で、棟木や桁の端に取りつけられた装飾的な繰形のある板。破風板の合掌部にある懸魚を拝《おがみ》懸魚、左右下方にあるものを脇懸魚、または降《くだり》懸魚という。猪目《いのめ》、梅鉢、切、三花《みつばな》、蕪などがある。

桁行【けたゆき】桁の渡されている方向をいう。棟と平行で、小屋梁とは直角をなす。平面を表すには、この線上の柱の間数をかぞえ、桁行何間《なんけん》という。

間知積【けんちづみ】石垣工法の一種。間知石で積んだ石垣で、造成地や河川などに用いられる。

こ

後苑【こうえん】主殿の奥の建物に付属した庭をいう。

格狭間【こうざま】台座の脚の形から変化し、図案化された曲線で、蓮弁の曲線にも通じている。①燈籠や宝篋印塔、宝塔などの基礎に装飾として用いられる。②仏壇などの側面にあって、上下の框と左右の束に囲まれた格間の羽目板に現す曲線の意匠で、須弥壇、露盤、唐戸などに見られる。

格天井【ごうてんじょう】格縁を方形の格子に組み、格子枠ごとに板を張った天井。その格子の中に小組の格子を組み入れたものを小組《こぐみ》格天井という。

向拝【こうはい】御拝《ごはい》ともいう。社寺建築の正面にある階段を覆うように、張り出した廂の部分のこと。

勾欄【こうらん】高欄とも書く。建築の縁廻り、須弥壇や階段の端部に設けられた手摺のこと。

護岸石組【ごがんいわぐみ】池の汀の土止めのためと、景をかねた石組をいう。池庭には多く用いられ、石の組合わせや扱いで庭の景観に変化をもたせる。

苔庭【こけにわ】苔が庭の面積に比例して大部分を占めている庭のこと。京都の西芳寺や円通寺はその例。

杮葺【こけらぶき】杉、椹《さわら》、檜などの木材を薄く剥いだ板（杮板）を、一文字葺のように重ねて葺いた屋根。なお「杮」は「かき」ではなく、木扁に一と巾と書く。

腰掛待合【こしかけまちあい】茶事のときに露地入りして亭主の迎付けを待つための建物をいう。腰掛待合には、貴人石（正客《しょうきゃく》石）以下の役石を打つ。

腰高障子【こしだかしょうじ】明かり障子の腰の部分が、約二尺より高い障子。

腰貼【こしばり】茶室内の土壁の裾に、壁土の保護のために和紙を貼ることをいう。

小襖【こぶすま】座敷飾りの脇床に設けられる戸棚、天袋、地袋などに入れられる小形の襖。

小松石【こまついし】花崗岩。滋賀県志賀町小松の石。石燈籠、飛石、敷石などに用いる。

五輪塔【ごりんとう】平安後期に密教系の塔としてあらわれたもので、方形の地輪、球形の水輪、三角形の火輪、半球形の風輪、宝珠形の空輪の、地・水・火・風・空の五輪よりなる。

呉呂太石【ごろたいし】三寸程度のまるい石。露地の蹲踞で海の水落石、または敷石などに用いる。

さ

竿縁天井【さおぶちてんじょう】天井板を打ち付けるため、板に直角に並べた細い化粧材を竿縁（棹縁）といい、これでできた天井のこと。竿縁の形には猿頬《さるぼお》、平縁などがある。

作庭記【さくていき】平安期の作庭秘書で、『前栽秘抄《せんざいひしょう》』ともいう。作庭に関する最古の指導書で、筆者は詳かでない。

坐禅石【ざぜんせき】庭園石組の一種で平天石《ひらてんせき》を用い、上座石《じょうざせき》ともいう。禅僧が坐禅した石。

佐治石【さぢいし】変成岩。鳥取県佐治村の石。景石などに用いる。

薩摩石【さつまいし】凝灰岩。鹿児島の石。石幢《せきどう》、石燈籠などに用いる。のみ切仕上げが多い。

茶道口【さどうぐち】茶室内で亭主が点前するときに出入りする入口をいう。多くは方立《ほだて》口にするが、花頭口にするときもある。

沢渡り【さわたり】池中や流れを渡るために、水中に石を配置したもの。枯山水でも水があるように置く。自然石のほかに石臼、橋杭石などの加工品を利用したりする。廻遊式の用だけでなく、景としても用いる。

三尊石組【さんぞんいわぐみ】庭園石組の一種で、大小三個の石を、あたかも三尊仏のように組んだもの。

し

汐入式【しおいりしき】海水を庭に引き入れ、潮の干満を見せる形式。和歌山の養翠園、東京の浜離宮庭園などがその例である。

枝折戸【しおりど】露地の中門などに付ける開き戸で、青竹で枠を組み、これに割竹を両面から菱目に編み、蕨縄で結んだ扉。

敷石【しきいし】苑路その他を石で舗装することで、切石敷、寄石敷、玉石敷など種類が多い。

四脚門【しきゃくもん】「よつあしもん」ともいう。本柱が二本あり、その前後に控柱が各二本、全部で六本の柱があるが、控柱が四本ということでこの名がある。

繁垂木【しげだるき】垂木の取り付け間隔の一種。垂木の幅と空きが等しく（小間返し）並べられたもの。本繁垂木より密なもの。本繁垂木とは、垂木の成（高さ）と空きが等しい（背返し）ものをいう。

四神相応【しじんそうおう】中国の古い道教思想の一つ。東は青龍（青）、西は白虎（白）、南は朱雀（赤）、北は玄武（黒）の四神をいい、この四神が守る土地を四神相応の地という。庭の構成の一つの基本ともなった。

七五三式【しちごさんしき】石組または刈込で、七・五・三に組み合わせた庭をいう。例として真珠庵東庭、龍安寺、正伝寺など。

蔀【しとみ】枠に格子を組み込み、裏に板を張った建具。上下に分けたものを「半蔀《はじとみ》」といい、上半分を跳ね上げ、軒から金物で吊るす。下部は組み込まれているが、取り外すこともできる。引戸になっているものを蔀戸という。

四半敷【しはんじき】敷瓦を四十五度の角度をつけて敷いたもの。禅宗様の諸堂の土間に多い。

四方仏【しほうぶつ】層塔や宝篋印塔などの軸部（塔身）の四方に刻まれた仏像をいい、梵字で表わすことが多い。四《し》（死）を忌みて「よほうぶつ」ともいう。

借景【しゃっけい】庭園外の風物を背景または点景として庭園に取り入れること。京都の円通寺は比叡山を、奈良の依水園は東大寺南大門を借景としている。

砂紋【しゃもん、さもん】白砂の敷砂を海に見立て、砂紋で海波を表現するようになった。漣《さざなみ》、渦巻き、片男波《かたおなみ》、青海波《せいがいは》、網代波などの模様を、おもしろく図案化し、枯山水に独自な景をそえる。

舟遊式【しゅうゆうしき】平安期を中心に発達した大池庭で、舟を浮かべて池景を楽しんだので舟遊式という。嵯峨大沢池庭園はこの代表的なもの。

縮景【しゅくけい】名所の風景を縮小して庭に写すこと。小石川後楽園の清水寺、大堰川などの景がそれである。

守護石【しゅごせき】庭中の景を構成するいろいろな石の基点となる重要な石で、三尊石にする場合もある。

須弥山【しゅみせん】妙高山とも呼ばれ、金輪《こんりん》の上、九山八海の中央にあるとする、仏教の宇宙観をあらわした理想世界である。庭園では主として石組にこれを用い、集団石組の中央に立石を用いたもの。これを須弥山石組という。

書院造【しょいんづくり】寝殿造を原形とし、鎌倉、室町時代を経て、桃山時代に完成した住宅形式の一つ。角柱で、部屋全体に畳を敷き詰め、柱間に舞良戸、障子、襖などが用いられ、座敷には床の間、違棚、書院、帳台がつく。初期のものを主殿造ということもある。

松香石【しょうこうせき】凝灰岩。奈良県當麻《たいま》町二上山の石。石塔類、石燈籠などに用いる。当麻寺の石燈籠は著名である。奈良凝灰岩とも言う。

正真木【しょうしんぼく】庭中植木の第一であるとし、松柏二木を正とし、松を上とする。築山の上または中島など、庭園の中心となる位置に植える。

小豆島石【しょうどしまいし】安山岩。香川県小豆島の石。景石、敷石などに用いる。

相伴席【しょうばんせき】茶事のとき、正客の連客として招かれた人を相伴客、この客の座るところを相伴席という。または相伴座ともいう。

植栽【しょくさい】庭に植えられた草木を植栽という。庭木本位の庭を、特に植栽の庭という。

白川石【しらかわいし】花崗岩。京都白川の石。白川石、白川のボソ石、白川の浄土寺ゴロ（呉呂太）などがある。石塔類、石燈籠、手水鉢など、その用途多数。

白川砂【しらかわすな】京都市北白川付近から産出する砂で、花崗岩が風化して砂となったもの。砂状に砕いたものもある。庭園の白砂敷きとして盛んに用いられる。

地割【じわり】庭の基本設計というべきもので、池の形や島の配置方法、築山の設け方、主要石の配置、橋の架け方など、おおよその平面計画をいう。

真行草【しんぎょうそう】正形のものを真、崩したものを草といい、その中間のものが行である。江戸時代では、庭にも真行草の区別が用いられた。

心字池【しんじいけ】心という文字の形を表現した池。

寝殿造【しんでんづくり】平安時代の公家の住宅建築。中央に寝殿、その附近に対屋《たいのや》があり、泉殿、釣殿、渡廊、中門廊を含めていう。室内は身舎《もや》と廂に分かれ、一屋一室の板敷き大広間で、間仕切には屏風、衝立、几帳などを用いた。

す

数奇屋【すきや】茶室の初期の呼称。自由な立場で侘び好みの人が作った建物をいう。後に茶室の代名詞になる。

苆壁【すさかべ】小間茶室の壁を、普通中塗仕舞にするが、土壁の表面に藁《わら》が現われて見えたままになる。このような壁を苆壁という。

捨石【すていし】石を組まずにただ単に景のために配石したもの。

砂雪隠【すなせっちん】露地の一画に設けられた特殊な便所のことで、内部は役石を配置して、砂を敷き詰めている。ほとんど実際には使用しないので、飾り雪隠ともいう。

州浜【すはま】海浜の景を図案化した形。庭園では、池の汀の線に用いられる。

せ

井泉【せいせん】庭園内の井戸や泉のこと。自然の湧泉、掘り抜き井戸、山水を集めて使用するものなどがある。

石幢【せきどう】鎌倉時代初期に現われた笠塔婆式のもので、後に六地蔵を刻んだ六地蔵石幢が多い。

瀬田石【せたいし】粘板岩。大津市瀬田川の石。瀬田の真黒、瀬田の虎石などがある。景石、飛石、露地の役石など、用途多数。

折衷様【せっちゅうよう】鎌倉時代初期には、従来の様式（和様）に大仏様、禅宗様が加わり、その三様式を自由に取り入れた建物。

瀬戸内海の海石【せとないかいのうみいし】花崗岩。瀬戸内海の海岸で波に洗われた、凹凸のある奇岩。手水鉢に用いられることが多い。

禅院式【ぜんいんしき】禅宗寺院に多く作られる庭の形式。多くは簡素な作りで、禅的意図を表現したもの。

前栽【せんざい】平安時代には、寝殿の前庭として植栽本位の庭が作られ、それを前栽とよんだが、後世庭園一般の称となり、地方によっては庭とか庭園といわず、前栽と称している例もある。

禅宗様【ぜんしゅうよう】唐様ともいう。鎌倉時代初期、禅宗と共に中国（宋）より伝えられた建築様式。

泉水【せんすい】池庭のことを称したが、近世以後庭の呼称の一つになった。

そ

草庵【そうあん】書院に対し、小間の茶室に山家の葛屋《くずや》の風情を取り入れたもので、これを草庵式という。「茶の真髄は草庵の一境にある」とまでいわれた。

添水【そうず】僧都とも書く。ししおどしともいう。流水を竹筒に導き入れ、その作用で石の頭をたたき、竹筒の音によって猪や鹿を追ったもの。これを添水唐臼《そうずからうす》といい、略して添水。

層塔【そうとう】奈良時代からある石塔で、三重から十三重まであり、層数は奇数が原則である。最上部に相輪を立てる。

相輪【そうりん】①仏塔最上層の屋根の上にそびえ立つもの。多くは青銅製だが、石製、鉄製、瓦製のものもある。頂部より、宝珠、龍車（龍舎）、水煙、九輪、請花、覆鉢（伏鉢）、露盤からなる。②層塔や宝篋印塔、多宝塔などの屋根の最上部に立てる棒状の飾り。九個の輪があるので、九輪ともいう。

曽我部石【そがべいし】粘板岩。京都府亀岡市曽我谷《そがだに》川上流の石。飛石、沓脱石などに用いる。

礎石【そせき】柱の台になる石をいう。自然石と加工したものがある。

袖垣【そでがき】建物の角から外方に突き出してつける幅の短い垣をいい、主として一部の遮蔽、または部分的な区画の役をする垣。

礎盤【そばん】禅宗様の建築に用いられ、礎石と柱の間に入れられるもの。多くは繰形をなし、石造が多いが木製もある。

た

太閤石【たいこういし】花崗岩。白川石の一種。京都市白川の石。桃山時代、豊太閤が大量に使用した。石垣、石燈籠、手水鉢などに用いられた。この石で作られた織部燈籠は著名である。

大仏様【だいぶつよう】天竺様ともいう。鎌倉時代初期、東大寺復興にあたり、南宋の建築様式を参考にして編み出された様式。この時代の遺構として、重源再建の東大寺南大門、浄土寺浄土堂などがある。

台目畳【だいめだたみ】茶室の畳の一種。寸法は通常の畳（六尺三寸）のおおよそ四分の三で、点前座に用いることが多い。

台目床【だいめどこ】間口が、台目の寸法になっている床の間。奥行きも比例して浅くすることが多い。

高島石【たかしまいし】花崗岩。滋賀県高島町の石。石燈籠、石塔類などに用いる。

高野川石【たかのがわいし】輝緑岩、珪岩、花崗岩など。京都市の高野川流域の石。賀茂七石の一つ、八瀬真黒などがある。景石、飛石などに用いる。

滝石【たきいし】花崗岩。石川県羽咋《はくい》市の石。餅割れが特徴で、景石、飛石などに用いる。

滝石組【たきいわぐみ】石で組まれた庭の滝のことで、水を落とすのが本来であるが、景として枯滝にすることもある。

滝添石【たきぞえいし】滝石組の一部で、水落石の両脇に添えて組まれた石。

塔頭【たっちゅう】禅宗寺院において、祖師または一派の開祖をまつる開山堂（塔所、墓塔）の頭《ほとり》に、弟子が師徳を慕って庵を構えた住房をいう。後世、子院と同義語になった。

立石【たていし】石組の一種。石を立てて組まれたもの。滝の石組、護岸、岩島、その他に多く用いられる。

多島式【たとうしき】池中に多くの島を設けた様式の庭園をいう。大規模な池泉庭園によくみられる。

手挟【たばさみ】向拝などで、桁、肘木などの水平材と、斜め材の垂木などの取り付けが、うまく納まるように装置された化粧部材。

多宝塔【たほうとう】平安時代後期から現われた密教系の塔。宝塔に裳階《もこし》をつけた形で、外観は二重の塔の形をしているのを多宝塔という。

玉石敷【たまいしじき】玉石を通路や護岸、池底などに敷きつめる工法。風雅な趣がある。

段刈込【だんかりこみ】山畔を利用した庭園では、斜面を利用して下部から段々と上部に数段の刈込を作る。

丹波鞍馬【たんばくらま】花崗閃緑岩。京都府春日部の石。手水鉢、飛石、敷石などに用いる。

ち

違棚【ちがいだな】書院造の書院の脇にある棚で、左右から段違いに組まれた棚等種々の形式がある。

茶室【ちゃしつ】茶の湯のために、とくに設けられた座敷。茶席、茶亭、数寄屋、囲いなどともいう。

茶室の畳【ちゃしつのたたみ】長さ六尺三寸、幅三尺一寸五分。台目畳は、長さはおおよそ四尺七寸から八寸であるが、幅は三尺一寸五分。

茶の湯【ちゃのゆ】抹茶を点じ仏に供え、客を招じ、また吾も飲む。あるいは懐石などを饗することで、茶事の一切をいう。

中心石【ちゅうしんせき】庭園の中心となる石。鶴亀島などの中心の石や蓬莱石などで、庭全体をまとめる役をもつ。

手水鉢【ちょうずばち】茶庭の中で客が手を洗い、口をすすぐために設けられた水鉢。自然石や石造品の部分に穴を彫って用いる。陶器や金工品のものもある。

塵穴【ちりあな】茶室の軒内で、躙口の脇近くに設けられた丸形の穴のこと。庭の落ち葉などを入れるために作られたもので、茶会のときは青竹の箸を入れる。広間の席では方形、または長方形などにする。

亭【ちん】「てい」または「あずまや」ともいう。東屋《あずまや》の項参照。

つ

築地塀【ついじべい】土塀の一種。もとは泥土だけで積みあげたが、後には種々な工法によって造られ、種類も多い。築牆《ついがい》ともいう。

蹲踞【つくばい】露地にあって、茶室の近くに設けられる手水鉢を含む一連の役石全体をいう。手水鉢の手前に前石、左右に手燭《てしょく》石、湯桶《ゆおけ》石などで構成する。

作泉【つくりいずみ】平安期から鎌倉期にかけて、冷泉の涌出する所に建てた涼をとるための施設。

付書院【つけしょいん】出書院ともいう。書院造の縁または廊下にはみ出して作られた書見をする机で、実用としての出し文机《ふづくえ》であったが、後世には飾りとして設けられるようになった。

坪【つぼ】室と室との間にある中庭のこと。壺、または局とも書く。地方によっては庭全体のことを指していうこともある。

妻入【つまいり】切妻造の建物の妻側を正面として、出入口を設けたもの。大社造、住吉造はこれである。

釣棚【つりだな】茶室点前座の中柱袖壁の内側にある二重の小棚のことで、天井から細い竹で釣ってある。一重もある。

釣床【つりどこ】壁床の一形式。床柱や床框を用いない。天井から吊束《つりづか》、吊壁だけで構成された床。

釣殿【つりどの】寝殿造の池に臨んだ亭。釣をするためのものといわれるが、泉殿と同じように使われた。また中門廊を兼ねているものもあった。

鶴島【つるじま】蓬萊式庭園で、亀島に対する鶴形の島。池庭にも枯山水にも用いる。鶴の写実的表現もあるが、立石を一個または二個、島の中央に立てて抽象的な構成とする。ときには背の高い松を植える場合もある。

て

亭主石【ていしゅいし】中門の役石の一種。中門の内側の飛石で、亭主は迎付のとき、この石まで出てくる。

手燭石【てしょくいし】蹲踞の役石の一つで、手水鉢の左（または右）にあり、夜の茶会で手燭を置く石。

出島【でじま】庭中の池に作った半島をいう。枯山水の場合、白砂の海に青苔の出島など美しい。

豊島石【てしまいし】凝灰岩。香川県豊島の石。石燈籠、井筒、炉壇などに用いる。

点前座【てまえざ】茶室の中で亭主が茶を点てる場所。この畳を点前畳という。

照起【てりむくり】屋根の流れの形の一種。「てり」は反《そり》で凹形。「むくり」はその反対の凸形。一つの流れのなかに両方あるのを照起という。石燈籠の笠の形や、神輿の屋根に見られる。

と

道教式【どうきょうしき】中国の道教思想を取り入れた庭の形式。蓬萊式と同じく、神仙島、鶴亀島などを有し、長寿延年を祝う庭。

床の間【とこのま】書院造の上座の奥に設けられる。畳より一段高く床框をいれ、床を作る。掛物をかけ、花や香炉を飾る。広間では一間床、小間の茶席では台目床か枡床（半間角《はんげんかく》）にすることが多い。

飛石【とびいし】露地や庭園内を、人が伝い歩くために、打ち並べた石。

土庇【どびさし】軒の出の深い庇で、桁と捨て柱で受けている。出庇ともいい、茶席の躙口の前あたりで用いられる。

戸室石【とむろいし】角閃石安山岩。金沢の石。赤戸室、青戸室がある。景石、手水鉢、敷石などに用いられる。大徳寺孤篷庵の布泉《ふせん》手水鉢が有名である。

留石【とめいし】露地の岐路で、客が脇道へそれるのを止めるため、飛石の上に置く石。呉呂太石を蕨縄《わらびなわ》で結んだものを用いる。関守石《せきもりいし》ともいう。

な

中板【なかいた】茶室内で点前座と客座との間に入れる板畳をいう。一尺四寸幅の板で、炉を切ることもある。

中備【なかぞなえ】柱上部の組物と組物の間の部分をいう。間斗束《けんとづか》、蟇股などが入る。

中柱【なかばしら】茶室内で、台目構えの炉隅に立てる柱で、台目柱、歪み柱ともいう。中柱には袋掛釘を打ち、点前座側には釣棚を設ける。

流れの石組【ながれのいわぐみ】流水の変化を見せるように配置される石組で、平安期の遣水にも用いられた。流れの庭、枯山水、ともに用いられている。

渚石【なぎさいし】池庭・枯山水、ともに用いるもので、池の渚の景石をいう。

長押【なげし】柱を両面から挟むように取り付けられた材。鎌倉時代、貫ができるまでは、水平力を受ける構造材であったが、貫に変わってからは部屋の格式を表現する部材となった。

波形刈込【なみがたかりこみ】サツキやツツジ、その他多くの灌木類を用い、あたかも海の波のうねりのように抽象的に刈込まれたもの。頼久寺庭園の刈込はその好例。

波形連子【なみがたれんじ】連子子《れんじこ》を波形にした連子をいう。禅宗様の建築の出入り口上部、窓上の欄間に用いられることが多い。

波分石【なみわけいし】池庭の滝組から、流れが池におよんでいるその途中、流れの中に配置された石で、流水を分けるがごとき観がある石をいう。枯山水の場合も同様。

奈良石【ならいし】黒雲母花崗岩。奈良県東部の石。礎石、石塔類、石燈籠などに用いる。

南画【なんが】北画に対する南画で、南宋画ともいう。中国南方で発達した絵といわれ、詩情を中心とした柔らかい描き方の絵画。北画の鋭い表現とは表裏の状態である。

南郷御影【なんごうみかげ】花崗岩。滋賀県大津市南郷の石。石燈籠、飛石などに用いる。

に

躙口【にじりぐち】草庵茶室特有の出入り口で、躙り、躙上がり、また潜りなどと呼ばれている。内法、幅共に二尺三寸前後の小さな出入り口である。

二段石【にだんいし】茶室躙口の近くに配置される役石の一種で、刀掛の前に据える。刀掛石ともいう。

ぬ

塗廻床【ぬりまわしどこ】茶室の床で、奥の隅柱を見せず壁土で塗りまわした床をいう。

濡縁【ぬれえん】雨戸など建具の外側にある縁で、雨ざらしになるので、濡縁という。

の

軒打【のきうち】建物の軒内で、地覆石《じふくいし》または差石《さしいし》の下部から軒の雨落際まで、石を敷き詰めたり、タタキなどで固めたものをいう。

野筋【のすじ】築山の一種。築山に続く軽く低い山で、石組などあまり用いない。平安、鎌倉期の庭園にでてくる。

野面積【のづらづみ】石垣工法の一種。自然石の表面をみせる積み方。

長片天井【のねてんじょう】檜や杉の木を薄くはいだ板、長片板（枌板《へぎいた》）で張った天井をいう。

延段【のべだん】露地の敷石をいう。切石敷、寄石敷、玉石敷など数種ある。展段とも書く。

乗石【のりいし】躙口前の踏石の三番石を乗石という。また砂雪隠内にも乗石がある。

は

橋添石【はしぞえいし】石橋の両脇に立て、高さを変えて景趣を作る。別名橋挟み石ともいう。

鉢前【はちまえ】書院座敷の縁側に手水鉢を配し、その廻りに役石を添えた、縁先手水鉢一帯を称して、鉢前という。

八脚門【はっきゃくもん】「やつあしもん」ともいう。本柱が四本あり、控柱が前後に各四本、全部で十二本の柱があるが、控柱が八本あることから八脚門という。

羽根石【はねいし】鶴島や鶴の石組における、鶴の羽根をひろげた姿を象徴する石をいう。

破風【はふ】屋根の妻に取りつけられた、合掌形の厚板を破風板という。他に唐破風、千鳥破風、向拝についている縋《すがる》破風などがある。

浜の敷石【はまのしきいし】池庭の汀で平坦な個所に、川や海から採取した丸石などを敷きめたもの。仙洞御所に代表的なものがある。

半板【はんいた】茶室内において点前座と客座との間に入れる板畳で、中板より幅の狭いものをいう。一帖台目のような最も狭い茶室に用いられる。官休庵などが好例で、幅五寸の板が入れてある。

泮池【はんち】禅宗伽藍の三門の前で、中央に石橋を架けた池。

半肉彫【はんにくぼり】層塔の軸部などに彫られた仏像で、顔や身体の厚さの半分だけ彫り込まれたものをいう。半分以下に薄く彫られているものを薄肉彫という。

ひ

檜垣【ひがき】檜などの薄板を網代組みにし、それを枠に組み込み、上部に欄間などをつけてある垣。

廂【ひさし】庇とも書く。中古より建物の中心部分、身舎《もや》（母屋）の周囲に設けられた、奥行き一間《ひとま》の室内部分（廂の間）を廂という。

肘木【ひじき】斗栱《ときょう》の部分で、斗《ます》の上にのる横木。この上に斗組《ますぐみ》をのせて積み重ねていく。

神籬【ひもろぎ】古代祭祀にあたり、清浄の地の周囲に榊など常磐木《ときわぎ》を植え、神の依代《よりしろ》として祭った所の称。

平入【ひらいり】建物の桁行側を正面として出入口を設けたもの。堂宮建築には、この形式が多い。

平庭式【ひらにわしき】平坦な庭の意味で、池もなく築山もない様式。

檜皮葺【ひわだぶき】檜の皮で葺いた屋根のことをいう。

ふ

武学流【ぶがくりゅう】江戸末期、大石武学によって青森地方に源を発した造園の流儀で、一種の神道思想を盛り込んだ作庭法。

吹抜【ふきぬき】茶室では中柱の袖壁の下部に引竹、あるいは引木を入れて、その下に壁がないことをいう。

吹放【ふきはなち】土壁や板壁もなく、風が吹き抜ける状態をいう。四本柱の東屋なども この状態にある。

袋戸棚【ふくろとだな】書院などの棚の上または下にある戸棚で、小襖が嵌っている。

二軒【ふたのき】軒の垂木が二重になっているのを二軒といい、一重を一軒《ひとのき》、三重を三軒《みのき》という。

普陀洛山【ふだらくさん】「光明山」ともいう。インドの南端にあり、観音菩薩がその頂上を本居とする仮想の山。

筆返【ふでがえし】違棚から筆が落ちないように、棚板の端に取りつけられた縁木をいう。その形には時代的好みがある。

舟形石【ふながたいし】舟石ともいう。舟の形をした石のことで、池庭または枯山水に使われている。いずれも宝船を意味する。出船・入船の別がある。

踏石【ふみいし】躙口の前にある沓脱石、一番石のこと。

踏込床【ふみこみどこ】茶室の床の一種。板床で、畳の面と同じ高さに板をいれた床をいう。大徳寺聚光院の枡床席は踏込床になっている。

踏分石【ふみわけいし】飛び石の分かれ目のところにある石。少し大き目の石を打つ。

風炉先窓【ふろさきまど】茶室内の点前座で風炉を置く前方に開けられた窓。小間では下地窓にすることが多い。

へ

扁額【へんがく】寺院の方丈や茶室などに掛けられた木製の額のこと。茶室では、席名や室名を書いた扁額を妻壁や軒下、また室内に掛ける。

ほ

宝篋印塔【ほうきょういんとう】鎌倉時代に密教系の塔として現われた。「宝篋印陀羅尼経《だらにきょう》」を納めることからこの名がついた。各部とも平面四角で、笠の四隅に隅飾りをつけ、最上部に相輪を立てる。

方形造【ほうぎょうづくり】宝形造とも書く。屋根の形の一種。屋根の平面が正方形で、隅棟が上部中央に集まった形。頂点に露盤を置き、その上に宝珠を置く。覆鉢だけを置く場合もある。

方丈【ほうじょう】禅宗寺院の塔頭で主要な建物。単層の建築で、長方形の平面を六つに仕切り、四周に縁を廻らし、玄関を設ける。住職が居住し、客をもてなす建物でもある。後の住宅建築に影響を及ぼした。

宝殿石【ほうでんいし】石英粗面岩質凝灰岩。兵庫県高砂市竜山《たつやま》の石。通称竜山《たちやま》石。黄、赤、青色の三色がある。石棺に多く用いられたが、石燈籠にも用いられるようになった。

宝塔【ほうとう】平安時代後期からあらわれた塔。一重の塔で、基礎と笠の平面は四角形であるが、塔身は円形になっていて、軸部の上部に首部を作る。笠の上に相輪を立てる。

蓬萊島【ほうらいじま】「神仙島」とも称する。古く中国に起こった道教思想で、仙薬金銀財宝長寿延年を求める理想の山を海島に見立て、池を海の表現とし、その中島をいう。別に方丈、瀛州《えいしゅう》、壺梁《こりょう》の三島を含める場合もある。

墨蹟【ぼくせき】禅宗高僧の公案《こうあん》、遺偈《ゆいげ》、詩頌《ししょう》などの筆跡をいう。茶室の掛物として第一に好まれる。

墨蹟窓【ぼくせきまど】茶室床の間の側壁に開けられ、床に掛けられた墨蹟に明かりを当てるために設けられた窓で、下地窓にすることが多い。

北宋画式【ほくそうがしき】南宋画に対する北宋画で、筆勢のするどい画風である。この北宋画の影響をうけた庭園を北宋画式といい、石組に石の強い線をあらわした大仙院の庭や、雪舟の常栄寺庭などがこれに属する。

枘【ほぞ】石塔や石燈籠の部分の接合部を凹凸にして組合わせるために彫り出した突起部分。積み上げるのみでは倒れる恐れがあるので、この方法が用いられる。

洞床【ほらどこ】茶室の床の一種。床の前面に袖壁を出し、内部に壁を塗りまわして洞《ほこら》の感じを出した床。

本歌【ほんか】先人が創作した和歌をもとにして作られた和歌に対し、もとの和歌を本歌という。石造美術の場合も写しに対して本物を「本歌」という。

梵字【ぼんじ】密教によって伝えられた古代インドの文字。

ま

舞良戸【まいらど】中世に現われた板戸の一種。板戸に舞良子と呼ばれる細い木を、一定の間隔で平行に取り付けたもの。

前石【まえいし】蹲踞にあって、手水鉢の手前にある石。

客が手水を使うために乗る石のこと。

籬【まがき】垣の一種。竹や柴などを荒く編んで透き間の多い垣をいう。後には刈込籬をもいう。

枡床【ますどこ】床の間の一種。畳半帖大で、平面が正方形の床。主に板張りにして踏込床にする。

待合【まちあい】茶会のとき招かれた客が集まる場所をいう。寄付《よりつき》、または袴着《はかまつけ》ともいう。露地にあって、亭主からの迎付があるまで待っているところ。

疎垂木【まばらだるき】繁垂木に対しての用語で、間隔が繁垂木より広い垂木の入れ方。

み

御影石【みかげいし】花崗岩。神戸市御影の石。通称本御影という。石燈籠、石塔類、手水鉢、飛石、露地の役石などに用いる。花崗岩の代名詞となった。

水落石【みずおちいし】滝石組の一種。滝中央の水の落ちる所の石。板石状のものと、凹凸面の多いものもあり、枯滝の場合にも使う。

水屋【みずや】水遣とも書く。茶室の台所、勝手の用をなし、茶事の用意をする場所をいう。茶道具を整理する棚や、茶器を洗う流し、また煮炊きする長炉《ながろ》や丸炉《がんろ》などが備えられている。

水分石【みずわけいし】滝壺付近に配石されるもので、水を左右に分けるための石。古い時代の庭ほど、滝に接近して用いられている。枯山水にもこの石を用いる。

む

向板【むこういた】茶室内で、点前座の向うに入れる板。幅は約一尺五寸で、点前畳は台目寸法になる。裏千家の今日庵が好例。

無双窓【むそうまど】窓の形式の一種。小幅で薄い板の連子を枠組みして、内側にその隙間を埋める幅の連子を別に作って立て込み、左右に移動させて開閉できるようにしたもの。

無縫塔【むほうとう】鎌倉時代初期に宋から伝えられた石塔で、卵形をしている。禅宗の僧侶の墓塔に多い。

め

目隠し塀【めかくしべい】目の高さの部分を、上下約一mくらいを板張りにして、その下を吹き抜き、または疎《まばら》格子などにした塀をいう。

目地【めじ】敷石や煉瓦などの接ぎ際をいう。

面【めん】角材の角を削り取った部分をいう。この削り取ることを「面を取る」といい、面の取り方が時代判定に役立つ。

も

裳階【もこし】裳層《もこし》とも書く。仏堂や仏塔の外壁に、一間《ひとま》通り取り付けた廂状の構造物。

持送り【もちおくり】突き出している部分を支えるために設けられた装置をいう。肘木《ひじき》、手挟《たばさみ》などはその一種である。

物見石【ものみいし】露地の飛石の一種。庭内の景を見る石。

身舎【もや】母屋とも書く。主屋の柱で囲まれた建物の中心部分をいう。この外側につけた幅一間《ひとま》の部屋が廂である。

守山石【もりやまいし】水成岩。滋賀県志賀町守山の石。江州チャリ石とも言う。呉呂太などに用いる。

門【もん】敷地の出入口に設けられた建物。唐門、四脚門、八脚門、楼門、三門、薬医門など、多種多様である。

や

役石【やくいし】待合、中門、蹲踞、躙口などの附近に配置される石で、一つ一つ役目を持った石をいう。

薬医門【やくいもん】本柱と後方の控え柱の上に、切妻屋根をのせた門。棟が本柱と控え柱の間にくるのが特徴である。

薬研彫【やげんぼり】石塔などに彫っている文字がV字形に深く彫られたものをいう。薬研とは漢方薬の木の根などを砕く器具のこと。

山石【やまいし】さざれ石ともいう。堆積岩。京都市嵯峨野山中の石。景石、飛石などに用いる。平安時代の池泉庭園に多用されている。露地の役石、火打石などにも用いる。

大和絵風【やまとえふう】絵巻物などにみる曲線を持つ彩色絵の様式で、西芳寺下部の池庭などが好例。

遣水【やりみず】平安時代の庭園で、殿舎の間を稲妻形に廻って池にそそぐ流れを言う。潺湲《せんかん》とも称される。毛越寺庭園が好例。

ゆ

遊魚石【ゆうぎょせき】滝下に魚が遊泳している姿の石をいう。

湯桶石【ゆおけいし】蹲踞の手水鉢の横に据えられた石で、冬の茶会で、湯の入った桶を置くための石。

よ

葭簀塀【よしずべい】なぐり柱を立て、間に葭簀を立て、割竹で両面から押さえ、柱根には栗石をおく。屋根は板を利用、棟は孟宗竹の二つ割を用いる。

寄棟造【よせむねづくり】四注造《しちゅうづくり》ともいう。大棟と四つの隅降棟《すみくだりむね》をもつ形式。

四つ目垣【よつめがき】「木舞垣」ともいう。細い青竹を縦横に組み、棕櫚縄で結束したもの。

夜泊石【よどまりいし】池庭の池中にあって、あたかも海をゆく舟が一列に並んで、夜の仮泊をしている様子をあらわす石。

ら

礼拝石【らいはいせき】庭園中央に配置する平石の一つで、神仏を礼拝する石。

螺鈿【らでん】漆工芸技法の一つで、夜光貝、青貝、オーム貝、蝶貝など、光彩に富む貝殻を研磨し、種々の形に切り抜いて、建物や漆器、その他の器物に嵌め込んだもの。中尊寺金色堂はその好例。

欄間【らんま】天井と鴨居の間にできた開口部に、装飾、または構造材として入れられるもの。筬《おさ》欄間、竹の節欄間を始めとして種々の意匠をほどこしたものがある。

り

鯉魚石【りぎょせき】龍門瀑を登る鯉を象徴した石。

龍門瀑【りゅうもんばく】中国の黄河の中流にある懸瀑を龍門瀑といい、これを庭園の滝組に用いた。鯉がこの滝を登り切ると龍と化して昇天するという伝説に因む。登龍門などの語もある。天龍寺池庭の滝、常栄寺池庭の滝にみられる。

林泉【りんせん】雄略朝に「林泉」の語が初見される。天平勝宝三年（七五一）に、庭のことを林泉と称した。庭園の正しい呼称でしかも古い。本会名の林泉もこれに因む。江戸時代には『都林泉名勝図会』が有名。

れ

連子窓【れんじまど】窓の一種。茶室では窓の外側に竹または角材を、一定の間隔で打ち付けた窓をいう。普通は疎らに打つが、如庵のように詰打をすることもある。社寺建築では菱形、または方形の連子子《れんじこ》を縦に並べて枠組をして窓としたもの。連子子を横にしたものを横連子という。

蓮弁【れんべん】蓮の花弁のこと。これを図案化して、花頭窓、格狭間、また仏像や石造品の台座などに用いられる。

ろ

炉【ろ】茶室の炉は、村田珠光が四帖半に炉を切って釜を掛けたのが最初といわれている。一般には一尺四寸四方である。

楼門【ろうもん】屋根は一重で二階建ての門。二階は腰組で支持された、勾欄つき露台を廻らす。

露地【ろじ】露地門から茶室への道すがらの庭、茶庭を特に露地という。露地・路地・路次・盧地・炉地などの文字で書かれる。

露盤【ろばん】方形造の屋根の頂点に置く正方形の台をいう。その上に覆鉢(伏鉢)、宝珠を重ね、また請花などを組合わせ、相輪も建てる。

わ

脇障子【わきしょうじ】神社建築側面の、縁の行き止まりに立てる板戸や板壁。

和様【わよう】大仏様、禅宗様と区別するために、従来からあった建築様式を和様と称する。

藁座【わらざ】桟唐戸の吊元の軸を受けるため、地覆や貫に取りつける繰形のある木。また鳥居や、その他の柱の基礎部に巻かれた根包みも藁座という。

蕨手【わらびて】六角形や八角形石燈籠などの笠石の端の部分が巻いているものをいう。ワラビの先に似ているのでこう名づけられている。

第二章　全国庭園ガイド

全国日本庭園一覧

名園が数多く存在する京都を筆頭に、その後は北から都道府県順に、庭園名・作庭年代・種別・所在地をまとめた。個人庭園は、国および都道府県の史跡または名勝に指定されているもの、もしくは公開されているものに限り掲載した。

凡　例……………………………………

〈記　号〉

■ 国指定（特別）史跡または名勝庭園

□ 都道府県指定史跡または名勝庭園

○ 京都林泉協会推賞名園

◙ 国（特別）史跡・名勝および当協会推賞庭園

⊡ 都道府県史跡・名勝および当協会推賞庭園

○は、一九四二年（昭和十七）の京都林泉協会十周年、一九六二年（昭和三七）の三〇周年記念時に推賞した名園である。

〈名　称〉

庭園名からは、「庭園」は原則として略した。国都道府県指定の庭園は、その指定名称に拠った。

〈時　代〉

各時代は、便宜上以下のように区分した。当初の築造後、大きく改造が施されたものには「改修」という語句を用いた。

上古：～五九二年（崇峻天皇五年）

飛鳥：五九二～七一〇年
（推古天皇初年～和銅三年）

奈良：七一〇～七九四年
（和銅三年・平城遷都～延暦十三年）

平安：七九四～一一九二年
（延暦十三年・平安遷都～建久三年）

鎌倉：一一九二～一三三六年
（建久三年・鎌倉幕府～建武三年）

室町：一三三六～一五七三年
（建武三年・室町幕府～天正元年）

桃山：一五七三～一六〇三年
（天正元年・織田信長が足利義昭を追放～慶長八年）

江戸：一六〇三～一八六八年
（慶長八年・徳川幕府～慶応四年）

明治：一八六八〜一九一二年（明治元年〜明治四五年）
大正：一九一二〜一九二六年（大正元年〜大正十五年）
昭和：一九二六〜一九八九年（昭和元年〜昭和六四年）
平成：一九八九年〜（平成元年〜）

〈種　別〉

種別には、以下の略号を用いた。

池：池泉
枯：枯山水
流：流水・遣水
茶：茶庭（露地）
磐：磐座・磐境
涸：現在は水が涸れているもの
荒：現状において荒廃の甚だしいもの

〈所在地〉

京都市内は区名から掲載し、かつ町名より所在地が特定しにくいものは、（　）内に通り名を記した。

名称　時代　種別　所在地

京都府

■渉成園（枳殻邸）　江初　池　下京区東玉水町（間之町通正面）

■燕庵（藪内家）　江初　茶　下京区西洞院町（西洞院通七条上ル）

寛永末年、移建時の作庭。名席燕庵などは江戸末期に惜しくも焼失。露地はおおむね保存され、藪内家独自の露地として傑出している。

○真如院　桃山（昭和移築）　枯　下京区柿本町（猪熊通五条上ル）

永禄十一年、織田信長、足利義昭を迎えたときの作庭。枯滝枯流れ、これに魚鱗形の小板石で小波を表現、栗石敷のもっとも発達したものである。戦後に取り壊したが、もとの材料で現在位置に復元した。

○勧持院　桃山　枯　下京区柿本町（猪熊通五条下ル）

本圀寺の子院である。慶長年中、加藤清正が瀬戸内海の景を写したと伝称する。築山に多数の石組を施し、三段の枯滝を組み、自然石の橋を架す。手法豪健。

■本願寺大書院（西本願寺）　江初　枯　下京区門前町（堀川通七条上ル）

庭園は寛永初年に築造されたが桃山の様式であり、何処かよりの移築であろう。豪華な三尊滝組、須弥山式集団石組、鶴亀島、蓬萊石、洛中最大を誇る切石橋、石材豪快名実共に一流。

■滴翠園（西本願寺）　江初（明治改修）　池　下京区門前町（堀川通七条上ル）

本願寺大書院（京都府）

角　屋　昭和　枯　下京区新屋敷揚屋町

観　智　院　桃山　枯　南区東寺町

■本　法　寺　桃山　枯　上京区本法寺前町
（小川通寺之内上ル）

天正十五年、秀吉が日通上人に命じ再興。光悦作三巴の庭という。枯滝を組み、白い縞目の水落石、芝地に円形の拝石で日輪、蟠形蓮池で蓮を象徴する。日蓮をイメージさせている。

■不審庵（表千家）　桃山　茶　上京区本法寺前町
（小川通寺之内上ル）

利休没後、一家断絶の危機から蒲生氏などの援助により、元伯宗旦が現地に不審庵を再興。のち一子江岑宗左にゆずり、裏の又隠《ゆういん》へ隠居。天明、明治に焼失したが露地は旧状に復し、方式にかなう茶庭中一流。

■今日庵（裏千家）　江初　茶　上京区妙顕寺前町
（小川通寺之内上ル）

寛永二一年、宗旦は一子宗左に不審庵をゆずり、その子仙叟宗室が裏の又隠を作って、隠居。慶安初年さらに今日庵を作った。天明災火にかかったが、露地は原形を存し、大正期に一部手入れした。品格がある。

擁　翠　園　江中　池　上京区岩栖院町

大　聖　寺　江末(大正改修)　枯　上京区御所八幡町
(烏丸通今出川上ル)

恵　聖　院　昭和　枯　上京区安楽小路町

光　照　院　昭和　枯　上京区安楽小路町
(新町通上立売上ル)

■頼山陽書斎(山紫水明処) 江末 枯 上京区南町(東三本木通丸太町上ル)

○仙洞御所 江初 池 上京区京都御苑

家康が遠州に構築させた寛永十一年の手法がもっとも濃厚に残る。真行草三大池泉は、雄大、豪華、優美、繊細にと変化がある。まことに王者の仙洞たる品格もあり、作者の非凡さも伺える。

○京都御所 江初 池・流 上京区京都御苑

寛永十七年、徳川氏造営の際、遠州の築造。小御所前方に典型的寝殿造式池泉。栗石浜に飛石を配し、蓬萊島には反橋、八ツ橋。全容上品優雅。隣の御常御殿の流れの庭にも古調の部分がある。泉石幽美。

御所九条池 江末 池 上京区京都御苑

旧近衛邸 江初 池 上京区京都御苑

□旧桂宮家跡 江初 池 上京区京都御苑

慈照院 江中 枯 上京区相国寺門前町

相国寺開山堂 江中 枯 上京区相国寺門前町

承天閣美術館 昭和 枯 上京区相国寺門前町

大光明寺 昭和 枯 上京区相国寺門前町

○官休庵(武者小路千家) 江中 茶 上京区西武者小路町

元伯宗旦の第二弟子、一翁宗守は高松藩を致仕してここに官休庵を建てて隠棲。三度の火災に茶庭も破損したが古調があり、三千家の一家の品格を備えている。

妙蓮寺本坊 昭和 枯 上京区妙蓮寺前町
(寺之内通堀川西入ル)

恵光院 江初 枯 上京区妙蓮寺前町

本光院 江初 枯 上京区妙蓮寺前町

本妙院 江中 枯 上京区妙蓮寺前町

圓常院 江末 枯 上京区妙蓮寺前町

堅樹院 江末 枯 上京区妙蓮寺前町

西村家 江末 流 北区上賀茂中大路町

◉大仙院 室町 枯 北区紫野大徳寺町

永正年中、方丈建立直後鶴亀島を古岳禅師が作庭。さらにその後、細川臣三渕氏の旧庭を移した。北宋山水画的である。遠山、枯滝、石橋、渓谷は大流となり、長船石を浮かべ、多数の阿波産の青石を用い、名石をそろえ、技術傑出第一級の枯山水。

○龍源院 室町 枯 北区紫野大徳寺町

永正年中、畠山、大友、大内三大名が協力して開創。その当時、開山東渓和尚が方丈の裏の細長い地に作庭した。傾斜する須弥山石は、北宋山水画の省筆に似て軽快豪健である。

◉真珠庵 室町 枯 北区紫野大徳寺町

応仁年中、一休禅師の瞎驢軒創建にはじまり、庭は延徳三年祖渓宗臨和尚再興のとき連歌師宗長法師の作と推考。二重刈込垣に添い小石を組む。この種の七五三の石組としては技術最高である。金森宗和好みの庭玉軒は名席。

◉聚光院 桃山 枯 北区紫野大徳寺町

永禄九年、三好長慶のためその子義継創建。笑嶺和尚開山。そのころの作庭、百石または積石の庭と称する。集団石組の島に自然石橋を架けている、利休以下、三千家歴代の墓がある。閑隠席、桝床席ともに著名。

◉大徳寺方丈 江初 枯 北区紫野大徳寺町

寛永十三年、檀越後藤益勝が方丈を建立。その直後天佑和尚の作庭と首肯される。大刈込の下方に巨石二個をもって豪華雄壮な枯滝を組む。配石ともども技術傑出。東庭の七五三風石組は、やや時代が下る。

◙孤篷庵　江初　枯・茶　北区紫野大徳寺町

小堀遠州の晩年自適の所。忘筌と山雲床があり、露結と布泉の手水鉢は著名。寛政五年焼失したが、松平不昧公が復元、庭はおおむね残った。遠州は席を小舟に見立て、庭は故国の近江八景を意匠した。方丈前庭は二段の生垣が枯淡、檜の牡丹刈も有名。

黄梅院　江初　枯　北区紫野大徳寺町

徳禅寺　江初　枯　北区紫野大徳寺町

芳春院　江中　池　北区紫野大徳寺町

玉林院　江末　茶　北区紫野大徳寺町

高桐院　江末　枯　北区紫野大徳寺町

龍光院　江末　枯　北区紫野大徳寺町

興臨院　江末　枯　北区紫野大徳寺町

養徳院　江中　池　北区紫野大徳寺町

三玄院　昭和　枯　北区紫野大徳寺町

等持院東部　室町　池　北区等持院北町

等持院書院　江中　池　北区等持院北町

◙鹿苑寺（金閣寺）　鎌倉　池　北区金閣寺町

元仁初年、西園寺公経の別業、藤原定家も『明月記』にこれを記している。一七〇年を経て足利義満入手、金閣を建て、蓬萊神仙を浄土に擬して、称美した。原形がよく保存され、龍門瀑なども傑出。まことに一流の名園。

神光院　江中　池　北区西賀茂神光院町

○正伝寺　江初　枯　北区西賀茂鎮守庵町

崇伝が金地院の小方丈を移建し、その後慶安頃の作庭と考えられる。刈込のみによる七五三形式は特殊で、その意匠比類なくかつ非凡。獅子の児渡の庭ともいわれる。

大善寺　江中　枯　中京区松ケ枝町（裏寺町通六角下ル）

堀内家　江中　茶　中京区大黒町（釜座通二条上ル）

◙二条城二之丸　江初　池　中京区二条城町

慶長六年、家康造営。聚楽御殿を移建、その後二之丸を造築、そのころの作庭と考えられる。蓬萊島を作り鶴亀二島を配し、滝を落とし、巨岩多く、泉石の美はすこぶる豪華、八陣の庭という。

壬生寺　江中　枯（荒）　中京区壬生梛ノ宮町

青蓮院　江初　池　東山区粟田口三条坊町

ウェスティン都ホテル京都　大正　池　東山区粟田口華頂町

○知恩院　江初　池　東山区林下町

足利尊氏が愛した常在光寺の池泉が一部残る。江戸初期方丈再建後、寛文三年山本道白が改造。山畔を背景にし、立派な方丈建築にふさわしい園池である。南部の池の中島および石組には、最初築造時の匂いが濃い。

良正院　江初　枯（荒）　東山区林下町

長楽寺　江初　池　東山区円山町

■円山公園　明治　池　東山区円山町

建仁寺本坊　昭和　枯　東山区小松町（大和大路通四条下ル）

二条城二之丸（京都府）

□両足院方丈　江初　枯　東山区小松町

□両足院書院　江中　池　東山区小松町

■霊洞院　江中　池　東山区小松町

久昌院　江中　池　東山区小松町

◉円徳院　桃山　池(涸)　東山区高台寺下河原町

慶長十三年、秀吉の室北政所の兄木下利房が北政所のため永興院を創し、伏見城中の化粧御殿と庭園を移築。枯滝、築山、中島の石組、石橋は当代の典型的豪華さがあり、石組は賢庭風な独特の手法がみえる。

■高台寺　江初　池　東山区下河原町

月真院　江初(昭和改修)　池　東山区高台寺下河原町

■成就院（清水寺）　江初　池　東山区清水一丁目

妙法院御座之間　江初　池　東山区妙法院前側町

（東大路通七条上ル）

○積翠園　平安(江初改修)　池　東山区妙法院前側町

治承のころ、忠孝両全しがたいのを歎いた小松内府平重盛の山荘で江戸初期尭如法親王が改造。しかし原形はおおむね保存、中島に添う夜泊石手法は、よく当代を物語っている。

養源院　江初　池　東山区三十三間堂廻り町

◉智積院　江初　池　東山区東瓦町

延宝二年、瑞応泊如僧正の作庭。殿舎近き築山、横長の池、枯滝、青石橋、当代の典型にして豪華。景観が美しい。一文字手水鉢は著名。長谷川等伯の襖絵がまた傑出している。

○芬陀院　室町(昭和改修)　枯　東山区本町十五町目

前方が高い傾斜コケ地に、鶴亀石組のみを築く。亀島には画聖雪舟禅師の手法を残す。比較的小石ながら力強く枯淡雄勁、鶴島は昭和初年推定復元である。書院東庭の鶴亀枯山水は、昭和の新作。

○東福寺普門院　江初　枯・池　東山区本町十五町目

東福寺開山の廟所。明治初年、参道を作ったので庭園は両断された。東部は築山、その前に細長い池、枯滝を二か所に西部は陸上に鶴亀両島と洞窟があり、石組は豪華である。市松式砂紋も美しい。

即宗院　江末　池　東山区本町十五町目

○東福寺本坊　昭和　枯　東山区本町十五町目

昭和十三年、爾以三師の依頼により重森三玲が創作。方丈四周に釈迦成道八相にちなみ、南庭は巨石の四神仙島と築山五山、西部はサツキと砂の井田《せいでん》市松、北はコケと敷石利用の市松、東は礎石利用の北斗七星。

光明院　昭和　枯　東山区本町十五町目

退耕庵　昭和　枯　東山区本町十五町目

天得院　昭和　枯　東山区本町十五町目

宝泉院　江戸　枯　左京区大原勝林院町

実光院　江中　池　左京区大原勝林院町

三千院有清園　江初　池　左京区大原来迎院町

三千院聚碧園　江末　池　左京区大原来迎院町

寂光院　江末　池　左京区大原草生町

◙円通寺　江初　枯　左京区岩倉幡枝町

後水尾上皇が修学院へ移るまでの離宮のあとに、延宝六年ごろ文英尼公が寺を創建。生垣の向うに比叡を眺め、左寄りに多数の石、右手前はコケ一色、明朗な女性的平庭。

妙満寺本坊　江中（昭和移築）　枯　左京区岩倉幡枝町

実相院　江末　池　左京区岩倉上蔵町

蓮華寺　江初　池　左京区上高野八幡町

○修学院離宮　江初　池　左京区修学院山神町

承応年中、後水尾上皇の造営。比叡山麓景勝の地に上中下三段の御茶屋は粋を凝らし、大池泉廻遊式で大刈込の壮麗なる景観、眺望雄大。桂離宮と対比して激賞されている。

林丘寺　江初　池　左京区修学院林ノ脇

◙曼殊院書院　江初　枯　左京区一乗寺竹之内町

天台座主を辞した良尚法親王が慶安三年ごろより作庭に着手。東南に枯滝、枯流れに石橋を高く架け、橋添石がとくに高く当代の特色を示している。小書院および八窓席は高尚。梟手水鉢、曼殊院形燈籠も著名。

円光寺　江初（昭和改修）　池　左京区一乗寺小谷町

■詩仙堂　江初　流　左京区一乗寺門口町

金福寺　江末　枯　左京区一乗寺才形町

■清風荘　明治　池　左京区田中関田町

長安院　江初　枯（荒）　左京区黒谷町

金戒光明寺　江末　池　左京区黒谷町

西翁院　江中　茶　左京区黒谷町

つる家　大正　池　左京区岡崎東天王町

白河院　明治　池　左京区岡崎法勝寺町

■平安神宮神苑　明治・大正　池　左京区岡崎西天王町

◉慈照寺（銀閣寺）　室町　池　左京区銀閣寺町

足利義政が文明十四年より数年にわたり経営、善阿弥など当代一流人の作庭。東求堂内同仁斉は、室町書院の代表。その前庭は当初の作庭が保存されているが、元和初年、宮城豊盛が大半を改修した。銀沙灘、向月台の砂盛は新鮮な美の極致である。

■白沙村荘　大正　池　左京区浄土寺石橋町

霊鑑寺　江初　枯・池　左京区鹿ヶ谷御所ノ段町

法然院　江末　池　左京区鹿ケ谷御所ノ段町

有芳園　明治　池　左京区鹿ケ谷下宮ノ前町

清流亭　明治　池　左京区南禅寺下河原町

碧雲荘　大正　池　左京区南禅寺下河原町

細川別邸　大正　流　左京区南禅寺下河原町

織宝苑　大正　池　左京区南禅寺下河原町

洛翠　明治　池　左京区南禅寺下河原町

◉南禅院　鎌倉　池　左京区南禅寺福地町

弘安年中、亀山上皇がこの地の風光明媚を愛し、離宮を造営。園池は梵竺仙《ぼんじくせん》禅師の作庭と伝わる枯滝三尊石、蓬莱石が保存されている。龍池には心字島がある。景観幽邃。

天授庵　室町（明治改修）　池　左京区南禅寺福地町

◉金地院　江初　枯　左京区南禅寺福地町

寛永十年ごろ崇伝長老が小堀遠州に依頼し、庭師賢庭に作庭させたものである。大きな拝石を中心に東西に巨大な鶴亀島、奥部は蓬莱遠山石組、手前は舟形砂敷、すべて豪華であり、意匠も技術も抜群。

◉南禅寺方丈　江初　枯　左京区南禅寺福地町

女院御所を賜って再建した方丈の前庭、長方形の地割の土塀際に巨石を組み松楓を配する、元禄前後のものか。

聴松院　江末　池　左京区南禅寺福地町

何有荘　明治　池　左京区南禅寺福地町

◉對龍山荘　明治　池　左京区南禅寺福地町

明治四十年、植治の作。江戸末の池庭を改造。東山を借景、滝を落とし、中島岩島砂浜を作る。上部の庭は金地院の森を借景。当代の代表作。下部を聚遠亭と称す。

順正　江末　池・流　左京区南禅寺草川町

◉無鄰庵　明治　流　左京区南禅寺草川町

明治二八年、元勲山県有朋がみずから指揮し、植治が作庭。三角形狭長の地をたくみに構成、三段の瀑布、二段の池、緩急二筋の流、東山を借景、自然主義式庭園。

真々庵　昭和　池　左京区南禅寺草川町

永観堂　江初　池　左京区永観堂町

光雲寺　大正　池　左京区南禅寺北之坊町

毘沙門堂門跡　江中　池　山科区安朱稲荷山町

○勧修寺　平安（昭和改修）　池　山科区勧修寺仁王堂町

宇治大領宮道弥益の築造。藤原高藤のロマンスもある。大池泉は蓬莱神仙の多島式、地割がよくてはなはだ幽邃。貴重な遺構であった。

随　心　院　明治　池　山科区小野御霊町

◉醍醐寺三宝院　桃山　池　伏見区醍醐東大路町

慶長三年、豊公醍醐の花見に際し、金剛輪院の庭を急ぎ大池泉庭園に改修。それ以来二十数年継続、現今の庭園となった。東南に三段の名滝、池中に鶴亀両島、石組ははなはだ豪華。南に須弥山式集団石組、土、板、石三橋の変化もおもしろく、藤戸石をはじめ名石奇石を配し、美構勝絶。作庭は賢庭を中心としたことが『義演准后日記』に詳述されている。

醍醐寺伝法院　昭和　池　伏見区醍醐東大路町

安　楽　寿　院　江初　枯　伏見区竹田内畑町

城　南　宮　昭和　池　伏見区中島宮ノ前町

十　輪　寺　昭和　枯　西京区大原野小塩町

金　蔵　寺　江中　池　西京区大原野石作町

正　法　寺　昭和　池・枯　西京区大原野南春日町

○桂　離　宮　江初　池　西京区桂御園町

元和年間、八条宮智仁親王が別業として着手してから二十余年、第二代智忠親王の寛永年末より増築、実に七〇年の経営。広大な池泉に東屋散在、建築に園池に技術傑出。多数の燈籠、手水鉢は名品ぞろいで絶美。

極　楽　寺　江中　池　西京区桂久方町

浄　住　寺　江初　池(荒)　西京区山田開キ町

地　蔵　院　江末　枯　西京区山田北ノ町

◉西　芳　寺　室町　枯・池　西京区松尾神ヶ谷町

建久年中、松尾の社家藤原師員がここに西方教院厭離穢土寺を建立。暦応二年、夢窓国師が入寺して西芳寺と改めた。下部の大和絵式園池島嶼は作庭記流の典型。上部の枯山水は前期式の枯滝石組で、その豪健さは天下第一である。コケを称美して苔寺と俗称。千少庵の湘南亭もまた名席。

■龍　安　寺　方　丈　室町　枯　右京区竜安寺御陵ノ下町

応仁の乱に焼亡した細川勝元の山荘を、明応八年、その一子政元が義天禅師と協力再興した。そのとき作庭したと思われる。方丈の前庭をはじめて庭園に開発し、枯山水を確立した創意、七五三配石技術の妙。

■大珠院（龍安寺）　鎌倉　池　右京区竜安寺御陵ノ下町

◉退　蔵　院　室町　枯　右京区花園妙心寺町

大永年中、現地へ移建のころの作庭。築山に枯滝、枯池に亀島、これへ石橋を架け、築山の裾に蓬莱石を据えている。全景は狩野派水墨画のごとく、元信作と伝えている。

◉霊　雲　院　室町　枯　右京区花園妙心寺町

天文十二年、書院完成のころ相国寺是庵の作と推考。呂律の庭と称す。蓬莱山水のきわめて小さな庭であるが技術は傑出している。

◉玉　鳳　院　桃山　枯　右京区花園妙心寺町

花園法皇御塔所。多数の石組があり、築山部には蓬莱石、枯滝を組む永禄初年の手法が看取でき、豪華である。

雑　華　院　江初　枯　右京区花園妙心寺町

■妙心寺小方丈　江中　枯　右京区花園妙心寺町

■桂　春　院　江中　茶・枯　右京区花園妙心寺町

◉東　海　庵　書　院　江末　枯　右京区花園妙心寺町

石竜の伝を得、『築山染指録』をあらわし固陋にそまなかった東睦和尚の作。西庭は蓬莱三尊石組。亀島、燈籠、橋杭手水鉢を置く。南の中庭は白砂敷に七石で七五三の石組とす。

春光院　江末　枯　右京区花園妙心寺町

海福院　江末　枯(荒)　右京区花園妙心寺町

麟祥院　明治　枯　右京区花園妙心寺町

大心院　昭和　枯　右京区花園妙心寺町

衡梅院　昭和　枯　右京区花園妙心寺町

大龍院　江中(昭和改修)　池　右京区花園妙心寺町

■法金剛院　平安(昭和改修)　池　右京区花園扇野町

◉仁和寺　江初　池・茶　右京区御室大内町

地割に南北朝頃の様式をもつ古庭であるが、元禄三年、白井童松、加来道意が一部を改作。宸殿の北山畔に瀑を豪華に作り、池細く、東に折れ、岩島刈込を配す。光琳好みの遼廓亭、光格帝遺愛の飛涛亭も名席。

木島坐神社(蚕社)　上古　泉　右京区太秦森前町

妙光寺　江末　枯(荒)　右京区宇多野上ノ谷町

鹿王院　江初　枯　右京区嵯峨北堀町

◉天龍寺　室町　池　右京区嵯峨天龍寺芒ノ馬場町

前中書王の旧庭を利用、後嵯峨帝の仙宮となった。暦応二年にいたって足利尊氏兄弟が後醍醐帝冥福のため夢窓国師を招じ、天龍寺を創建。北宋画式龍門瀑、鯉魚石の手法は後嵯峨帝の関係で宋僧蘭渓道隆禅師一派の作と思考。泉石絶勝、自然石の橋はまた最古の例である。

慈済院　江末　枯　右京区嵯峨天龍寺芒ノ馬場町

宝厳院(旧妙智院)　江中(平成改修)　枯　右京区嵯峨天龍寺芒ノ馬場町

◉大沢池附名古曽滝跡　平安　池　右京区嵯峨大沢町

嵯峨天皇の仙宮、広大な州浜形池泉。菊島、天神島などの蓬莱島が現存している。庭湖石につらなる夜泊石は巨勢金岡作と伝えている。また名古曽滝は古い形式としての枯山水の典型的遺構である。

常照皇寺　江末　池　北桑田郡京北町井戸

□楊谷寺　江中　池　長岡京市浄土谷

妙喜庵(待庵)　江初　茶　乙訓郡大山崎町大山崎

海住山寺　江中　池　相楽郡加茂町例幣

■浄瑠璃寺　平安　池　相楽郡加茂町西小

松殿山荘　大正　枯・茶　宇治市木幡南山

万福寺東方丈　江初　池　宇治市五ヶ庄

緑樹院　江中(明治改修)　枯　宇治市五ヶ庄

三室戸寺　昭和　池・枯　宇治市菟道滋賀谷

■平等院　平安　池　宇治市宇治蓮華町

□養林庵書院　江初　茶　宇治市宇治蓮華町

□興聖寺　江末　枯　宇治市宇治山田

□正法寺　江中　池　八幡市八幡清水井

◉松花堂　江初(明治移築)　枯・茶　八幡市八幡女郎花

松花堂昭乗が、石清水八幡境内泉坊に作ったものを、明治二十四年現地に移建。飛石本位の平庭と茶庭。建築は当初のもので景観がよい。

伊佐家　江末　池(荒)　八幡市上津屋浜垣内

大沢池庭湖石（京都府）

法泉寺　室町(昭和改修)　枯　京田辺市田辺町草内

◙酬恩庵廟前　室町　枯　京田辺市薪

一休禅師が大応国師創建の妙勝寺を再興、師恩にむくいる意を庵名とし、寿塔を建て、庭を作った。須弥山式立石とサツキの刈込の珍重すべき上品な平庭式枯山水。

◙酬恩庵方丈　江初　枯　京田辺市薪

慶安三年、前田利常方丈再建時の作庭。松花堂昭乗、石川丈山、佐川田喜六の合作説もある。方丈裏の枯山水は、大仙院風豪華な枯滝石組にしてとくに傑出。その左方の集団石組には室町風の名残がある。

◙酬恩庵虎丘　江初　枯　京田辺市薪

長安寺　昭和　枯　福知山市奥野部

□穴太寺　江中　池　亀岡市曽我部町穴太

□龍潭寺　江戸　池　亀岡市薭田野町太田

延福寺　江中　池　亀岡市薭田野町天川

延福寺　江末　池　亀岡市本梅町西加舎

□法常寺　江中　池　亀岡市畑野町千ヶ畑

如意寺　江中　池　亀岡市篠町山本

鍬山神社　江初　池(荒)　亀岡市上矢田町

徳雲寺　江中　池　船井郡園部町小山東町

大蔭寺　江中　池　船井郡園部町天引

長栄寺　江末　池(荒)　船井郡園部町天引

玉雲寺　江中　池　船井郡丹波町市森

□正暦寺　江戸　枯　綾部市寺町
心種園　桃山(明治改修)　池　舞鶴市南田辺
松尾寺　江初(明治改修)　枯　舞鶴市松尾
□金剛院　江初　池　舞鶴市鹿原
多禰寺　江初　池　舞鶴市多祢寺
□三上家　江末　池　宮津市河原
本荘神社　江末　池　宮津市万町
□妙円寺　江末　池　宮津市日置
■照福寺　江末　枯　綾部市鷹栖町
□江西寺　江中　池　宮津市須津
雲岩寺　明治　枯　与謝郡野田川町岩屋
□西光寺　江中　池　与謝郡加悦町
□常栖寺　江中　池　与謝郡加悦町温江
□宗雲寺　江初　池　熊野郡久美浜町小谷

北海道

旧青山家　大正　枯・池　小樽市祝津
法幢寺　江初　池　松前郡松前町
松前藩の菩提寺で、「狩野派流銘園双竜の滝」といわれている二つの滝が庭園中央にあり、庭園としては北海道最古と称されている。
光善寺　明治　枯　松前郡松前町
石組は京都東山の山容といい、境内に血脈桜等の名木が多い。
法源寺　江末　枯　松前郡松前町
東庭園　明治　池　夕張郡長沼町
吉宮農園　明治　池　増毛郡増毛町
池泉廻遊の意匠で、松を整形して、動物・船・飛行機等を形どっている。
■旧下ヨイチ運上家　明治　池　余市郡余市町入舟町
■旧岩船氏(香雪園)　明治　池　函館市見晴町

青森県

藤田記念館　大正　池　弘前市上白銀町
革秀寺　江中　池(涸)　弘前市藤代
岩木山神社　江末　池　中津軽郡岩木町
◉盛美園　明治　池・枯　南津軽郡尾上町猿賀
平庭枯山水にして、石組傑出。小幡亭樹の作。傾斜地に石組刈込。下に池泉がある。山畔に枯滝を豪華に右手に大築山に枯滝風巨石をおく。大刈込三尊等武学流の代表作。

◉清藤氏書院 江末 枯 南津軽郡尾上町猿賀
宇野家 明治 池 黒石市上十川
鳴海家 明治 池 黒石市黒石浅瀬石
妙経寺 昭和 枯 黒石市京町
小野家秀芳園 明治 池 弘前市吉野町
真教寺 江戸 枯 弘前市新寺町
真昌寺 明治 池 弘前市新寺町
□成田家 明治 池 弘前市樹木
中村家揚亀園 明治 流 弘前市亀甲町

武学流小幡亭樹の四十代の作庭である。滝や流れもあり、石組も力を籠めている。

旧岩田家 江戸 枯 弘前市大字若党町
弘前城三之丸 江末 枯 弘前市下白銀町(弘前公園)
弘前城植物園 昭和 池 弘前市下白銀町(弘前公園)
■瑞楽園 明治 枯 弘前市宮館中別所
法光寺 江中 池 三戸郡名川町法光寺

岩手県

御薬園 江初 池 盛岡市愛宕町
桜山神社 明治 池 盛岡市内丸
法泉寺 江初 池 盛岡市北山
榊山稲荷神社 江初 池 盛岡市北山
正法寺 江末 枯 水沢市黒石町
石応寺 明治 池 釜石市大只越町
登坂家 江末 枯 遠野市六日町

旧小笠原家庭園で中心に枯滝がある。正面築山に亀島、右方に鶴島を意匠している。

◉毛越寺 平安 池 西磐井郡平泉町

旧本堂跡東広場には遣水がある。その前に大池庭。中島二つを設け、大島の橋は失せ、小島に巨石を立て出島に多数の石組で枯滝蓬莱石を表現。干潟の島と称する出島は当代珍重の作例。東北唯一の平安遺構。技術傑出、石組保存よく景趣申し分ない。

観自在王院跡 平安 池 西磐井郡平泉町

阿弥陀堂前庭で中央に中島があり、遣水、滝などあり大池泉の洲浜形意匠。

宮城県

良覚院 江末 池(荒) 仙台市青葉区片平
輪王寺 大正 池 仙台市青葉区北山町
東安寺 江末 池 岩沼市三色吉
高蔵寺 昭和 池 角田市高倉
円通院 江末 池 宮城郡松島町松島

毛越寺（岩手県）

龍洞院　江末　池　石巻市大瓜

池泉に中島あり、山畔の岩山を利用した意匠は巧妙。本堂前に景石あり。

煙雲館　江中　池　気仙沼市松崎

廻遊式庭園で、池泉中央に鶴島を立石で意匠している。背景の大島亀山を亀島としており、築山に滝あり。石橋の手法はよい。

■旧有備館　江初　池　玉造郡岩出山町上川原

池泉広く四島あり。景観雄大。

秋田県

□如斯亭　江末　池(荒)　秋田市手形上川原

枯滝や池泉あり、庭前の巨石は、紀州徳川家より佐竹家に贈られた。

千秋公園　江戸　池(涸)　秋田市千秋公園

石黒家　江中　枯　仙北郡角館町

岩橋家　江中　枯　仙北郡角館町

□小田野家　江中　枯　仙北郡角館町

河原田家　江末　枯　仙北郡角館町

鬼川家　江末　池　仙北郡角館町

常光寺　江末　池　仙北郡角館町西勝楽町

坂本東嶽邸　明治　池　仙北郡千畑町千屋

山形県

山形県庁　明治　池　山形市旅籠町

光禅寺　江中　池(涸)　山形市鉄砲町

池泉観賞の意匠で、東西七〇m、南北三〇mあり、中央に鶴亀兼蓬莱島が意匠されている。左方山畔に滝石組があり、力強く見事である。

上杉記念館　明治　池　米沢市丸ノ内

旧上杉家の邸址で池泉観賞式である。中島に土橋があり、明るい庭園となっている。

上杉神社　大正　池　米沢市丸ノ内

法泉寺　江初　池　米沢市城西

池泉(涸)の中央の大きい出島は中期の改造である。築山に枯滝あり、出島に土橋を設けている。護岸石組は荒廃。

林泉寺　江中　池(涸)　米沢市林泉寺町

石組はほとんどない。州浜形の地割になっている。

万徳院　江末　池　東置賜郡高畠町元和田

珍蔵寺　江末　池　南陽市漆山

山畔に遠山石を立て、下部池泉に石橋あり。全体が静寂で見事である。

法円寺　江末　池　上山市栄町

■玉川寺　江初(明治改修)　池　東田川郡羽黒町玉川

南谷坊跡　江初　池　東田川郡羽黒町手向

■酒井氏　江中　池　鶴岡市家中新町

井岡寺　江末　池　鶴岡市井岡

○本間美術館　江末　池　酒田市御成町

もと鶴舞園といった。本間氏の別邸で、文化十年冬季失業救済の意図で作庭、六七〇〇坪。築山池刈込老松多く景趣豊かである。

旧本間本邸　江末　枯　酒田市二番町

土門拳記念館　昭和　池　酒田市宮野浦飯森山北

■總光寺　江末　池　飽海郡松山町総光寺沢

福島県

■白水阿弥陀堂　平安　池　いわき市内郷白水町

中央に中島一島あるも、もとは多島式であったと考えてもよい。堂の前庭で、近年修復された。荒磯の景も作られている。

■南湖公園　江末　池　白河市南湖

松平定信の意匠した本邦最初の公園といわれているもの。大池泉で景観は豊かである。サツキ、桜等が美しい。

麓山公園　江初　池　郡山市麓山

■旧滝沢本陣　江中　池　会津若松市滝沢町

■会津松平氏　江中　池　会津若松市花春町

恵倫寺　江末　池　会津若松市花見ヶ丘

■会津若松城跡本丸表御殿　江戸　茶　会津若松市追手町

甲斐本家　明治　池　喜多方市一丁目

願成寺　明治　池　喜多方市上三宮町

梁川城跡本丸　室町　池　伊達郡梁川町鶴ヶ岡

相馬神社　江初　池　相馬市中村町

茨城県

法雲寺　江初　池　新治郡新治村

伝正寺　江初　池　真壁郡真壁町

偕楽園　江初　枯　水戸市常磐町

西山荘　江初　池　常陸太田市新宿町

大覚寺　江初　池　新治郡八郷町

栃木県

◉輪王寺　江中　池　日光市山内

江戸初期にあった庭が末期に改造されたもの。細長い大池泉、中島に石橋、板橋。築山に物見台。流れ、亭を配し男体山を背景に、景趣は豊かである。

■大猷院　江初　枯　日光市山内

旧田母沢御用邸　明治　流　日光市本町

古峯神社　昭和　池　鹿沼市草久古峯ヶ原

雲巌寺　江末（昭和改修）　池　那須郡黒羽町雲岩寺

■鑁阿寺　江戸　池　足利市家富町

■足利学校跡　江戸　池　足利市昌平町

群馬県

昭明寺　江初　枯　新田郡新田町反町

長楽寺　江初　池　新田郡尾島町世良田

永源寺　江末　池　多野郡鬼石町浄法寺

■楽山園　江初　枯・池　甘楽郡甘楽町小幡

永寿寺　江初　枯　甘楽郡下仁田町東野牧

妙福寺　江初　枯　群馬郡箕郷町

旧下田家　江初　池　群馬郡箕郷町西明屋

■躑躅ヶ岡　江初　池　館林市羽附町

埼玉県

喜多院　江初　池　川越市仙波

聖天院　江中　枯　日高市新堀

平林寺　江末　池　新座市野火止

能仁寺　江末　池　飯能市飯能

千葉県

□旧徳川昭武松戸別邸　明治　枯　松戸市松戸

■高梨氏　江戸　池　野田市上花輪

□旧掘田正倫別邸　明治　枯　佐倉市鏑木町

新勝寺　大正　池　成田市成田

守永寺　昭和　枯　市原市五井

東京都

皇居二之丸庭園　江初(昭和改修)　池　千代田区千代田

吹上御苑　江初　池　千代田区千代田

総理大臣官邸　明治　池　千代田区永田町二丁目

○靖国神社　明治　池　千代田区九段北三丁目

明治三五年着工。本殿裏に園池、中島二つ、築山に豪華な滝組、護岸多く、老樹繁り、森厳。

□浴恩園跡　江末　池　中央区築地

◙旧浜離宮　江初　池　中央区浜離宮庭園

承応三年、徳川家綱より松平綱重がこの地を与えられ園池造築に着工、寛文九年完成。海水を入れた大池泉を設け、東屋、中島を配し、老樹幽玄静寂なる景観がある。

◙旧芝離宮　江初　池　港区海岸一丁目

元禄元年、大久保忠朝の園池。二か所に大池泉、栗石敷浜、中島に橋を架し、各所に大築山、これに石組を配し、保存良好、園池傑出。

有栖川宮記念公園　明治　池　港区南麻布五丁目

旧赤坂離宮　江初　池　港区赤坂二丁目

根津美術館　明治　池　港区南青山六丁目

八芳園　明治(昭和改修)　池　港区白金台一丁目

東禅寺　江末　池　港区高輪三丁目

東京国立博物館　明治　池　台東区上野公園

○伝法院　江初　池　台東区浅草二丁目

小堀遠州作というが、寛永年中、将軍家庭師山本道白一派作庭とみられる。二大池泉を中央で結び、巨大な中島に石橋栗石敷の浜、枯滝付近保存よく、景観は良好。

東大植物園　江初(昭和改修)　池　文京区白山三丁目

◙小石川後楽園　江初　池　文京区後楽一丁目

寛永六年、将軍が水戸頼房にこの地七万六千余坪を寄せ、頼房が同十五年造庭完成したもので、作者は徳大寺左兵衛。大池泉廻遊式で、中島に枯滝を作る。熊笹の築山を築き、滝を落とし、大井川の景を縮し、円橋など中国趣味を入れ、東屋、井田を配し、景観傑出。

椿山荘　明治　流　文京区関口二丁目

新江戸川公園　江末　池　文京区目白台

◙六義園　江初　池　文京区本駒込六丁目

小石川後楽園白糸の滝（東京都）

元禄八年、柳沢吉保が将軍よりここを拝領、園池築造に着手、大芝生地に東屋、さらに大池泉に巨大な中島石組を施し、池中岩島を配す。築山に熊笹の大刈込を用い、流れを作り滝を落とし東屋を多数配してある。保存は良好、老樹幽邃。

□旧安田家	大正	池	文京区千駄木
東京大学御殿山	江初(昭和改修)	池	文京区本郷七丁目
□旧古河家	大正	池	北区西ヶ原
堀切菖蒲園	江末	池	葛飾区堀切
□旧安田家(深秀園)	江中	池	墨田区横網二丁目
旧水戸家跡	江初(昭和改修)	池	墨田区向島一丁目
弘福寺	江中(昭和改修)	池	墨田区向島五丁目
■向島百花園	江末(昭和改修)	池	墨田区向島三丁目
□一之江名主屋敷庭園	江中	池	江戸川区春江町
□清澄園	明治	池	江東区清澄三丁目
亀戸天神神苑	江末	池	江東区亀戸
松濤園	江初	池	大田区池上二丁目
明治神宮内苑	大正	池	渋谷区代々木
豪徳寺	大正	枯	世田谷区豪徳寺二丁目
新宿御苑	江初	池	新宿区内藤町
大隈会館	明治	池・流	新宿区戸塚町一丁目
□殿ヶ谷戸公園	昭和	池	国分寺市南町

百草園 江末 池 日野市百草

広園寺 江中 池 八王子市山田町

神奈川県

三渓園 大正 池 横浜市中区本牧三之谷

◉称名寺境内 鎌倉 池 横浜市金沢区金沢町

文永六年、北条実時顕時父子創建。審海上人開山。汀は曲線の多い大池泉、前方に蓬萊石、池中に美女石、姥石の岩島古図とともに資料的に貴重である。

■建長寺 江初 池 鎌倉市山ノ内

■円覚寺 鎌倉 池 鎌倉市山ノ内

■瑞泉寺 室町 池 鎌倉市二階堂

■鶴ヶ岡八幡宮 鎌倉 池 鎌倉市雪ノ下町

光明寺 昭和 池・枯 鎌倉市材木座

北条幻庵邸 桃山 池 小田原市久野町

早雲寺 江初 枯 足柄下郡箱根町湯本

箱根美術館 昭和 流・茶 足柄下郡箱根町強羅

新潟県

日光寺 江初(昭和改修) 池 糸魚川市日光寺

谷村美術館 昭和 池 糸魚川市京ケ峰

宝蔵院跡 江初 池(涸) 中頸城郡妙高村関山

○秋幸園 江末 池 柏崎市新道

書院の前庭で池泉廻遊式である。池庭の地割も変化多く、石組、庭木も美しい。近年天皇行幸のとき、秋幸園と命名。

龍雲寺 江末 池 柏崎市黒滝

◉貞観園 江中 池 刈羽郡高柳町岡野町

天明三年、五代村山正朝着工。八代九代を経て天保年中に完成したもの。大廻遊池泉は、幽趣にして北国第一といわれている。

佳雲園 江中 池 三島郡和島村下富岡

北方文化博物館 明治 池 中蒲原郡横越町沢梅

旧笹川家 江中 池 西蒲原郡味方村

□浄専寺 江末 枯 西蒲原郡岩室村石瀬

北方文化博物館別館 明治 枯 新潟市南浜通

五十公野御茶屋 江戸 池 新発田市五十公野

□清水谷(清水園) 江初 池 新発田市大栄町

諸上寺 江初 池 村上市岩船三日市

孝順寺 明治 池 北蒲原郡安田町

観音寺 江初 池 北蒲原郡安田町草水

市島家 明治 池 北蒲原郡豊浦町天王

■渡辺家 江中 池 岩船郡関川村下関
長谷寺 江戸 枯・池 佐渡郡畑野町長谷
妙宣寺 江戸 池 佐渡郡真野町竹田
国分寺 江戸 池 佐渡郡真野町国分寺
度津神社 江戸 池 佐渡郡羽茂町飯岡
大乗寺 江戸 池 佐渡郡相川町下山之神町
法然寺 江戸 池 佐渡郡相川町下寺町

富山県

西徳寺 昭和 池 黒部市三日市寺町
天真寺 昭和 池 黒部市若栗
来迎寺 江末 枯 富山市梅沢町
国泰寺 昭和 枯 高岡市太田
上日寺 明治 枯(荒) 氷見市朝日本町
□光久寺 江中 茶・池 氷見市飯久保
本願寺城端別院 江末 枯 東砺波郡城端町
瑞泉寺 明治 池 東砺波郡井波町

石川県

心蓮社 江初 池 金沢市山の上町
光覚寺 江中 池 金沢市山の上町
□尾山神社 江初 池・茶 金沢市尾山町
□西田家(玉泉園) 江初 池・茶 金沢市小将町
■兼六園 江中 池 金沢市兼六町
■成巽閣 江末 茶・流 金沢市兼六町
旧本多家 江初 池 金沢市下本多町
□二俣本泉寺 室町 池 金沢市二俣町
鶴来別院 大正 池 石川郡鶴来町
江沼神社 江初 池 加賀市大聖寺番場町
■那谷寺庫裡 江初 池・枯 小松市那谷町
□妙成寺 江末 池 羽咋市滝谷町
碧流寺 江中 池 羽咋市一ノ宮町
安養寺 江中 池 鹿島郡鳥屋町良川
石動山東林院跡 江中 池 鹿島郡鹿島町石動山
石動山大宮坊跡 江中 枯 鹿島郡鹿島町石動山
定林寺 江初 池 鹿島郡中島町
□平家 江中 池 羽咋郡志賀町町
長龍寺 江中 池 羽咋郡志賀町谷屋
常徳寺 江中 枯 羽咋郡富来町

石仏山遺跡前立

石仏山遺跡奥立（石川県）

喜多家	江中	池	羽咋郡押水町北川尻
□来迎寺	江中	池	鳳至郡穴水町大町
石仏山遺跡	上古	磐	鳳至郡能都町瑞穂神道
総持寺祖院	明治	池	鳳至郡門前町
中谷家	江末	池	鳳至郡柳田村黒川
松波城	明治	池	珠洲郡内浦町松波
琴江院	明治	池	珠洲市三崎町粟津
■上時国氏	江末	池	輪島市町野町南時国
高田寺	江末	池	輪島市町野町南時国
■時国氏	江初	池	輪島市町野町西時国

福井県

■滝谷寺	江中	池	坂井郡三国町滝谷
円光寺	江初	池	坂井郡丸岡町霞町
白導寺	江中	池	坂井郡丸岡町石城戸町
■養浩館	江初	池	福井市宝永三丁目
◉一乗谷朝倉氏	室町	池・枯	福井市城戸ノ内町

天正元年、織田信長によって朝倉家は滅ぼされた。それまでの百年の間に築造された庭園がいくつも残っている。館跡（池泉）は小池泉であるが、大石で鶴を組み、湯殿跡（涸池）は鶴亀蓬莱連山を累々と組み、諏訪館跡（池泉）は、四m余

一乗谷朝倉氏館跡（福井県）

の巨石を立てた極めて豪華な池泉庭である。また南陽寺跡（枯）は天を突くような鋭い枯滝石組がある。他にも武家屋敷跡庭園がある。

◉旧玄成院　室町　池　勝山市平泉寺町平泉寺
享禄時代の作庭と推考。山畔利用幾多の石組、池に中島護岸等泉石美しく石組は傑出している。

善導寺　昭和　池　大野市錦町

南専寺　江中　池　大野市下唯野

■伊藤氏　江中　池　南条郡今庄町瀬戸

■城福寺　江中(昭和改修)　枯　武生市五分市町

■梅田氏　江戸　池　今立郡池田町谷口

天理教越乃国大教会　江中　池　敦賀市三島町

気比神宮　上古(江戸改修)　池　敦賀市曙町

◉柴田氏　江初　池　敦賀市市野々町
元禄時代、柴田権右ェ門作庭。細長き池、築山に多数の刈込を配し、護岸枯滝亀島など豪華にして池畔の栗石敷は仙洞御所風。池は書院を囲み、城郭構を思わせる。

■西福寺書院　江中　池　敦賀市原

羽賀寺　江初　池　小浜市羽賀

妙楽寺　江初(江末改修)　池　小浜市野代

□円照寺　江初　池　小浜市尾崎

明通寺　江中(明治改修)　池　小浜市門前町

■万徳寺　江初　枯・池　小浜市金屋

桜本坊　江中　池　小浜市神宮寺
法順寺　江末　池（荒）　遠敷郡上中町脇袋
天徳寺　江初　池　遠敷郡上中町天徳寺

山梨県

■武田氏館跡　室町　池　甲府市古府中町
不老園　明治　総合　甲府市酒折
□⃝東光寺　鎌倉　池　甲府市東光寺町
弘長年中、蘭渓道隆禅師入寺のころの作庭。山畔を利用した枯滝に鯉魚石、蓬莱石を用い、天龍寺に似ているところから禅師と随行者の作と推考。小池に岩島を配し、技術傑出。
月江寺　江戸　枯　富士吉田市下吉田
書院前庭、築山の下に枯池。築山部に黒朴石のみの枯滝、富岳を借景の大枯山水。
大正寺　江末　池　富士吉田市新倉
宝樹院　江戸　池　西八代郡市川大門町
久遠寺　江戸　池　南巨摩郡身延町
慈照寺　江中　池　中巨摩郡竜王町竜王
旧安藤家　江末　池（涸）　中巨摩郡甲西町西南湖
古長禅寺　江中　池　中巨摩郡甲西町鮎沢
妙善寺　江初　枯　北巨摩郡双葉町字津谷
清泰寺　江末　池　北巨摩郡白州町花水
浄居寺　桃山　枯　東山梨郡牧丘町窪平
□栖雲寺　江戸　枯　東山梨郡大和村木賊
□三光寺　江戸　流　東山梨郡勝沼町菱山
万福寺　江戸　池　東山梨郡勝沼町等々力
□大善寺　江初　池　東山梨郡勝沼町勝沼
雲峯寺　江中　池　塩山市上萩原
■向嶽寺　江中　池　塩山市上於曽
■⃝恵林寺　鎌倉　池　塩山市小屋敷
二階堂氏の開創作庭。その後元徳二年、夢窓国師入寺、廻遊式池泉、江戸中期改作せしも上部須弥山石組、左方鶴亀石組は当初のまま、滝を落とし洞窟を作り、中島に自然石橋あり。景観良好。
瑞蓮寺　江中　池　山梨市日川
清白寺　江戸　池　山梨市三ヶ所
□永安寺　江初　枯　山梨市山根町

長野県

善光寺大勧進　江中　池　長野市元善町
北野美術館　昭和　枯　長野市若穂綿内
延命寺　江末　枯　長野市若穂保科

旧真田氏別邸	江末	池	長野市松代町松代
田中本家	江末	池	須坂市穀町
玄照寺	江末	池	上高井郡小布施町
法運寺	昭和	池	中野市中野
□高梨氏館跡	室町	池(涸)	中野市小館
龍洞院	江末	池	更埴市桑原
耕雲寺	江末	池	埴科郡坂城町
大英寺	江末	池	埴科郡坂城町
生島足島神社	上古	池	上田市下之郷
安楽寺	江末	池	上田市別所温泉
長谷寺	江末	池	小県郡真田町
光岳寺	江末	池	小諸市荒町
正眼院	江末	枯	小諸市八満
保福寺	江中	池(涸)	松本市中山
□中田氏	江初	池	松本市出川町
長円寺	江末	池	茅野市穴山
温泉寺	江中	池	諏訪市湯の脇
児玉石神社	上古	磐境	諏訪市湯の脇
指月庵	江末	池	諏訪市湯の脇
□地蔵寺	江中	池	諏訪市岡村三丁目
仏法紹隆寺	江末	池	諏訪市四賀
慈雲寺	江末	池	諏訪郡下諏訪町東町中
下諏訪旧本陣宿	江末	池	諏訪郡下諏訪町横町
常円寺	江末	池	伊那市山寺
建福寺	江戸	枯	上伊那郡高遠町西高遠
遠照寺	江中(平成改修)	枯	上伊那郡高遠町山室
西岸寺	明治	池	上伊那郡飯島町本郷
■光前寺（本堂前）	鎌倉	池	駒ヶ根市赤穂
光前寺本坊	江初	池	駒ヶ根市赤穂
長久寺	江末	池	飯田市諏訪町
忠恩寺	江中	池	飯山市愛宕町
正受庵	明治(昭和改修)	池	飯山市愛宕町
開善寺	江中(平成改修)	池	飯田市上川路
文永寺	江中	池	飯田市下久堅南原
真浄寺	江中	池	下伊那郡喬木村
隣政寺	江末	池	下伊那郡高森町
泉龍院	江中	池	下伊那郡豊丘村
旧脇本陣川上家	江末(昭和改修)	枯	塩尻市塩尻町
西福寺	明治	池	塩尻市下西条
長興寺	江中	池	塩尻市洗馬
小野神社	大正	池	塩尻市北小野
林昌寺	江末	池	松本市横田

百瀬家　江末　池　松本市中山
飯田家　江末　池　南安曇郡豊科町高家
山口家　江末　池　南安曇郡堀金村烏川
等々力家　江中　池　南安曇郡穂高町
専念寺　江末　池　木曽郡楢川村
大宝寺　江中　池　木曽郡楢川村奈良井
極楽寺　江末　池　木曽郡木祖村
山村代官屋敷　江中　池　木曽郡木曽福島町大手町
興禅寺　昭和　枯・池　木曽郡木曽福島町
大泉寺　江末　池　木曽郡三岳村
玉林院　江末　池　木曽郡上松町
定勝寺　江末・昭和(枯)　池　木曽郡大桑村須原

岐阜県

東本願寺別院　江戸　枯　岐阜市大門町
法華寺　江末　池　岐阜市矢島町
真長寺　江初　枯　岐阜市三輪
護国之寺　江末　池　岐阜市長良雄総
新長谷寺　江戸　池(涸)　関市長谷寺町
慈恩寺　江中　池　郡上郡八幡町島谷
■東氏館跡　室町　池　郡上郡大和町
無可有荘　江末　池　大垣市林町
行基寺　江戸　枯　海津郡南濃町上野河戸
桑原家　江末　池　養老郡上石津町一瀬
専精寺　江末　枯　不破郡垂井町
愚渓寺　室町　枯(荒)　可児郡御嵩町
東香寺　江中　池　加茂郡富加町大平賀
春秋園　江中　池　可児市久々利
◉永保寺　鎌倉　池　多治見市虎渓山町

国主土岐氏邸を寺とし園池を築造。やがてそこに夢窓国師を招じた。国師園池を利用して観音閣を建立。こんにち荒廃するも大池泉に鶴亀二島を有し、無際橋を架した。風景絶佳で泮地式庭園として資料的に貴重なものである。

崇禅寺　江中　池　土岐市妻木町
□禅昌寺　江中　池　益田郡萩原町中呂
高山陣屋跡　江中　池　高山市八軒町
素玄寺　江末　池　高山市天性寺町
宗猷寺　江末　池　高山市宗猷寺町
照蓮寺　昭和　池　高山市堀端町
雲龍寺　江末　池　高山市若達町
大雄寺　江末　池　高山市愛宕町
■江馬氏城館跡　室町　池　吉城郡神岡町

永保寺無際橋と観音閣（岐阜県）

静岡県

	江川家	室町	池(荒)	田方郡韮山町韮山
	楽寿園	明治	池	三島市一番町
	来迎院	江中	池	静岡市横内町
	浮月楼	明治	池	静岡市紺屋町
	駿府公園	平成	池	静岡市城内町
■	臨済寺	江中	池	静岡市大岩
■	柴屋寺	江中	池	静岡市丸子
	誓願寺	江末	池	静岡市丸子
■	清見寺	江中	池	清水市興津清見寺町
	龍華寺	江初	池	清水市村松
	梅蔭寺	昭和	枯	清水市南岡町
	智満寺	鎌倉	池	島田市千葉
	医王寺	江中(昭和改修)	枯	磐田市鎌田
	宝珠寺	昭和	枯	磐田市真光寺
	本興寺	江中	池	湖西市鷲津
	東林寺	江戸	池	引佐郡細江町気賀
□	長楽寺	江中	池	引佐郡細江町気賀
□	大福寺	江初	池	引佐郡三ヶ日町福長
□	摩訶耶寺	江戸	池	引佐郡三ヶ日町摩訶耶
	天白磐座遺跡	上古	磐	引佐郡引佐町井伊谷

実相寺（静岡県）

◙龍潭寺　江初　池　引佐郡引佐町井伊谷

彦根藩井伊氏発祥の地の菩提寺。延宝四年、今の本堂再建の時作庭。山畔を利用築山とし、枯滝を四か所に、細長い池をうがつ。築山および護岸の石組剛健で当代の名園であり県下一流である。

□実相寺　江初　枯　引佐郡引佐町金指

方広寺　江中　池　引佐郡引佐町奥山

愛知県

□満光寺　江初　池　南設楽郡鳳来町下吉田

冨賀寺　江初　池　新城市中宇利高田

江泉院　江中　池　新城市一鍬田

○妙厳寺　江中　池　豊川市豊川町

俗称豊川稲荷。築山を三尊風に高くし、丸刈込、角刈込多く、枯滝ならびに池畔の石組は豪華で景観はみるべきものがある。

旧糟谷家　明治　茶　幡豆郡吉良町荻原

華蔵寺　江中　枯　幡豆郡吉良町岡山

甲山寺極楽坊　江中　池　岡崎市六供町

慶栄寺　江中　池　名古屋市西区橋詰町

凌雲寺　昭和　池・枯　名古屋市中村区稲葉地本通

白鳥公園　平成　池　名古屋市熱田区白鳥公園

○名古屋城三之丸　明治　池(涸)　名古屋市中区三の丸
枯池の奥に巨石で枯滝・枯流れを作り、山畔に蓬莱遠山石。石橋を架し、舟形手水鉢を用い、全庭栗石敷である。

■名古屋城二之丸　桃山　池(涸)　名古屋市中区丸の内
文禄年中、福島正則入城のときの作庭と推考。北の庭園は深い池泉をうがち、高き築山に枯滝を組み、石橋を高く架け、大きな中島を配し、築山に蓬莱石組、後部に鶴亀兼用の豪華な石組、南の庭園は立石も豪華な枯滝、池泉中島に石橋を架けるなどしてあり、技術は傑出している。

本願寺名古屋別院　江初　池　名古屋市中区門前町
松尾家　昭和　茶　名古屋市東区泉
養念寺　江末　池　名古屋市東区泉
揚輝荘　昭和　池　名古屋市千種区法王町
爲三郎記念館　昭和　茶　名古屋市千種区堀割町
暮雨巷　昭和　池・茶　名古屋市瑞穂区陽明町
東山荘　昭和　枯　名古屋市瑞穂区初日町
定光寺　江初　枯　瀬戸市定光寺町
□内々神社　江初　池　春日井市内津町
有楽苑如庵　桃山(昭和移築)　茶　犬山市犬山御門先
万徳寺　江末　池　稲沢市長野町
□蓮華寺　室町　池(涸)　海部郡美和町蜂須賀

三重県

■諸戸氏　明治　池　桑名市太一丸
旧諸戸氏　明治　池　桑名市鷹場
本統寺　江中　池　桑名市一色町
照源寺　江末　枯　桑名市東方
興正寺　江中　池　四日市市日永
両聖寺　江末　池　四日市市日永

◎伊奈富神社　上古　池　鈴鹿市稲生西
弘法大師の伝説があるが、神社草創の崇神帝(前一世紀)ころの池泉と考える。池には直線状に七島がある。ほかに例なくまことに貴重である。

□専修寺　鎌倉　池　津市一身田町
□瑞巌寺　江戸　池　松阪市岩内町

■北畠氏館跡　室町　池　一志郡美杉村上多気谷町
江州朽木にのがれた足利義晴のため、北畠晴具に再挙の援を乞いに来た細川高国が作庭。曲水式の池、築山の枯山水石組、滝、護岸、すべて豪華にして手法傑出。

金剛証寺　江初　池　伊勢市朝熊町
藤堂家　江初　枯　名張市丸ノ内
■城之越遺跡　上古　池　上野市比土城之越
□蓑虫庵　江戸　茶　上野市西日南町
崇広堂　江末　池　上野市丸ノ内
新大仏寺　江中　枯　阿山郡大山田村富永

地蔵院　江中　池　鈴鹿郡関町

滋賀県

旧膳所城　江戸　池　大津市本丸町

○記恩寺（蘆花浅水荘）　大正　流　大津市膳所中之庄

大正三年、山元春挙画伯の好み、本位政五郎氏施工、湖を背景に軽い柴築山、葦、小松ほどよく、流れに沢渡、四条派の絵のような当代代表の傑作。

○園城寺（閼伽井屋脇）　飛鳥　枯　大津市園城寺町

金堂閼伽井屋《あかいや》中心一群の石組は豪健。とくに上部立石などよく飛鳥期末の手法を示し、唯一最古の庭園的石組遺構として貴重。

◉光浄院　江戸　池　大津市園城寺町

慶長初年、書院築造のときに山岡道阿弥の作るところと推定。山畔を利用、枯滝を組み、小池に珍しい夜泊石と亀島を保存。豪華なもの。

■善法院　江戸　池(涸)　大津市園城寺町

◉円満院　江初　池　大津市園城寺町

正保五年、明正帝の旧殿を賜り、建立のとき作庭。山畔に滝組、多数の石組、刈込、下部に蓬莱石、池は細長く池中に鶴亀島、石橋などすこぶる豪華である。

覚勝院　江戸　枯　大津市園城寺町

財林坊　江戸　池　大津市園城寺町

園城寺閼伽井屋脇（滋賀県）

新羅善神堂　江戸　池　大津市園城寺町
普賢堂　江中　池　大津市園城寺町
法泉院　江中　池　大津市園城寺町
龍泉院　江末　池　大津市園城寺町
法明院　江末　池　大津市園城寺町
勧学院　江末　池　大津市園城寺町
月心寺　江中　池　大津市大谷町走井
□盛安寺　江初　枯　大津市坂本穴太町
◎聖衆来迎寺　桃山　枯　大津市比叡辻町
明智光秀の一族で、作庭や立華に長じた千菜寺宗心の作。蘇鉄を配した立華の形式による様式はほかに類例なく貴重である。
西教寺　江初　枯・池　大津市坂本五丁目
円乗院　江戸　枯　大津市坂本本町
■蓮華院　江戸(昭和改修)　枯・流　大津市坂本本町
■雙厳院　江戸　流　大津市坂本本町
■実蔵坊　江戸　流　大津市坂本本町
◉宝積院　江初　池　大津市坂本本町
正保四年、行海創建時の作庭。築山に滝鶴石組、亀島石橋大船着石を配した佳作。
■律院　江初(昭和改修)　流　大津市坂本本町
■滋賀院　江初　池　大津市坂本本町
■旧白毫院　江初　池　大津市坂本本町

■仏乗院　江初　池　大津市坂本本町
大林院　江中　池　大津市坂本本町
■寿量院　江末　池　大津市坂本本町
戒光寺　江末　池　大津市坂本本町
■旧竹林院　江戸　流　大津市坂本本町
東光寺　江中　池　大津市仰木町
満月寺(浮御堂)　昭和　枯　大津市堅田
◉居初氏　江初　茶　大津市本堅田町
居初氏の縁者北村幽安と昵懇であった藤村庸軒が、貞享年中、好みの茶亭と庭を作る。直線状の敷石大刈込、亀島、袈裟形手水鉢を配し傑出した書院式の露地である。
最勝寺　江末　枯　高島郡高島町勝野
禅智院門跡　江末　枯　高島郡高島町拝戸
大清寺　江戸　池　高島郡高島町横山
◉旧秀隣寺　室町　池　高島郡朽木村岩瀬
享禄元年、朽木氏を頼った足利義晴の部下細川高国の築造。曲水式の池をもち、築山より滝を落とし、鶴亀二島の石組は豪健である。
曹沢寺　江末　枯　高島郡今津町
西江寺　江末　池(荒)　高島郡今津町藺生
□極楽寺　江末　枯　高島郡今津町福岡井ノ口
願慶寺　江末　池(荒)　高島郡マキノ町海津
菅山寺　江中　池　伊香郡余呉町坂口

喜見庵　江中　池　伊香郡余呉町文室
椿坂本陣址　江中　枯　伊香郡余呉町椿坂
全長寺　江中　池　伊香郡余呉町新堂
■浄信寺　江中　池　伊香郡木ノ本町木ノ本
龍泉寺　江末　池　伊香郡木ノ本町古橋
西光寺　江中　池　伊香郡木ノ本町大音
西徳寺　江戸　池　伊香郡木ノ本町赤尾
日吉神社　上古　池　伊香郡高月町井口
□理覚院　江中　池(涸)　伊香郡高月町井口
来迎院　江中　枯　東浅井郡湖北町津里
玉泉寺　江中　池　東浅井郡虎姫町三川
大吉寺　江初　枯(荒)　東浅井郡浅井町野瀬
□孤篷庵　江中　池　東浅井郡浅井町上野
実宰院　江戸　池　東浅井郡浅井町平塚
□池　氏　江初　枯　東浅井郡浅井町南池
旧元明院　江中　池　長浜市新庄寺町
旧一乗院　江中　池　長浜市新庄寺町
神照寺　江中　池　長浜市新庄寺町
○汲月亭　桃山　枯　長浜市宮前町

天正二年、豊臣秀吉は今浜を現今の長浜と改め、ここ妙覚坊で初領祝賀の茶会を催した。その際、曽呂利新左衛門の築造。軽快瀟洒な蓬萊山水として佳作。

長浜八幡宮　江戸　池　長浜市宮前町
■大通寺　江中　枯・池　長浜市元浜町
慶雲館　明治　池　長浜市港町
□総持寺　江末　池　長浜市宮司町
観成院　江戸　池　長浜市名越町
平等院　江末　池　長浜市名越町
安明寺　江末　枯　長浜市加田今町
亀屋松浦家　明治　池　坂田郡山東町柏原
□徳源院　江初　池(涸)　坂田郡山東町清滝
観音寺　江中　池　坂田郡山東町朝日
岡神社　江末　池(涸)　坂田郡山東町間田
護国寺悉地院　江末　枯(荒)　坂田郡伊吹町上野
◙福田寺　江初　枯　坂田郡近江町長沢

長沢御坊といい、蓮如上人にゆかりの寺。奥の築山の枯滝組立石群、枯池の斜面に断続する配石、池畔のまばらな石、よくまとまって力強い。

宇賀野岡神社　江末　池(荒)　坂田郡近江町宇賀野
□来照寺　江末　枯　坂田郡近江町高溝
総寧寺　江戸　枯　坂田郡近江町寺倉
◙青岸寺　江初　枯　坂田郡米原町米原

慶安に一度造庭。そのときの資材は楽々園に使用され、直後興欣和尚に香取某が協力、現庭を築造した。延宝末年完成。山畔枯滝組、枯池、蓬萊亀島、用石多く石組は傑出している。

旧御浜御殿　江末　池（涸）　彦根市松原町

山田神社　江中　池　彦根市宮田町

神教丸本舗　明治　池　彦根市鳥居本町

龍潭寺　江中　池　彦根市古沢町

天寧寺　江末　池　彦根市里根町

明照寺　明治　池　彦根市平田町

千手寺　江末　池　彦根市日夏町

■玄宮楽々園　江初　池　彦根市金亀町

玄宮園は、元和末年井伊直孝の築造。桃山以降大名間に流行の大池泉庭園の先駆けである。中島に巨大な蓬莱石、築山の枯滝、磯に鶴石組、岩島多く、東屋、巨木を配し豪華。当代の白眉。

楽々園は、井伊直澄時代に香取某が青岸寺の資材で作庭。玄宮園に隣接。大築山を作り、上部に須弥山石組および枯滝を組み、滝に亀頭石で亀を表現、蓬莱石組など技術的に傑出している。

彦根城表御殿　江戸（昭和改修）　池　彦根市金亀町

長純寺　江中　池　彦根市佐和町

長松院　江戸（江末改修）　枯　彦根市中央町

大信寺　江末　池・枯　彦根市本町

妙蓮寺　江中　枯　彦根市高宮町

法蔵寺　江初　枯　彦根市南川瀬町

■多賀大社奥書院　桃山　池　犬上郡多賀町多賀

玄宮楽々園（滋賀県）

天正六年、秀吉が正室、北政所の治病祈願をした不動院の園池で、集団石組枯滝石橋蓬莱石鶴亀、すべて当代の豪華さがある。近年一部を旧状に復元した。

西徳寺　江戸　池　犬上郡多賀町多賀

■胡宮神社　江中　池　犬上郡多賀町敏満寺

勝楽寺　江戸　池　犬上郡甲良町勝楽寺

■西明寺本坊　江中　池　犬上郡甲良町池寺

唯念寺　室町　枯　犬上郡豊郷町四十九院

旧松前屋　明治　池　犬上郡豊郷町上枝

□阿自岐神社　上古　池　犬上郡豊郷町安食西

阿直岐族の住居趾と伝え、大池に四島、小池にも数島を直線状に配している。上古園池として庭園史上きわめて重要なものである。

■金剛輪寺明壽院　江初　池　愛知郡秦荘町松尾寺

山畔に多数の石組、池泉の護岸石組、みな豪華である。奥部には江戸中期にさらに追造の部分がある。

百済寺　昭和　池　愛知郡愛東町百済寺丁

円勝寺　江末　池(涸)　神崎郡永源寺町山上

安養寺　江末　池　神崎郡永源寺町山上

教林坊　江初　池　蒲生郡安土町石寺

奥石神社　江末　池　蒲生郡安土町東老蘇

浄厳院西門脇　室町(江末改修)　池(涸)　蒲生郡安土町慈恩寺

浄厳院　江戸　池　蒲生郡安土町慈恩寺

誓要院　江末　池　蒲生郡安土町慈恩寺

金勝会館　江末　池　蒲生郡安土町慈恩寺

□福寿寺　江初　池　近江八幡市馬渕町岩倉

□妙感寺　江中　池　近江八幡市馬渕町岩倉

上野神社　江末　池(荒)　近江八幡市安養寺町

菅田神社　江末　池　近江八幡市池田町

八幡別院　江初　池(涸)　近江八幡市北元町

西方寺　江中　池　近江八幡市孫平治町

洞覚院　江末　池(荒)　近江八幡市孫平治町

東漸寺　江末　枯　近江八幡市桜宮町

西光寺　江初　枯　近江八幡市中村町

瓦屋寺　江中　池(荒)　八日市市建部瓦屋寺町

○松尾神社　桃山　枯　八日市市浜野町

尊勝寺時代の庭園である。山畔部の蓬莱連山鶴亀兼用石組が全庭を埋める。豪華な集団石組は、技術傑出し、よく永禄天正の築造であることを物語っている。

光明寺　江中　枯　八日市市下羽田町

本誓寺　江戸　池(涸)　蒲生郡日野町日田

照覚寺　江戸　枯　野洲郡野洲町三上

蓮照寺　江中　枯(荒)　野洲郡野洲町行畑

◙兵主神社　平安(明治改修)　池　野洲郡中主町五条

欽明朝の古社と伝承。現社殿の所にあった居館の庭と推定。地割は元のままだが石組は明治末年。

錦織寺　江中　池　野洲郡中主町木部
善水寺　江末　池(荒)　甲賀郡甲西町岩根
○大池寺　江初　枯　甲賀郡水口町名坂
大刈込のみの珍しい構成。大海波を背景に大きな宝船、小刈込の七福神は抽象的で嫌味がない。寛文ごろの傑作とみる。
清涼寺　江末　池　甲賀郡土山町青土
大光寺　江中　池(荒)　甲賀郡信楽町小川
□安養寺　江末　池　栗東市安養寺
■大角氏(旧和中散)　江中　池　栗東市六地蔵
新善光寺　江戸　枯　栗東市林
■草津宿本陣　江戸　枯　草津市草津一丁目
石津寺　江末　枯　草津市矢橋町

大阪府

太閤園　大正　池　大阪市都島区網島町
四天王寺　昭和　池　大阪市天王寺区四天王寺
慶沢園　明治　池　大阪市天王寺区茶臼山町
□願泉寺　桃山　枯(荒)　大阪市浪速区大国町
加賀屋新田会所　江中　池　大阪市住之江区南加賀屋町
少林寺　江初　枯(荒)　豊能郡能勢町森上
長杉寺　江中　枯　豊能郡能勢町天王
万博記念公園日本庭園　昭和　池　吹田市千里万博公園
大念寺　江中　池(荒)　茨木市安威
太田家　江中(明治改修)　枯・茶　茨木市東太田
常称寺　江中　枯(荒)　茨木市上中条
■普門寺　江初　枯　高槻市富田町
本照寺　大正　枯　高槻市富田町
神峯山寺龍光院　江中　池　高槻市原
来迎寺　江中　池　守口市佐太中町
佐太天満宮　大正　池(荒)　守口市佐太中町
光善寺　江初　池(荒)　枚方市出口
平野屋新田会所　江末　枯　大東市平野屋本町
■鴻池新田会所跡　江末　枯　東大阪市鴻池
感応院　江末　池　八尾市恩智
大信寺　江初　池(荒)　八尾市本町四丁目
顕証寺　江初　池(荒)　八尾市久宝寺
安福寺　江初　池　柏原市玉手町
道明寺天満宮　江中(明治改修)　池　藤井寺市道明寺
叡福寺　江戸　枯　南河内郡太子町太子
叡福寺聖光明院　江戸　枯　南河内郡太子町太子
西方院　江初(昭和改修)　枯　南河内郡太子町太子

■龍泉寺　上古　池　富田林市竜泉
高貴寺　江末　池　南河内郡河南町平石
■観心寺　江末　池　河内長野市寺元
■金剛寺摩尼院　江末　池　河内長野市天野町
■金剛寺本坊　明治　池　河内長野市天野町
養寿寺　桃山　枯　堺市甲斐町東
□祥雲寺　江初　枯　堺市大町東
■南宗寺　桃山(昭和改修)　枯　堺市南旅篭町東
海会寺　江中　枯　堺市南旅篭町東
称念寺　江初　池　和泉市伯太町
遠州園　江末　池　泉大津市助松町
五風荘　昭和　池　岸和田市岸城町
大威徳寺　江中　池　岸和田市大沢町

兵庫県

本興寺　明治　枯　尼崎市開明町三丁目
清澄寺　江初　池　宝塚市米谷
観音院　江初　枯　宝塚市中山寺
華蔵院　江中　池(涸)　宝塚市中山寺
満願寺　江末　池　川西市満願寺町
○保久良神社　上古　磐　神戸市東灘区本山町北畑
磐境は石組の原始形。現存磐境中とくに保存よく、巨石八十余個、景観崇厳。神灯は、古来灘の一つ火といわれている。
相楽園　明治　池　神戸市中央区中山手通
十輪院　江初　池　神戸市北区淡河町神影
竹林寺　江中　枯　神戸市北区淡河町神影
◙安養院　桃山　枯　神戸市西区伊川谷町前開
天正前後の手法の蓬萊山水。小庭であるが、蓬萊・枯滝・石橋・三尊など巨石林立、豪華きわまりない。
□太山寺成就院　江中　池　神戸市西区伊川谷町前開
歓喜院　江末　枯　神戸市西区伊川谷町前開
姫石神社　上古　磐　神戸市垂水区神田町
■洲本城御屋敷跡　江戸　池・枯　洲本市山手町(裁判所内)
■洲本城下屋敷　江戸　池　洲本市山手町
常楽寺　江中　池　三原郡三原町志知中島
□護国寺　江初　池　三原郡南淡町加集八幡
万勝寺　江末　池　三原郡南淡町阿万上町
妙観寺　江初　池　三原郡南淡町阿万東町
伊藤家　室町　池　三原郡南淡町沼島
神宮寺　江戸　枯　三原郡南淡町沼島
□長泉寺　江初　池　津名郡一宮町尾崎
□恵日寺　江中　枯　津名郡津名町木曽下

□妙勝寺	江初	枯	津名郡東浦町釜口
明石城	大正	池	明石市明石公園
教信寺不動院	江初	枯	加古川市野口町野口
教信寺常住院	平成	枯	加古川市野口町野口
好古園	昭和	池	姫路市本町
万宝寺	江初	池	姫路市的形町的形
弥勒寺	江中	池	飾磨郡夢前町
聚遠亭	江末	池	龍野市龍野町中霞城
■田淵氏	江中	枯・池・茶	赤穂市御崎
■赤穂城跡	江初	池	赤穂市上仮屋
大石神社	江中	池	赤穂市上仮屋南
花岳寺	江中	池	赤穂市加里屋
常福寺	江中	池	神崎郡香寺町須加院中須
□応聖寺	江初	池	神崎郡福崎町高岡
三日月藩陣屋跡	江初	枯	佐用郡三日月町乃井野
旧平福本陣	江初	池	佐用郡佐用町平福
瑞光寺	江中	池	多可郡中町門前
雲門寺	江末	池	多可郡加美町清水
福本藩主居館跡	江初	池	神崎郡神崎町福本
太寧寺	江末	池	篠山市奥畑
達身寺	江中	枯	氷上郡氷上町清住
清薗寺	江末	枯	氷上郡市島町下竹田
石像寺	江初	池	氷上郡市島町中竹田
岩戸寺	江末	池	氷上郡市島町岩戸
白毫寺	江中	枯	氷上郡市島町白毫寺
高源寺	江中	枯	氷上郡青垣町檜倉
古茂池庵	江戸	池	朝来郡山東町新堂
護念寺	江末	池	朝来郡和田山町玉置
円明寺	江末	池	朝来郡和田山町宮
光福寺	江初	池	朝来郡和田山町寺内
観音寺	江末	池	朝来郡和田山町岡
法樹寺	江中(明治改修)	池	朝来郡和田山町
観音寺	江中	池	朝来郡和田山町竹田
赤淵神社	江末	枯	朝来郡和田山町枚田
蓮華寺	江末	池	養父郡大屋町夏梅
経王寺	江中	池	出石郡出石町下谷
□宗鏡寺本堂	江初	池・枯	出石郡出石町東条
願成寺	江末	池	出石郡出石町東条
龍谷寺	江中	枯	出石郡出石町三木
頼光寺	江中	池	城崎郡日高町上郷
■旧大岡寺奥ノ院	桃山	池(涸)	城崎郡日高町大岡
光顕寺	江末	池	城崎郡日高町八代

観　正　寺　江末　枯　豊岡市気比太平寺

大　乗　寺　江末　池　城崎郡香住町

帝　釈　寺　桃山　枯　城崎郡香住町下浜

玉　田　寺　江中　枯　美方郡浜坂町七釜

奈良県

■円　成　寺　平安　池　奈良市忍辱山町

聖武朝の古寺を、万寿年中に復興したときの作庭と思われる。門前に形式のよい池泉があり、中島三、岩島二を有する。平安の遺構として貴重。

◉法　華　寺　江初　池　奈良市法華寺町

光明皇后の御願寺、尼門跡で氷室御所と称す。元禄前後に現書院増築の際の作庭と思考。凹字形大池、手前に枯滝、土橋など、景観よし。

平城京跡東院　奈良　池　奈良市佐紀町

■平城京跡左京三条二坊宮跡　奈良　池　奈良市三条大路一丁目

興　福　院　江末　枯　奈良市法蓮町

三　秀　亭　江初　池　奈良市水門町

◉依　水　園　明治　池　奈良市水門町

書院前庭は明治三〇年頃の水字形池泉。中島へ石臼の沢渡・天平の礎石、大築山に大小の刈込多数ある。東大寺南大門の借景は当代の典型。

宝　厳　院　江初　池　奈良市雑司町（東大寺内）

平城京跡左京三条二坊宮跡（奈良県）

龍蔵院　昭和　池　奈良市雑司町（東大寺内）
龍松院　江戸　池　奈良市雑司町（東大寺内）
春日大社　昭和　枯・流　奈良市春日野町
◙旧大乗院　室町　池　奈良市高畑町
舟遊多島式の大池泉で、平安の様式をよく示したもの。
円照寺　江初　池・枯　奈良市山町
正暦寺　江中　枯　奈良市菩提山町
迎乗寺　明治　池　天理市丹波市町
長岳寺　江中　池　天理市柳本町
■大神神社　上古　磐　桜井市三輪町
来迎院　江末　枯　桜井市桜井
長谷寺　江戸　池　桜井市初瀬町
丹生神社　江中　池　宇陀郡榛原町雨師
◙慈光院　江初　枯　大和郡山市小泉町
寛文三年、片桐石州創建と同時の作庭。桃山時代からはじまった大刈込庭園中屈指のもの、刈込のみでこのような雄大な景観を表現した手法創意は非凡である。
矢田寺　江末　枯　大和郡山市矢田町
本門寺　江中　枯　大和郡山市筒井
中家　江中　池　生駒郡安堵町
松尾寺　昭和　池　大和郡山市山田
中宮寺　室町　枯　生駒郡斑鳩町法隆寺北
■当麻寺中之坊　桃山　池　北葛城郡當麻町當麻
当麻寺護念院　江中　池　北葛城郡當麻町當麻
当麻寺西南院　江末　池　北葛城郡當麻町當麻
船宿寺　江戸　池　御所市船路
金剛寺　江戸　枯　五條市野原町
⊡願行寺　桃山　枯　吉野郡下市町下市
永禄の盛時に作庭。背景に刈込を配し、枯滝蓬萊石組があり、技術傑出。県下枯山水中第一。
吉水神社　桃山　池　吉野郡吉野町
本善寺　江末　池　吉野郡吉野町飯貝
○竹林院　桃山　池　吉野郡吉野町
永禄三年、豊公吉野の花見に細川幽斉度々来往、そのころの作と推考。山畔の前に長き池あり、鶴亀島、岩島、護岸、外に蓬萊石の景観良好。

和歌山県

■和歌山城西之丸（紅葉渓）　江初（昭和改修）　池　和歌山市一番丁
■養翠園　江末　池　和歌山市西浜
温山荘　大正　池　海南市船尾
永正寺　江末　池　海南市日方
浄国寺　室町　枯　海南市黒江町

鈴木屋敷跡　室町　池(涸)　海南市藤白
法明寺　江中　池　有田市糸我
円満寺　江末　池(涸)　有田市宮原町東
興国寺　江初(昭和改修)　池　日高郡由良町
道成寺　明治　枯　日高郡川辺町鐘巻
西方寺　江末　池　田辺市元町
◉根来寺　江末　池　那賀郡岩出町根来
旧称大伝法院の奥殿の庭、天和前後の作。山畔利用、二段の豪華な滝を落とし、遠山石、蓬萊石、池に鶴亀島、洞窟あり。そのほか夜泊石など興味ある庭園である。
◉粉河寺　江戸　枯　那賀郡粉河町粉河
普通石垣とすべき崖地に枯滝、下方右に鶴、左に亀、上部に遠山石と、巨石がつみかさねられて、きわめて豪華な作品である。
御池坊　江初(昭和改修)　池　那賀郡粉河町粉河
十禅律院　江末　枯　那賀郡粉河町粉河
勝利寺　江末　池(涸)　伊都郡九度山町
蓮華定院　江中　池　伊都郡高野町高野山
光台院　大正　池　伊都郡高野町高野山
本覚院　江中　枯　伊都郡高野町高野山
無量光院　江末　池　伊都郡高野町高野山
普門院　江初　池　伊都郡高野町高野山
一乗院　江末　池　伊都郡高野町高野山
蓮華院　江初　枯　伊都郡高野町高野山
■金剛峯寺　江末　池　伊都郡高野町高野山
親王院　江末　枯　伊都郡高野町高野山
龍光院　江末　池　伊都郡高野町高野山
宝寿院　江初　池　伊都郡高野町高野山
宝亀院　江中　池　伊都郡高野町高野山
桜池院　江末　池　伊都郡高野町高野山
金剛三昧院　江中　池　伊都郡高野町高野山
◉天徳院　桃山　池　伊都郡高野町高野山
山畔を利用、三尊式枯滝を組み、池に鶴亀島(荒廃)、石橋を配し、遠山石を用い、景観は美しい。
高室院　江末　池　伊都郡高野町高野山
遍照光院　江初　池　伊都郡高野町高野山
清浄心院　桃山　枯　伊都郡高野町高野山
□宝善院　桃山　池　伊都郡高野町高野山

鳥取県

宝隆院　江末　池　鳥取市東町
○興禅寺　江初　池　鳥取市栗谷町
寛永十八年、藩主池田光仲岡山より移封のとき作庭。山畔利用、上部築山を遠山に枯滝と鶴とを兼用。出島に巨石を用いて亀とする。池は細長く、秀抜である。

龍峯寺　江初　池　鳥取市栗谷町

大雲寺跡　江初　池　鳥取市馬場町

芳心寺　江末　池　鳥取市馬場町

本慈院　江末　池　鳥取市馬場町

◉観音院　江初　池　鳥取市上町

池田光仲の菩提寺。元禄末年、現地に移建のころ作庭。山畔利用、芝生の大築山。これに枯滝刈込を配し、大池に亀島、水中に蓬莱岩島。景観良好。

広徳寺　江末　池　鳥取市立川町

本光寺　江中　池　岩美郡岩美町恩志

石谷家　明治　池　八頭郡智頭町

譲伝寺　桃山　池　気高郡鹿野町今市

三仏寺正善院　江初　池　東伯郡三朝町三徳山

■尾崎氏邸　江中　池　東伯郡羽合町宇野

◉深田氏邸　江戸　池　米子市車尾

池中の鶴亀島および右方築山部三尊手法の豪健な枯滝は本邦庭園中の白眉。小庭ながら第一級品。

心光寺　江中　池　米子市寺町

島根県

蓮乗院　江初　池　安来市清水町

古門堂　江末　茶　安来市清水町

雲樹寺　江末　枯　安来市清井町

城安寺　江末　池　安来市清瀬町宮田

足立美術館　昭和　枯・池・茶　安来市古川町

大日堂　江中　枯　八束郡東出雲町上意東

乗光寺　江末　池　八束郡東出雲町上意東

◉菅田庵(有沢山荘)　江末　茶　松江市菅田町

寛政二年、松江藩主で大茶人松平不昧の設計指導。名席菅田庵露地は楓松かげを作り、山道さながらの幽邃閑雅なものである。令弟瓢庵公の向月亭は低い生垣御留砂に飛石、延段、展望快濶、対比よくまことに一流作品。

普門院　江末　茶　松江市北田町

明々庵　昭和　茶　松江市北堀町赤山

佳翠園　昭和　池　八束郡玉湯町玉造

木幡山荘　江初　池　八束郡宍道町

木幡氏八雲本陣　江末　枯　八束郡宍道町

桜井氏　江末　池・茶　仁多郡仁多町上阿井内谷

絲原氏　江末　池・茶　仁多郡横田町大谷

一畑寺　江末　枯　平田市小境町

康国寺　江末　枯　平田市国富町

医光寺（島根県）

小川氏（島根県）

旧浄観院　江初　枯　平田市別所町

○鰐淵寺本坊　江中　池　平田市別所町

山畔利用、枯滝を作り、下部小池に石橋、半分に栗石敷き、築山に蓬萊石を配す。書院に自然石の手水鉢を据え、飛石を打つ。

旧是心院　江中　枯　平田市別所町

等澍寺　江末　池(荒)　平田市別所町

阿弥陀寺　江末　枯　出雲市下古志町

願楽寺　江末　枯　出雲市白枝町

大願寺　江末　池　大田市大田町

⊡小川氏　室町　池　江津市和木町

和木将軍といわれた小川家の庭園。雪舟作と伝称するが、さらに古く室町初期と推考。山畔を利用し、枯滝下部に小池、池畔に亀頭石、多数の名石を用い、手法豪健、技術傑出する。

玉林寺　江中　池　浜田市大辻町

明立寺　明治　枯　那賀郡三隅町三保

浄蓮寺　江中　池　那賀郡三隅町

龍雲寺　江中　池　那賀郡三隅町三隅

大麻山神社　江初　枯　那賀郡三隅町室谷

◙万福寺　室町　池　益田市東町

明応ごろ雪舟作庭と伝える。手法からそれは首肯される。すなわち築山に多数の巨石を組み、須弥山とし、池をうがち、滝を作る。北宋山水画的な名園である。

■医光寺　室町　池　益田市染羽町
崇観寺時代、雪舟の作庭。山畔を利用。多数の刈込、上部に須弥山風傾斜手法の立石、枯滝組、池中亀島、出島が鶴石組となる。石組手法が、亀石坊、常栄寺、万福寺と共通する名園である。重森三玲修理。

堀家　明治　池　鹿足郡津和野町

永明寺　江末　池　鹿足郡津和野町後田

岡山県

西念寺　江末　池　和気郡日生町

本蓮寺　江中　池　邑久郡牛窓町

真光院　江末　枯　邑久郡牛窓町

定光院　江末　枯　岡山市西大寺中

恵亮院　江末　枯　岡山市西大寺中

本乗院　江末　池　岡山市西大寺中

○曹源寺　江初　池　岡山市円山
藩主池田家菩提寺。元禄十一年創建時、絶外住職と津田永忠の作という。山を背にした巨大な池。山畔石組もよく、老松美林景致は佳良である。

東湖園　江初　池　岡山市門田屋敷

少林寺　江中　池　岡山市国富

安住院　江末　枯　岡山市国富

岡山後楽園（岡山県）

頼久寺（岡山県）

◉岡山後楽園　江初　池　岡山市後楽園

貞享四年、岡山藩主池田綱政造営。津田永忠作と伝える。元禄三年第一期、同十三年第二期完工、なお第三期まで施工したもので、大名式大池泉中傑出したものである。約五万坪。山を築き、石組を行い、東屋が散在し、流れ、滝、種々な橋、芝生は広く、静寂軽快な天下の名園である。

金山寺　江初　池　岡山市金山寺

吉備津彦神社　上古　池　岡山市一宮町

吉備津神社　上古　池　岡山市吉備津

妙教寺　江初　池　岡山市高松稲荷

□近水園　江初　池　岡山市足守町

旧椙原氏　江初　池(涸)　岡山市足守町

満願寺　江初　池　岡山市大井町

星神社　上古　磐　岡山市真星

楯築神社　上古　磐　倉敷市向山

○阿知神社　上古　磐　倉敷市本町

応神朝、秦氏および阿知使主がこの地に帰化した際、祖神を祭る日本的な磐境に対し、自民族の蓬莱思想による鶴亀を表現。枯山水的、庭園の原始的なもので素朴豪健である。

蓮台寺　江末　枯　倉敷市児島由加

野崎氏　江末　枯　倉敷市児島味野

宝塔寺　江末　枯　倉敷市連島町矢柄

円通寺　江初　池　倉敷市玉島柏島

□大通寺　江末　池　小田郡矢掛町小林

総　社　宮　上古　池　総社市総社三丁目

旧松山城居館址　江初　池　高梁市内山下

■頼　久　寺　江初　枯　高梁市頼久寺町

慶長六年前後、小堀遠州松山城主となり本寺を居館とし作庭。薮を背後にツバキの斜線大刈込。前にツツジの波状大刈込。大刈込では日本第一位。鶴島立石とくに技術傑出している。

巨　福　寺　江中　枯　高梁市寺町

薬　師　院　江末　池　高梁市上谷町

清　水　寺　江末　池　上房郡賀陽町湯山

■旧津山藩別邸（衆楽園）　江初　池　津山市山北

明暦時代、藩主森長継の造営。享保と明治に修理。丘上に池。大刈込をまわし、池中に鶴亀島、さらに流れ、滝、亭がある。江戸初期流行の大名式園池。景致は申し分ない。

安　国　寺　江初　池　津山市小田中

厳　泉　院　江末　池　津山市山下

○安　養　寺　江初　池・枯　英田郡美作町林野

慶長三年ごろ藩主森氏の居邸。書院前庭、鶴亀石組を主の枯山水で豪健であったが荒廃し、池庭の後庭だけが残存する。山畔を利用し、一区は亀島、一区は枯滝石組で共に豪華である。

蓮　花　寺　江中　池　英田郡作東町蓮花寺

広島県

安　国　寺　室町（昭和改修）　枯　福山市鞆町後地

常　国　寺　江戸　池・枯　福山市熊野町

明　王　院　江戸　池　福山市草戸町

光　円　寺　江初　池　福山市大門町

国　分　寺　江初　池　深安郡神辺町下御領

龍　華　寺　江初　池　世羅郡甲山町甲山

円　満　寺　江初　池　世羅郡甲山町青近

■浄　土　寺　江末　枯・茶　尾道市東久保町

永　徳　院　江末　池　三原市高坂町許山

仏　通　寺　江戸　池　三原市高坂町真良

照　蓮　寺　江初　池　竹原市竹原町

□千　葉　家　江中　池　安芸郡海田町中店

■縮　景　園　江初　池　広島市中区上幟町

広島藩主、浅野家家老上田宗箇の作。元和初年より寛永初年にわたる。廻遊式の大池泉、中国式な円橋。多数の中島。奥に巨石の手法がみごとな石組、園池の景致まことに傑出。戦災で大破したが、大修理し今日に至っている。

海　蔵　寺　江中　池　広島市西区田方

○旧　西　方　院　室町　池　佐伯郡宮島町

雪舟作と伝称するも、蓬莱石の刻銘に「林泉開山慶遍尊位」とある。山畔利用、小池をうがち、上部自然の巨石を応用、また立石で蓬莱石組、枯滝は室町期、傑出している。

大聖院 江戸 池 佐伯郡宮島町
善教寺 江中 池 山県郡加計町
□吉水園 江中 池・茶 山県郡加計町加計
■旧万徳院跡 桃山 池 山県郡千代田町舞綱
吉川元春邸跡 桃山 池 山県郡豊平町海応寺
高林坊 江初 池 高田郡甲田町高田原
法恩寺 江中 池 比婆郡東城町
徳雲寺 江戸 池 比婆郡東城町菅

山口県

□松巌院 江末 池 岩国市藤生町
永興寺 江初 枯 岩国市横山
旧目加田家 江末 枯 岩国市横山
通化寺 江初 池 玖珂郡周東町上久原
高山寺 江戸 池(涸) 柳井市伊陸門前
専称寺 江末 池 柳井市伊保庄
◎普賢寺 室町 枯 光市室積
峨眉山と称し、雪舟禅師作庭と伝称。巨石を多数用い枯滝三尊石組など傑出する。
太陽寺 江初 池 熊毛郡熊毛町八代
阿弥陀寺 江戸 池 防府市牟礼
■毛利氏 明治 池・枯 防府市多々良
桂氏 江末 枯 防府市下右田
英雲荘 明治 枯・茶 防府市お茶屋町
◉常栄寺 室町 池・枯 山口市宮野下
大内氏の別墅、明応ごろ画聖雪舟禅師作庭。池広大。龍門式長瀑、多数の石組、池中蓬莱鶴亀舟石。平庭は枯山水式に多数の石組。すべて豪健に技術傑出。禅師の山水画をほうふつとさせる。保存また良好。
妙喜寺 江中 池 山口市宮野下
善生寺 江初 池 山口市古熊町
瑠璃光寺 江初 池 山口市香山町
禅昌寺 江中 池 山口市下小鯖
明林寺 江初 池 美祢郡美東町綾本
南原寺 江末 池 美祢市伊佐町
■宗隣寺 室町 池 宇部市小串
本覚寺 江戸 枯 宇部市西岐波
長府毛利氏 明治 池 下関市長府惣社町
功山寺 江中 池(涸) 下関市長府川端
神上寺 江末 池 豊浦郡豊田町江良
妙青寺 江初 池 豊浦郡豊浦町川棚
福正寺 江末 池 大津郡日置町日置中

大寧寺	江初	池	長門市深川湯元
了性寺	江初	池	大津郡三隅町三隅上
明峯寺	江初	池	大津郡三隅町三隅中
東光寺	江初	池	萩市椿東
熊谷氏	江中	枯	萩市今魚店町
支都岐神社	明治	池	萩市堀内
花の江茶亭	江末	池(涸)	萩市堀内
萩城東園	江中	池	萩市堀内
大照院	江初	池	萩市椿
菊屋氏	江戸	枯・茶	萩市呉服町
梅岳寺	江中	池	阿武郡川上
■常徳寺	江初	池	阿武郡阿東町蔵目喜
大薀寺	江中	池	阿武郡須佐町

徳島県

■旧徳島城表御殿　桃山　池・枯　徳島市徳島町城内

天正十三年、蜂須賀家政入城の直後、文禄前後上田宗箇の作庭になる。枯山水は巨石鶴亀石組一〇mの自然石橋、七m余の切石橋、豪華な蓬萊須弥山石組、池庭部は護岸きわめて雄勁、枯滝、洞窟、中島、岩島、など石組いずれも豪華である。当代庭園中の白眉である。

旧徳島城表御殿（徳島県）

蓮花寺　江初　枯　徳島市住吉島
瑞巌寺　江初　池　徳島市東山手町
寿量寺　江初　池　徳島市寺町
観音寺　桃山　池　徳島市勢見町二丁目
竹林院　江初　池　徳島市八万町中津南
丈六寺　江初　枯　徳島市丈六町丈領
青蓮院　江初　池　徳島市多家良町
神光寺　江中　池　徳島市方上町
桂國寺　江初　池　阿南市長生町
旧十郎兵衛屋敷　江中　枯　徳島市川内町宮島
(■)阿波国分寺　江戸　池(涸)　徳島市国府町矢野
　本堂後部、大小板石のみによる石組から書院前庭に続く巨石、石橋、洞窟、蓬莱山、枯滝、全庭青石で豪華なこと比類なし。石組としては最高の庭。
蔵珠院　江中　池　徳島市国府町芝原
童学寺　江中　池　名西郡石井町城ノ内
東林寺　江中　枯　美馬郡脇町脇
(□)願勝寺　室町　池・枯　美馬郡美馬町願勝寺
　下部池泉に少し改造が見られるが、枯滝石組が立派に残存。天龍寺式の龍門瀑である。
永井屋敷　江末　枯　美馬郡貞光町野口
□多聞寺　鎌倉　池　美馬郡半田町上喜来

香川県

○志度寺　室町(昭和改修)　池　大川郡志度町志度
　細川頼之ゆかりの庭。曲水式の池庭地割のみ保存されていたのを、昭和三六～七年に大修復した。旧秀隣寺、北畠居館の手法を参考に、石橋石組を作り、細川式の庭に復元した豪華な庭園。修復と同時に書院の前庭が、別に新作された。
霊芝寺　江中　池　大川郡志度町末
浜之園　明治　枯・茶　高松市浜ノ町
玉藻公園　大正　枯　高松市玉藻町
老松園　江末　池　高松市築地町
(■)栗林公園　江初　池　高松市栗林町
　後楽園とともに大名庭園の白眉。生駒藩時代に築庭される。延宝二年、藩主松平氏が拡大した。七十余年継続。中島の石組、刈込、蘇鉄山、護岸、岩島、北斗など石組の技術傑出し、植栽手入れは抜群である。
屋島寺　江末　枯　高松市屋島東町
根香寺　江末　池　高松市中山町
□小比賀家築山　江初　池　高松市御厩町
万象園　江初(昭和改修)　池　丸亀市中津町
曼荼羅寺　江初　枯　善通寺市吉原町
金刀比羅宮(書院)　江末　池　仲多度郡琴平町

愛媛県

□広瀬公園　明治　池　新居浜市上原

◙保国寺　室町　池　西条市中野甲

本堂裏に築山三尊石組の枯滝、枯流れ、亀島、全庭小石にいたるまで立石技術まことに傑出したものである。

大通寺　江末　池　北条市下難波

観念寺　江中　池　東予市上市

仏心寺　江末　枯　周桑郡小松町新屋敷

翠水園　江初(昭和復元)　池　松山市一番町

長建寺　江末　池　松山市御幸町

常信寺　明治　池　松山市祝谷東町

東野お茶屋庭園跡　江初　池　松山市東野(自治研修所内)

如法寺　江初　池　大洲市柚木

臥龍山荘　昭和　茶　大洲市柚木

明渕寺　江中　池　北宇和郡吉田町裡町

海蔵寺　江初　池　北宇和郡吉田町立間尻

大乗寺　江初　池　北宇和郡吉田町立間

大楽寺　江末　池　北宇和郡吉田町河内

⊡西江寺　江初　枯　宇和島市大宮町

寛永三年、藩主伊達秀宗移建のころ作庭と推考。大刈込籬《まがき》で囲み、築山に雄勁な枯滝、蓬萊石、枯池に鶴亀両島、これに特異な手法の飛石、石橋。当代枯山水中の白眉。

明源寺　江初　枯　宇和島市本町追手

○等覚寺　江初　池　宇和島市野川

元和四年、藩主伊達秀宗天光和尚を招じ開創、その直後作庭。築山に枯滝二と石橋を架す、池泉に護岸を用う。元治に修理、戦災に罹ったが、なお原型保存され、景観は申分ない。

大隆寺　江末　池　宇和島市宇和津町

大超寺　江末　池　宇和島市大超寺奥町

伊達家　江末　池　宇和島市御殿町

◙天赦園　江末　池　宇和島市天赦公園

寛文十年作、藩主伊達宗利の浜御殿を文久三年に宗紀が改造。大池泉廻遊式、芝生、枯滝、栗石、枯流れ、石橋、東屋が配されている。

仏海寺　江末　池　宇和島市妙典寺前町

光国寺　江末　池　宇和島市妙典寺前町

高知県

□竹林寺　江初　池　高知市五台山

□青源寺　江中　池　高岡郡佐川町

□乗台寺　江中　池　高岡郡佐川町

福岡県

■旧亀石坊　室町　池　田川郡添田町英彦山

明より帰朝の雪舟禅師、文明の中ごろ留錫作庭。保存は最良。山畔を利用し、枯滝三尊の石組、下部池泉の護岸立石岩島など豪健。池畔に鶴石組あり、蓬萊山水図による作庭技術は傑出している。天下の名園。

○政所坊跡　桃山　池　田川郡添田町英彦山

英彦山神社奉幣殿に隣接。山畔利用豪華な枯滝、山上蓬萊石、池中立石、岩島、護岸豪健である。

泉蔵坊跡　桃山　池(涸)　田川郡添田町英彦山

○旧座主院　桃山　池　田川郡添田町英彦山

彦山の座主の住坊趾で庭園のみ保存せられている。山畔に本邦最大の豪華な枯滝があるが、立石の崩れを惜しむ。池泉右手に鶴亀兼用豪華無比の石組がある。技術傑出。

顕揚坊　江初　池　田川郡添田町英彦山

彦山三千八百余坊の一つ。山畔を利用、築山枯滝、蓬萊石など豪華、池中岩島護岸技術は傑出している。書院もよく保存されている。

楞厳坊　江初　枯(荒)　田川郡添田町英彦山
玉泉坊　江初　池(荒)　田川郡添田町英彦山
曼殊院跡　江初　池　田川郡添田町英彦山
亀蔵坊　江初　池(荒)　田川郡添田町英彦山
橋本坊　江中　池　田川郡添田町英彦山
立石坊　江末　池(荒)　田川郡添田町英彦山
能円坊　江末　枯　田川郡添田町英彦山
■藤江氏魚楽園　江中　池　田川郡川崎町安眞木
小倉城跡(小笠原記念館)　江中(平成改修)　池　北九州市小倉北区
大正寺　昭和　枯　北九州市八幡東区東台良町
宮地嶽神社　大正　池　宗像郡津屋崎町宮司
宗生寺　江中　池　宗像市大穂町
樂水軒　明治　池　福岡市博多区住吉二丁目
妙福寺　江初　枯・流　福岡市早良区重留
友泉亭　江中　池　福岡市城南区友泉亭
崇福寺別院　室町　枯　太宰府市太宰府
太宰府天満宮　江初　池　太宰府市太宰府
光明禅寺　江中(昭和改修)　枯　太宰府市太宰府
大悲王院　江初　池　前原市雷山
金龍寺　江末　池　前原市高祖
龍国寺　江末　池　糸島郡二丈町波呂
高木家　江末　池　甘木市秋月
祐徳園　明治　池　甘木市下秋月
久野家　江初　池枯　甘木市下秋月春小路
大生寺　江初　池　浮羽郡浮羽町流川
■戸島氏　江末　池　柳川市鬼童町
■松濤園　明治　池　柳川市新外町
■清水寺本坊　江初　池　山門郡瀬高町本吉

佐賀県

蓮池公園(天賜園)	江末	池	佐賀市蓮池町蓮池
○神野公園	江末	池	佐賀市神野東

藩主鍋島氏の園池、弘化三年築造。大池泉に流れを導き、東屋を設け、一方に大築山、これに枯滝を組む。広大で景趣に富む。

■九年庵(旧伊丹氏別邸)	明治	池	神埼郡神埼町的
小城公園(自楽園)	江中	池	小城郡小城町小城
旧鍋島家	江末	枯	武雄市武雄町
萩の茶屋	江末	池	武雄市武雄町
恵日寺	江中	池	唐津市鏡
少林寺	明治	池	唐津市十人町
近松寺	江中	枯	唐津市西寺町
広沢寺	江末	枯	唐津市久里
医王寺	江中	池	東松浦郡相知町黒岩
諏訪神社	明治	池	東松浦郡浜玉町浜崎
名護屋城跡(大名陣跡)	桃山	茶	東松浦郡鎮西町名護屋
法光寺	江中	池	東松浦郡鎮西町名護屋
龍泉寺	江中	池	東松浦郡鎮西町名護屋

長崎県

諫早神社	江中	池	諫早市宇都町
旧諫早家	江末	池	諫早市東小路町(諫早高校内)
西川氏	江初	枯	大村市上小路
大村紀忠居館跡	江初	池	大村市荒瀬町坂口
■旧円融寺	江末	枯	大村市玖島郷
大村公園	明治	池	大村市玖島郷
旧大村家	江初	池	大村市玖島郷
棲霞園	江末	池	平戸市
■石田城五島氏	江末	池	福江市福江町石田城内

熊本県

細川本邸	江末	枯	熊本市横手北岡
北岡公園	江戸	枯	熊本市横手
成道寺	江中	池	熊本市花園
釣耕園	江初	池・流	熊本市島崎
採釣園	江初	池	熊本市坪井四丁目
八景水谷公園	江中	池	熊本市八景水谷
碧巌寺	室町	池	菊池郡七城町亀尾
熊本城	昭和	枯	熊本市二の丸

水前寺成趣園（熊本県）

○旧絵津花壇十二勝園　江末　池　熊本市出水

文政年中、藩主細川忠雄の作庭になる。書院下方に池をうがち、山畔を利用して景とし、別に成趣園の流水を上下の湖水とし、芭蕉を水中に植栽、独自の景趣興味あり。景観は雄大である。

神　水　苑　江初　池　熊本市神水本町

◉水前寺成趣園　江初　池　熊本市水前寺公園

水前寺の跡に熊本藩主細川氏が茶道師範菅野甚斉ほか二名に作庭させたもの。広大な池は浅い砂敷とし、湧泉清く、富士を模した蓬萊築山高く、池中に大胆な沢渡があり、岩島護岸などみるべきものがある。

裁　柳　園　江中　池　八代市植柳上町

米　家　明治　枯　八代市植柳元町

松　井　神　社　江中　池　八代市北の丸町

■松　浜　軒　江初　池　八代市北の丸町

小糸家(的石御茶屋跡)　江末　池　阿蘇郡阿蘇町

□満　願　寺　江中　池　阿蘇郡南小国町満願寺

大分県

香　林　寺　江中　池　臼杵市二王座

浄　運　寺　江初　池　大野郡三重町内田

御　客　屋　敷　江末　枯　竹田市寺町

碧雲寺　江末　枯　竹田市会々
□納池公園　江末　池　直入郡久住町宮脇
□旧久留島氏　江初　池・枯　玖珠郡玖珠町森
末広神社　江戸　枯・池　玖珠郡玖珠町森
□伝来寺　江末　池　日田郡中津江村
阪本家　江中　池　日田市鶴河内町
薦神社　上古(昭和改修)　池　中津市大貞
■宇佐神宮　上古(昭和改修)　池　宇佐市南宇佐町
旧大原家　江末　枯　杵築市杵築
長昌寺　江初　枯　杵築市南杵築町
妙経寺　江中　枯　杵築市南杵築町
安住寺　大正　池　杵築市南杵築町
松屋寺　江初　池　速見郡日出町日出

宮崎県

延岡城二之丸跡　昭和　枯　延岡市城山公園
内藤記念館　明治　池　延岡市天神小路
■妙国寺　江中　池　日向市細島
□橋口氏　江末　池　日向市美々津町
宮崎神宮　上古(昭和改修)　池　宮崎市神宮二丁目

豫章館　江末　枯　日南市楠原町
□勝目氏　江末　池　日南市楠原町
五百禩神社　江末　池　日南市飫肥町
竹香園　明治　池　日南市飫肥町
旧報恩寺　江末　池　日南市飫肥町楠原

鹿児島県

島津氏玉里別邸　江末　池　鹿児島市玉里町
島津氏別邸御湯殿跡　江末　池(涸)　指宿市二月田温泉
藤武家　大正　枯　鹿児島市城山町
■仙巌園　江末　池　鹿児島市吉野町
猪鹿倉三郎氏　江末　枯　加世田市武田
鮫島健三氏　明治　枯　加世田市武田
鮫島格氏　明治　枯　加世田市武田
宮原具一氏　大正　池　川辺郡知覧町下郡地
森貫一氏　江中　枯　川辺郡知覧町
◙森重堅氏　江中　池　川辺郡知覧町郡

森家は島津の家臣、寛保初年、書院とともに構築。築山に巨石の枯滝を立て、小池をうがち、護岸に洞窟、大刈込を配している。

◙平山亮一氏　江中　枯　川辺郡知覧町郡

天明年中、書院と共に構築。長方形の地割に、大刈込籬を背景とし、ツツジの老木をさらに大刈込とする。全庭刈込のみの景観。

◉佐多民子氏　江末　枯　川辺郡知覧町郡

寛政ごろの作庭、外側石垣上に大刈込の築山、別に高い築山があって、巨大な遠山石、枯滝の石を組む。技術傑出、この地方の多数庭園中出色のものである。

■佐多直忠氏　江末　枯　川辺郡知覧町郡

■佐多美舟氏　江末　枯　川辺郡知覧町郡

■平山克巳氏　江末　枯　川辺郡知覧町郡

大心寺　江中　池　川辺郡知覧町郡

■西郷恵一郎氏　江末　枯　川辺郡知覧町郡

□天水氏　江末　枯　曽於郡志布志町帖

宝満寺跡　江戸　池　曽於郡志布志町帖

平山氏　江初　枯　曽於郡志布志町帖

沖縄県

上江洲家　江初　池　島尻郡久米島町西銘

喜久村家　江中　枯　島尻郡久米島町宇根

■識名園　江末　池　那覇市真地御殿原

龍潭　江戸　池　那覇市首里真和志町

■円覚寺跡　室町（昭和復元）　池　那覇市首里当蔵町

円鑑池及弁財天堂跡　室町（昭和復元）　池　那覇市首里当蔵町

■伊江殿内　江末　池　那覇市首里当蔵町

■首里城跡　室町（昭和改修）　枯　那覇市首里当蔵町

仲田殿内　江中　枯　那覇市首里大中町

忠導家　江末　池　平良市東仲宗根

祥雲寺　江戸　枯　平良市西里

■宮良殿内　江末　枯　石垣市大川

文政二年頃、当時の頭職松茂当演のとき作庭されたと考えられる。五つの築山に、珊瑚石灰岩の立石構成をし、枯滝、石の反橋等意匠され、また砂岩による蹲踞も構えられている。

桃林禅寺　江中　枯　石垣市石垣

■石垣氏　江末　枯　石垣市新川明用登

有田家　昭和　枯　八重山郡竹富町竹富

庭園遺跡一覧

かつて名園であったが、その後荒廃して庭園景観の失われたものが日本全国には数多く存在する。発掘調査が行われた遺跡のうち重要なものを、一部であるが掲載する。奈良文化財研究所発行『発掘庭園一覧』二〇〇二年版を参考にした。

名称	時代	種別	所在地
無量光院跡	平安	池(浄土式)	岩手県西磐井郡平泉町字花立
柳之御所跡	平安	池	岩手県西磐井郡平泉町字柳之御所
仙台城本丸跡	江戸	池	仙台市青葉区川内
山王遺跡	平安	流	多賀城市市川字多賀前
花山寺跡	平安	池(浄土式)	宮城県栗原郡花山村字本沢御堂
城輪柵跡	奈良	流	酒田市城輪
若松城三の丸跡	江戸	池	会津若松市追手町
樺崎寺跡	鎌倉	池(浄土式)	足利市樺崎町
知光寺跡	鎌倉	池(浄土式)	足利市山下町
大御堂遺跡	鎌倉	池(浄土式?)	藤岡市白石
喜多院境内遺跡	江戸	池	川越市小仙波町
上総法興寺跡	奈良	池	千葉県夷隅郡岬町岩熊
永福寺跡	鎌倉	池(浄土式)	鎌倉市二階堂
円覚寺境内	鎌倉	池	鎌倉市山ノ内字瑞鹿山
勝沼氏館跡	室町	枯	山梨県東山梨郡勝沼町大字御所
江馬氏館跡	室町	池	岐阜県吉城郡神岡町大字殿
駿府城本丸跡	室町	池	静岡市駿府公園
願成就院跡	鎌倉	池	静岡県田方郡韮山町寺家
御所之内遺跡	室町	池	静岡県田方郡韮山町四日市寺家
名張藤堂家邸跡	江戸	池(坪庭)	名張市丸之内
正法寺山荘跡	室町	池	三重県鈴鹿郡関町鷲山字加まへ
伊庭御殿跡	江戸	池	滋賀県神崎郡能登川町大字能登川
二之宮神社遺構	室町	流	滋賀県野洲郡中主町西河原
兵主神社	平安	池(下層)	滋賀県野洲郡中主町五条
室町殿跡	室町	池	京都市上京区御所八幡町ほか
高陽院跡	平安	池	京都市中京区丸太町ほか
神泉苑跡	平安	池	京都市中京区神泉苑町
堀河院跡	平安	池	京都市中京区土橋町
冷泉院跡	平安	池	京都市中京区二条城町
法金剛院遺構	平安	池(浄土式)	京都市右京区花園扇野町ほか
仁和寺院家跡	平安	池	京都市右京区常盤御池町
嵐山遺跡遺構	平安	池	京都市右京区嵯峨天龍寺芒ノ馬場町

臨川寺跡	室町	池	京都市右京区嵯峨天龍寺造路町
法勝寺跡	平安	池	京都市左京区岡崎法勝寺町
成勝寺跡	平安	池	京都市左京区岡崎円勝寺町
延勝寺跡	平安	池	京都市左京区岡崎成勝寺町
法住寺殿跡	平安	池	京都市東山区今熊野池田町
栢杜遺跡	平安	流	京都市伏見区醍醐栢ノ森町
鳥羽離宮南殿跡	平安	池	京都市伏見区中島御所ノ内町
鳥羽離宮北殿跡	平安	池	京都市伏見区中島秋ノ山町
鳥羽離宮東殿跡	平安	池	京都市伏見区竹田浄菩提院町
鳥羽離宮金剛心院跡	平安	池	京都市伏見区竹田小屋ノ内町
勧修寺旧境内遺構	鎌倉	池	京都市山科区勧修寺仁王堂町
白川金色院跡	平安	池	宇治市白川
宇治神社遺跡	平安	流	宇治市宇治又振
長岡宮・推定大蔵跡	奈良	池	向日市寺戸町西野辺
河陽離宮跡	平安	池	向日市藤井畑
松花堂跡	江戸	茶	八幡市八幡高坊
祇園遺跡	平安	池	神戸市兵庫区上祇園町
伝豊太閤湯殿跡	桃山	茶	神戸市北区有馬町
赤穂城二の丸跡	江戸	池	赤穂市上仮屋
平城宮跡佐紀池	奈良	池	奈良市佐紀町
平城宮跡西南隅	奈良	池	奈良市佐紀町
平城宮跡大膳職	奈良	池	奈良市佐紀町
松林苑跡	奈良	池	奈良市佐紀町ほか
法華寺旧境内跡	奈良	池	奈良市法華町
法華寺阿弥陀浄土院跡	奈良	池	奈良市法華町
白毫寺遺跡	奈良	池	奈良市白毫寺町
興福寺旧境内一乗院跡	平安	池(下層)	奈良市登大路町
興福寺旧境内世尊院跡	室町	池	奈良市登大路町
薬師寺境内宝積院遺構	平安	池	奈良市西ノ京町
上之宮遺跡	飛鳥	池	桜井市上之宮
内山永久寺跡	平安	池	天理市杣之内木堂
島庄遺跡	飛鳥	池	奈良県高市郡明日香村島庄
石神遺跡	飛鳥	池	奈良県高市郡明日香村飛鳥
飛鳥池遺跡	飛鳥	池	奈良県高市郡明日香村飛鳥
飛鳥出水遺跡	飛鳥	池	奈良県高市郡明日香村大字岡
酒船石遺跡	飛鳥	その他	奈良県高市郡明日香村大字岡
中之庄遺跡	飛鳥	池	奈良県宇陀郡大宇陀町大字拾生
因幡国府跡	平安	池	鳥取県岩美郡国府町中郷
大内氏館跡	室町	池	山口市大字大殿大路
周防国府跡	奈良	池	防府市多々良
大友氏館跡	室町	池	大分市顕徳町

重森三玲　略歴および作庭年表

京都林泉協会創始者の一人、故重森三玲氏は早くから伝統芸術研究を志し、造園家・庭園史研究家としてだけでなく、前衛いけばな、創作的茶道の実践者としても名高い。生涯に設計した庭は一九〇庭、茶室は二〇席余。著作は『日本庭園史図鑑』（全二六巻）、『日本庭園史大系』（重森完途と共著、全三七巻）他多数。

年代	略歴・作庭
1896年（明29）	**八月二〇日岡山県に生まれる**
1915年（大4）	天籟庵茶室　岡山県上房郡賀陽町
'17年（大6）	**上京、日本美術学校入学**
'20年（大9）	**日本美術学校研究科卒業**
'22年（大11）	**越智マツエと結婚**
'24年（大13）	天籟庵庭園（枯）　岡山県上房郡賀陽町
'29年（昭4）	**京都に居を定める**
'30年（昭5）	**新興いけばな協会創設。勅使河原蒼風・中山文甫等と共に「新興いけばな宣言」を発表**
'32年（昭7）	**京都林泉協会設立**
'33年（昭8）	安藤氏邸（枯）　大阪市
'34年（昭9）	春日大社社務所東庭（枯）　奈良市
	四方氏海印山荘（池）・茶室設計　京都府長岡京市
'36年（昭11）	**全国の庭園、第一回実測開始**
'37年（昭12）	春日大社社務所北庭（遣水）　奈良市
'39年（昭14）	東福寺本坊方丈八相庭・井田庭・市松庭・北斗七星庭（枯）　京都市東山区
	北川氏邸（枯）　兵庫県西宮市
	光明院波心庭（枯）　京都市東山区
'40年（昭15）	西山丑之助氏邸青竜庭（枯）　大阪府豊中市
	斧原敏夫氏邸曲水庭（枯）　兵庫県西宮市
	旧中田氏邸（枯・池）　兵庫県西宮市
	井上成一氏邸巨石壷庭（枯）　大阪市生野区
'41年（昭16）	桜井女子高等学校（茶）　奈良県桜井市
	明楽佐一郎氏邸又楽庭（枯）　和歌山市
'42年（昭17）	**京都市左京区吉田上大路町に終生の居を定める**
'43年（昭18）	宮地氏邸（枯・茶）　神戸市灘区
'48年（昭23）	**第一回京都文化院賞受賞**
'49年（昭24）	**いけばな研究グループ「白東社」創立**

東福寺本坊方丈市松庭

村上允常氏邸曲水山荘（枯）　兵庫県西脇市

’50年（昭25）　**雑誌『いけばな芸術』創刊**

池垣岩太郎氏邸（枯）　京都市中京区

’51年（昭26）　小倉豊氏邸（枯）　岡山県上房郡賀陽町

内田一郎氏邸（枯）　大阪市西成区

料亭江戸っ子（流）　大阪市北区

西禅院（池）　和歌山県伊都郡高野町

鍛冶織之助氏邸（枯）　大阪府泉南市

’52年（昭27）　**第一回「白東社展」開催**

明楽佐一郎氏邸有楽庭（枯・茶）　和歌山市

安田信太郎氏邸（池）　奈良市

西南院（池）　和歌山県伊都郡高野町

桜池院（枯）　和歌山県伊都郡高野町

正智院（枯）　和歌山県伊都郡高野町

石清水八幡宮社務所（枯）　京都府綴喜郡八幡町

上林久雄氏邸（枯）　大阪府泉南市

’53年（昭28）　**自宅に茶室「無字庵」建築**

無字庵（枯・茶）　京都市左京区

中村健氏邸（枯）　岡山市

龍泉院（池）　和歌山県伊都郡高野町

西禅院（茶）　和歌山県伊都郡高野町
本覚院（枯）　和歌山県伊都郡高野町
岸和田城八陣の庭（枯）　大阪府岸和田市
上原旅館（枯・茶）　大阪市中央区

'54年（昭29）
少林寺（枯）　大阪市中央区
左京消防署（枯）　京都市左京区
木野戸秀吉氏邸（枯・茶）　香川県高松市
旅館永楽庵（池）　鳥取県東伯郡三朝温泉
笹井君代氏邸（茶・曲水）　長野県松本市
旅館五洲閣（枯）　東大阪市

'55年（昭30）
河田源七氏邸（枯・茶）　京都府竹野郡網野町
不動院（枯）　和歌山県伊都郡高野町
岩沢徹誠氏邸（枯）　京都市右京区
旅館永楽庵三楽庭（枯）　鳥取県東伯郡三朝温泉
東民子氏邸驢庵（枯・茶）・茶室設計　岡山県高梁市
前垣寿三氏邸延寿庭（枯）　広島県東広島市

'56年（昭31）
藤井琢三氏邸（枯・茶）　兵庫県
富田精氏邸（枯）　京都市北区
瑞応院楽紫庭・如々庭（枯）　滋賀県大津市
野原旅館（池）　山口市

岸和田城八陣の庭

宮階久三郎氏邸（枯）　京都市上京区
龍蔵寺（池修理）　山口市
旧若狭久吉氏邸（枯）　京都府竹野郡網野町
長尾義光氏邸（枯）　徳島市
増井励氏邸雲門庵（枯・茶）・茶室設計　香川県高松市

'57年（昭32）
菩提院（枯・茶）　大阪市天王寺区
岡本一氏邸仙海庭（枯）　愛媛県西条市
越智庸太氏邸旭水庭（枯）　愛媛県西条市
越智栄一氏邸牡丹庵（茶・枯）　愛媛県西条市
織田秋太郎氏邸島仙庭（枯）　愛媛県壬生川町
光明禅寺（枯・茶）　福岡県太宰府市
宝荘ホテル（枯）　愛媛県松山市
片山薫氏邸（枯）　大阪府岸和田市

'58年（昭33）
寿屋川崎工場（枯）　川崎市今井上町
医光寺（池修理）　島根県益田市
衣斐栗雄氏本邸（枯）　兵庫県西宮市

'59年（昭34）
田茂井勇治氏邸（枯）　京都府竹野郡網野町
黒田弥三郎氏邸（枯）　京都市上京区
栗須殖氏邸（茶・枯）　大阪市天王寺区
桑田真三氏邸宗玄庵（枯）・書院設計　広島県福山市
松本三郎氏邸（枯・茶）　岡山市
村上定弘氏邸山泉居
●青山庭（茶・曲水）・書院設計　島根県鹿足郡六日市町
田中専策氏邸（枯）　京都市北区
松本忠平氏邸（枯）　大阪府泉南市

'60年（昭35）
小河松吉氏邸（枯・茶）　島根県益田市
臼杵栄氏邸露結庵（枯・茶）・茶室設計　香川県高松市
栄光寺竜門庵（枯・茶）・茶室設計　香川県小豆郡内海町
米原商店（枯）　京都市下京区
福田智一氏邸鴨月庭（枯）　京都市左京区
都竹ふさ氏邸（枯）　大阪市生野区

'61年（昭36）
香里団地以楽苑（池）　大阪府枚方市
瑞峯院独坐庭・閑眠庭（枯・茶）　京都市北区
（京都林泉協会三〇周年記念作庭）
真如院（枯）移築復元　京都市下京区
松林豊彦氏邸（枯・流）　京都府宇治市
林昌寺（池）　大阪府泉南市
山口厳氏邸（枯）　兵庫県西脇市
細田繁氏邸（枯）　大阪市阿倍野区

'62年（昭37）
三谷進三氏邸（枯）　石川県金沢市

志度寺曲水庭

•無染庭（池改修・枯）・書院設計　香川県大川郡志度町

桑村敏郎氏邸（枯）　兵庫県多可郡中町

光明院前庭雲嶺庭（枯）　京都市東山区

'63年（昭38）

衣斐栗雄氏別邸（枯）　兵庫県西宮市

ホテル昭和園（枯・池）　大分県別府市

四天王寺学園校門内（敷石）　大阪市天王寺区

教法院（枯）　京都市上京区

岩本年生氏邸（枯）　広島県福山市

興禅寺看雲庭（枯）　長野県木曽郡木曽福島町

光台院新書院（池）　和歌山県伊都郡高野町

平井康雄氏邸（枯）　東大阪市

光明院蘿月庵露地（茶）・茶室設計　京都市東山区

小河松吉氏邸（茶）・茶室設計　島根県益田市

'64年（昭39）

有吉義一氏邸有心庭（池に改修）

•吉泉庭（枯）　大阪市阿倍野区

青野一幸氏邸（茶）・茶室設計　大阪府柏原市

岩沢重夫氏邸（枯）　京都市北区

小林秀子氏邸（茶）　岡山市

山田輝郎氏邸（枯・池）　兵庫県芦屋市

徳矢きよ氏邸（茶）・茶室設計　兵庫県芦屋市

竜吟庵（枯）　京都市東山区

'65年（昭40）

旧森康太郎氏邸（枯）　京都市下京区

成田昇氏邸望州楼（枯）　愛知県半田市

清原清之助氏邸裏庭（枯）　兵庫県芦屋市

安国寺（枯・復元修理）　広島県福山市

岩田幸雄氏邸（池）　広島市

福泉寺四十八願の庭（枯）　東京都港区

北野美術館（枯）　長野市

北野吉登氏邸（枯）　長野市

貴船神社天津磐境（枯）　京都市北区

西川氏邸（枯）　大阪府八尾市

衣川安信氏邸（枯）　大阪府貝塚市

平野徳人氏邸（枯）　大阪府泉南市

'66年（昭41）

岡本類氏邸（枯）　広島県福山市

石清水八幡宮鳩峯寮（枯）　京都府八幡市

西川外吉氏邸（枯・茶）・茶室設計　石川県金沢市

住吉神社住之江の庭（枯）　兵庫県多紀郡篠山町

酵素の家（枯・敷石）　京都市上京区

岩沢徹誠氏邸（枯）　京都市右京区

'67年（昭42）
旅館永楽庵別館（枯）　鳥取県東伯郡三朝温泉
浅野義一氏邸（流）　京都市北区
勝川氏邸（枯）　大阪府吹田市
光清寺心字庭（枯）　京都市上京区
石井梅一氏邸（枯・茶）　奈良市
松村次郎氏邸（枯）　大阪府吹田市

'68年（昭43）
横山秀吉氏邸（枯・茶）　三重県三重郡菰野町
島田久氏邸（枯）　大阪府泉南市
宗隣寺（池に復元修理）　山口県宇部市
正眼寺（枯）第一期工事石組　岐阜県美濃加茂市
常栄寺南溟庭（枯）　山口市

'69年（昭44）
自宅に書院「好刻庵」建築
出原陽三氏邸白波庭（枯）　広島県芦品郡新市町
友琳会館友琳庭（池）　京都市右京区
笹井源衛氏邸（枯・茶）　長野県松本市
佐藤慶寛氏邸（池）　山口県徳山市
中田三雄氏邸（池修理）　長野県松本市
漢陽寺（曲水・池・枯）　山口県都濃郡鹿野町
畑宗志氏邸逢春庭（枯・茶）　兵庫県多紀郡篠山町
好刻庵（枯・茶）　京都市左京区

'70年（昭45）
天籟庵（茶）　天籟庵移築　岡山県上房郡賀陽町
赤木憲平氏邸（枯）　岡山市
英政夫氏邸白鷺庵仙楽庭（枯）　兵庫県姫路市
久保武茂氏邸（枯）　兵庫県伊丹市
山本紀市郎氏邸（枯）　愛媛県今治市
霊雲院九山八海の庭（枯）　京都市東山区
正覚寺竜珠の庭（池改造）　兵庫県多紀郡篠山町
田茂井勇治氏邸（枯）　京都府竹野郡網野町
深森俊夫氏邸（枯）　大阪府豊中市
竹中正夫氏邸（枯）　京都市北区
屋島寺座忘亭（茶）　香川県高松市
正眼寺（敷石）第二期工事　岐阜県美濃加茂市
無字庵（枯）石組追加　京都市左京区

'71年（昭46）
全国の庭園、第二回実測開始
霊雲院臥雲の庭（枯）　京都市東山区
芦田末次郎氏邸（枯）　兵庫県尼崎市
広島遊園地聚花園（池）　広島市
北野吉登氏邸玄吉庵（茶）・茶室設計　長野市
小林百太郎氏邸（枯）　大阪府堺市
信田藤治氏邸（枯）　大阪府堺市

石像寺四神相応の庭

'72年（昭47）　石橋里子氏邸（枯）　島根県浜田市

石像寺四神相応の庭（枯）　兵庫県氷上郡市島町

清楽寺（枯・茶）　福岡市姪浜

大正寺（枯・茶）　北九州市八幡区

善能寺遊仙苑　（池）　京都市東山区

豊国神社秀石庭（枯）　大阪市中央区

（京都林泉協会四〇周年記念作庭）

志方米吉氏邸（枯）　神戸市

'73年（昭48）　泉涌寺（枯）　京都市東山区

漢陽寺門前庭・瀟湘八景庭（枯）　山口県都濃郡鹿野町

福智院（池・枯・流）　和歌山県伊都郡高野町

静岡ロイヤルホテルロビー屋上（枯）　静岡市

'74年（昭49）　東口鶴次氏邸（枯）　大阪府堺市

本休寺（枯）　兵庫県多紀郡篠山町

八木源太郎氏邸（枯）　京都市東山区

千葉慶一氏邸千波庭（枯）　岩手県水沢市

松山宗都氏邸山月亭露地　（茶）・茶室設計　福島県郡山市

'75年（昭50）　松尾大社庭園（磐座・曲水・枯・池）　京都市右京区

松尾大社庭園磐座

三月十二日重森三玲没
佐藤慶寛氏邸(枯)没後完成　山口県徳山市

※個人庭園はいずれも非公開。

第三章　庭園関係資料集成

茶家系譜ならびに歿年

※　師承系統や人名の幼名・通名・隠居名・雅号など、一事項・一個人についても史書や文献の記述により複数の表記が存在する。第三章においても若干矛盾する表記があるが、旧版および一般の表記に依ったことをお断りしておく。

◆表千家　不審庵

1 利休宗易　天正19
2 少庵宗淳　慶長19
3 元伯宗旦　万治元
4 逢源斎宗左　寛文12
5 随流斎宗左　元禄4
6 覚々斎宗左　享保15
7 如心斎宗左　宝暦元
8 啐啄斎宗左　文化5
9 了々斎宗左　文政8
10 吸江斎宗左　万延元
11 碌々斎宗左　明治43
12 惺斎宗左　昭和12
13 即中斎宗左　昭和54
14 而妙斎宗左　現代

◆裏千家　今日庵

1 利休―3元伯
4 仙叟宗室　元禄10
5 不休斎宗室　宝永元
6 六閑斎宗安　享保11
7 最々斎宗乾　享保18
8 又玄斎宗室　明和8
9 不見斎玄室　享和元
10 認得斎宗室　文政9
11 玄々斎宗室　明治10
12 又玅斎玄室　大正6
13 円能斎宗室　大正13
14 淡々斎宗室　昭和39
15 鵬雲斎宗室　現代

◆武者小路家　官休庵

1 利休―3元伯
4 似休斎宗守　延宝3
5 文叔宗守　宝永5
6 静々斎宗守　延享2
7 直斎宗守　天明2
8 一啜斎宗守　天保9
9 好々斎宗守　天保6
10 以心斎宗守　明治24
11 一指斎宗守　明治31
12 愈好斎宗守　昭和28
13 有隣斎宗守　現代

◆藪内家　燕庵

1 藪中斎紹智　寛永4
2 月心軒紹智　明暦元
3 雲脚亭紹智　延宝2
4 蕉雲斎紹智　正徳2
5 不住斎紹智　延享2
6 比老斎紹智　寛政12
7 桂隠斎紹智　弘化3
8 真々斎紹智　明治2
9 宝林斎紹智　明治7
10 休々斎紹智　大正6
11 透月斎紹智　昭和17
12 猗々斎紹智　昭和54
13 青々斎紹智　現代

◆久田家（高倉）　半床庵

1 房政宗栄　寛永元
2 受得斎宗利　貞享2
3 半床庵宗全　宝永4
4 不及斎宗也　寛保4
5 涼滴斎宗悦　明和5
6 梔泉斎宗渓　天明5
7 皓々斎宗也　文政2
8 秀次郎宗利　天保15
9 温厚斎宗与　文久2
10 玄乗斎宗悦　明治28
11 無適斎宗也　昭和21
12 半床庵宗也　現代

◆久田家（両替町）

1 房政宗栄―4不及斎宗也
5 厚比斎宗玄　明和2
6 関斎宗参　寛政12
7 春斎耕甫　文政3
8 閑斎宗隆　文化11
9 慶三東籬　弘化2
10 石翁宗員　慶応2
11 無尽宗有　明治22
12 無隅宗円　明治37
13 宗　栄　現代

（一八四頁に続く）

茶人系図（一）

◎眞能阿弥
足利義教
赤松貞村
眞芸阿弥—眞相阿弥
眞相阿弥—田中道悦
眞相阿弥—窪田大炊允—岩　宗菴—高島道斎—堺　圓覚
島　空海—荒木道陳—荒木易庵
足利義政
足利義輝

◎村田珠光
十四屋宗陳
仝　宗悟
牡丹花肖柏
藤田宗理
篠　道耳
村田宗珠—文阿弥
粟田口善輔
鳥居引拙
禅海和尚
志野宗信—宗温—省巴
石黒道提
西　福　院
誉田屋宗宅
大富善好
松本珠報
寒河三友斎
古市澄胤—円乗坊宗円—古市宗屋
古市澄胤—松屋久行
円乗坊宗円—古市宗庵
古市澄胤—古市胤栄—古市勝澄
藪内宗和—道和—寸斎宗巴—藪内紹智

荒木道陳
足利義輝
武野紹鴎
十四屋宗知
仝　宗次
大津道観
佐久間不干斎

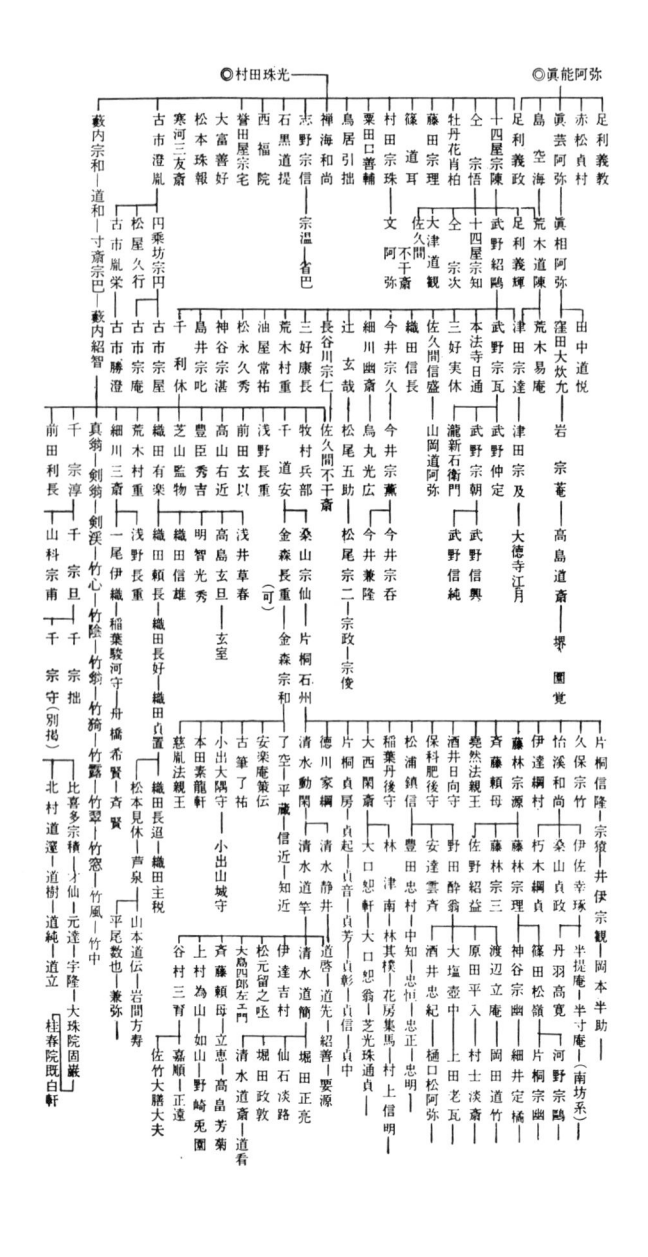

武野紹鴎—津田宗達—津田宗及—大徳寺江月
武野紹鴎—武野宗瓦—武野仲定
武野宗瓦—武野宗朝—武野信興
武野宗朝—武野信純
武野宗瓦—瀧新石衛門
本法寺日通
三好実休
佐久間信盛—山岡道阿弥
織田信長
今井宗久—今井宗薫—今井宗呑
今井宗薫—今井兼隆
細川幽斎—烏丸光広
辻　玄哉—松尾五助—松尾宗二—宗政—宗俊
長谷川宗仁
三好康長
荒木村重
油屋常祐
松永久秀
神谷宗湛
島井宗叱
千　利休

佐久間不干斎
牧村兵部
千　道安—桑山宗仙—片桐石州
千　道安—金森長重（可）—金森宗和
浅野長重
前田玄以
高山右近
豊臣秀吉
芝山監物
織田有楽—浅井草春
織田有楽—高島玄旦—玄室
織田有楽—明智光秀
織田有楽—織田信雄
織田有楽—織田頼長—織田長好—織田貞置—織田長迢—織田主税
織田貞置—松本見休—芦泉—山本道伝—岩間方寿
芦泉—平尾数也—兼弥—
荒木村重
細川三斎—浅野長重
細川三斎—一尾伊織—稲葉駿河守—舟橋希賢—斉賢
真翁—剣翁—剣渓—竹心—竹陰—竹翁—竹猗—竹露—竹翠—竹窓—竹風—竹中
千　宗淳—千　宗旦—千　宗拙
千　宗旦—千　宗守（別掲）
千　宗守—比喜多宗積—才仙—元達—宇隆—大珠院固巌
千　宗守—北村道遼—道樹—道純—道立
桂春院既白軒
前田利長—山科宗甫

片桐石州—片桐信隆—宗猨—井伊宗観—岡本半助—
久保宗竹
怡渓和尚—伊佐幸琢—半提庵—半寸庵—（南坊系）—
怡渓和尚—桑山貞政
桑山貞政—丹羽高寛
怡渓和尚—朽木綱貞
伊達綱村
藤林宗源—藤林宗理—神谷宗幽—細井定橘—
藤林宗理—篠田松嶺—片桐宗幽—
篠田松嶺—河野宗鴎—
藤林宗源—藤林宗三
藤林宗源—佐野紹益
斉藤頼母
堯然法親王
酒井日向守
保科肥後守
松浦鎮信—野田酔翁—渡辺立庵—岡田道竹—
野田酔翁—原田平入—村士淡斎—
野田酔翁—大塩壺中—上田老瓦—
野田酔翁—酒井忠紀—樋口松阿弥—
松浦鎮信—安達雲斉
松浦鎮信—豊田忠村—中知—忠恒—忠正—忠明—
稲葉丹後守
大西閑斎—林　津南—林其楼—花房集馬—村上信明—
大西閑斎—大口恕軒—大口恕翁—芝光珠通貞—
片桐貞房—貞起—貞音—貞芳—貞彰—貞信—貞中
徳川家綱
清水動閑—清水静井—道啓—道先—紹善—要源
清水動閑—清水道竿
清水道竿—清水道簡—堀田正亮
清水道簡—仙石淡路
清水道簡—堀田政敦
清水道簡—清水道斎—道看
清水道竿—伊達吉村
清水道竿—松元留之丞
清水道竿—大島四郎左エ門
清水道竿—斉藤頼母—立恵—高畠芳菊
清水道竿—上村為山—如山—野崎兎園
清水道竿—谷村三育—嘉順—正達
谷村三育—佐竹大膳大夫

金森宗和—了空—平蔵—信近—知近
安楽庵策伝
古筆了祐
小出大隅守—小出山城守
本田素龍軒
慈胤法親王

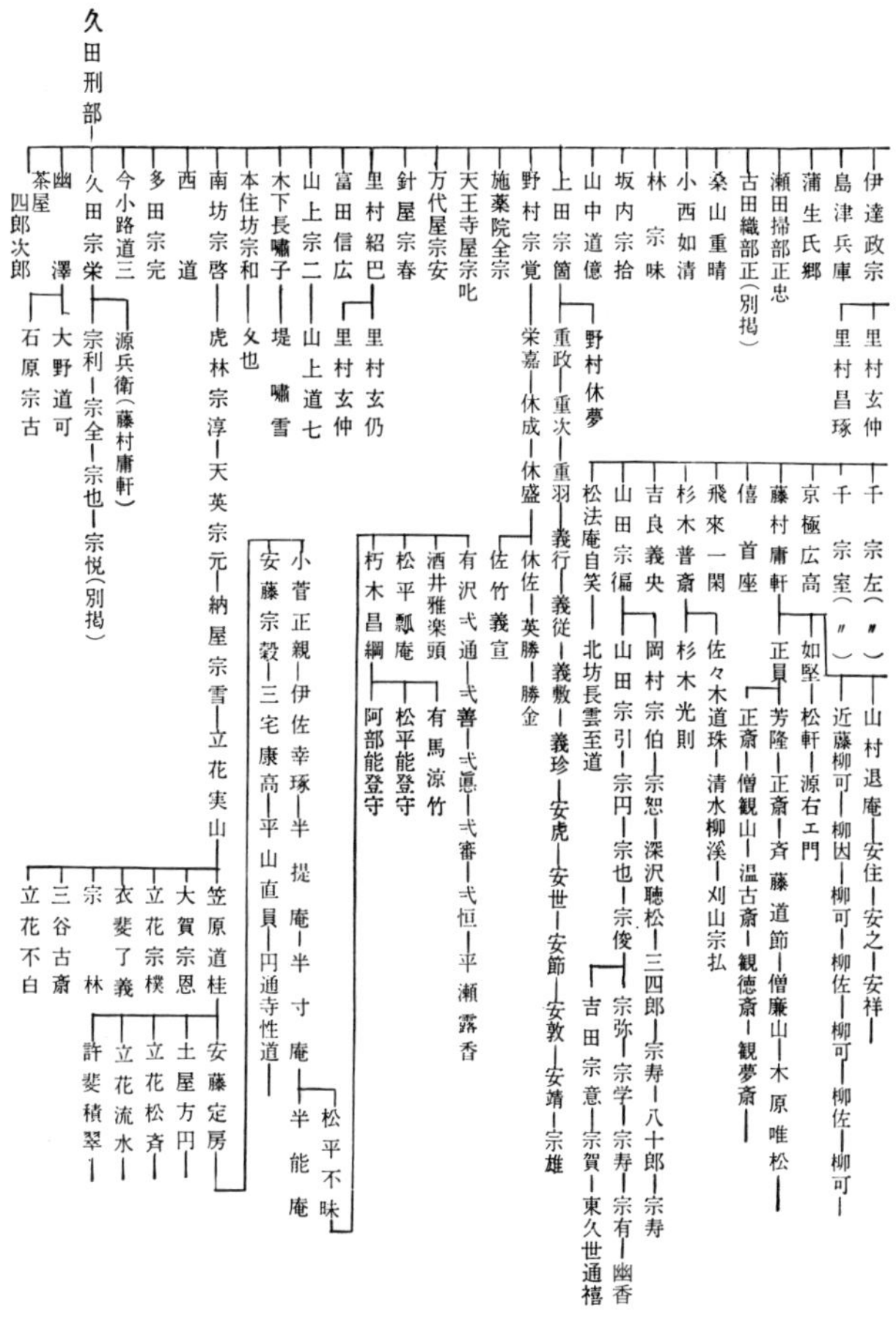
久田刑部
伊達政宗
里村玄仲
島津兵庫
里村昌琢
蒲生氏郷
瀬田掃部正忠
古田織部正(別掲)
桑山重晴
小西如清
林 宗味
坂内宗拾
山中道億
上田宗箇
野村休夢
重政─重次─重羽─義行─義従─義敷─義珍─安虎─安世─安節─安敦─安靖─宗雄
野村宗覚─栄嘉─休成─休盛
休佐─英勝─勝全
佐竹義宣
施薬院全宗
天王寺屋宗叱
万代屋宗安
針屋宗春
里村紹巴
里村玄仍
里村玄仲
富田信広
山上宗二─山上道七
木下長嘯子─堤 嘯雪
本住坊宗和─久也
南坊宗啓─虎林宗淳─天英宗元─納屋宗雪─立花実山
西 道
多田宗完
今小路道三
久田宗栄
源兵衛(藤村庸軒)
宗利─宗全─宗也─宗悦(別掲)
幽 澤─大野道可
茶屋四郎次郎─石原宗古
千 宗左(〃)─山村退庵─安住─安之─安祥─
千 宗室(〃)─近藤柳可─柳因─柳可─柳佐─柳可─柳佐─柳可─
京極広高─如堅─松軒─源右エ門
藤村庸軒─正員
芳隆─正斎─斉藤道節─僧簾山─木原唯松─
正斎─僧観山─温古斎─観徳斎─観夢斎─
信 首座
飛來一閑─佐々木道珠─清水柳溪─刈山宗払
杉木普斎─杉木光則
吉良義央─岡村宗伯─宗恕─深沢聴松─三四郎─宗寿─八十郎─宗寿
山田宗徧─山田宗引─宗円─宗也─宗俊
宗弥─宗学─宗寿─宗有─幽香
吉田宗意─宗賀─東久世通禧
松法庵自笑─北坊長雲至道
有沢弌通─弌善─弌憲─弌審─弌恒─平瀬露香
酒井雅楽頭─有馬涼竹
松平瓢庵─松平能登守
朽木昌綱─阿部能登守
小菅正親─伊佐幸琢─半提庵─半寸庵
半能庵
松平不昧
安藤宗穀─三宅康高─平山直貝─円通寺性道─
笠原道桂
安藤定房
大賀宗恩
土屋方円
立花宗樸
立花松斉
衣斐了義
立花流水
宗 林
許斐積翠
三谷古斎
立花不白

茶人系図（二）

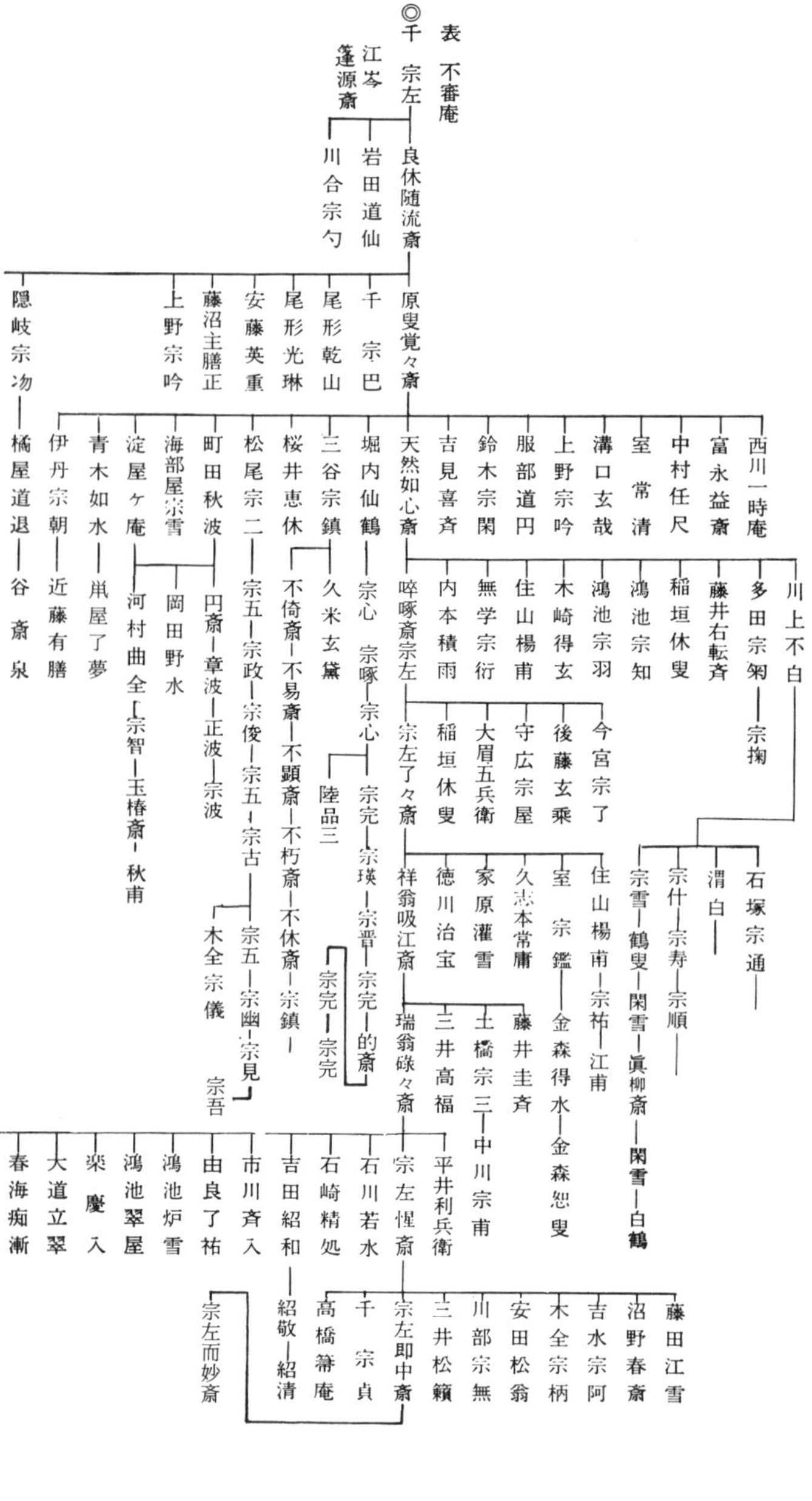
表 不審庵
◎千 宗左
江岑 逢源斎
良休随流斎
岩田道仙
川合宗勺
原叟覚々斎
千 宗巴
尾形乾山
尾形光琳
安藤英重
藤沼主膳正
上野宗吟
隠岐宗沕—橘屋道退—谷 斎泉
西川一時庵
富永益斎
中村任尺
室 常清
溝口玄哉
上野宗吟
服部道円
鈴木宗閑
吉見喜斉
天然如心斎
堀内仙鶴
三谷宗鎮
桜井恵休
松尾宗二
町田秋波
海部屋宗雪
淀屋ヶ庵
青木如水—嵐屋了夢
伊丹宗朝—近藤有膳
川上不白
多田宗𥳑—宗掬
藤井右転斉
稲垣休叟
鴻池宗知
鴻池宗羽
木崎得玄
住山楊甫
無学宗衍
内本積雨
啐啄斎宗左
石塚宗通
渭白
宗什—宗寿—宗順
宗雪—鶴叟—閑雪—眞柳斎—閑雪—白鶴
今宮宗了
後藤玄乗
守広宗屋
大眉五兵衛
稲垣休叟
宗左了々斎
住山楊甫—宗祐—江甫
室 宗鑑—金森得水—金森恕叟
久志本常庸
家原灌雪
徳川治宝
祥翁吸江斎
藤井圭斉
土橋宗三—中川宗甫
三井高福
瑞翁碌々斎
久米玄黛
宗心 宗啄—宗心—宗完—宗瑛—宗晋—宗完—的斎
陸品三
宗完—宗完
不倚斎—不易斎—不顕斎—不朽斎—不休斎—宗鎮
宗五—宗政—宗俊—宗五—宗古—宗五—宗幽—宗見
木全宗儀
宗吾
円斎—章波—正波—宗波
岡田野水
河村曲全—宗智—玉椿斎—秋甫
平井利兵衛
宗左惺斎
石川若水
石崎精処
吉田紹和—紹敬—紹清
市川斉入
由良了祐
鴻池炉雪
鴻池翠屋
楽 慶入
大道立翠
春海痴漸
松田宗貞—宮北宗春
藤田江雪
沼野春斎
吉水宗阿
木全宗柄
安田松翁
川部宗無
三井松籟
宗左即中斎
千 宗貞
高橋箒庵
宗左而妙斎

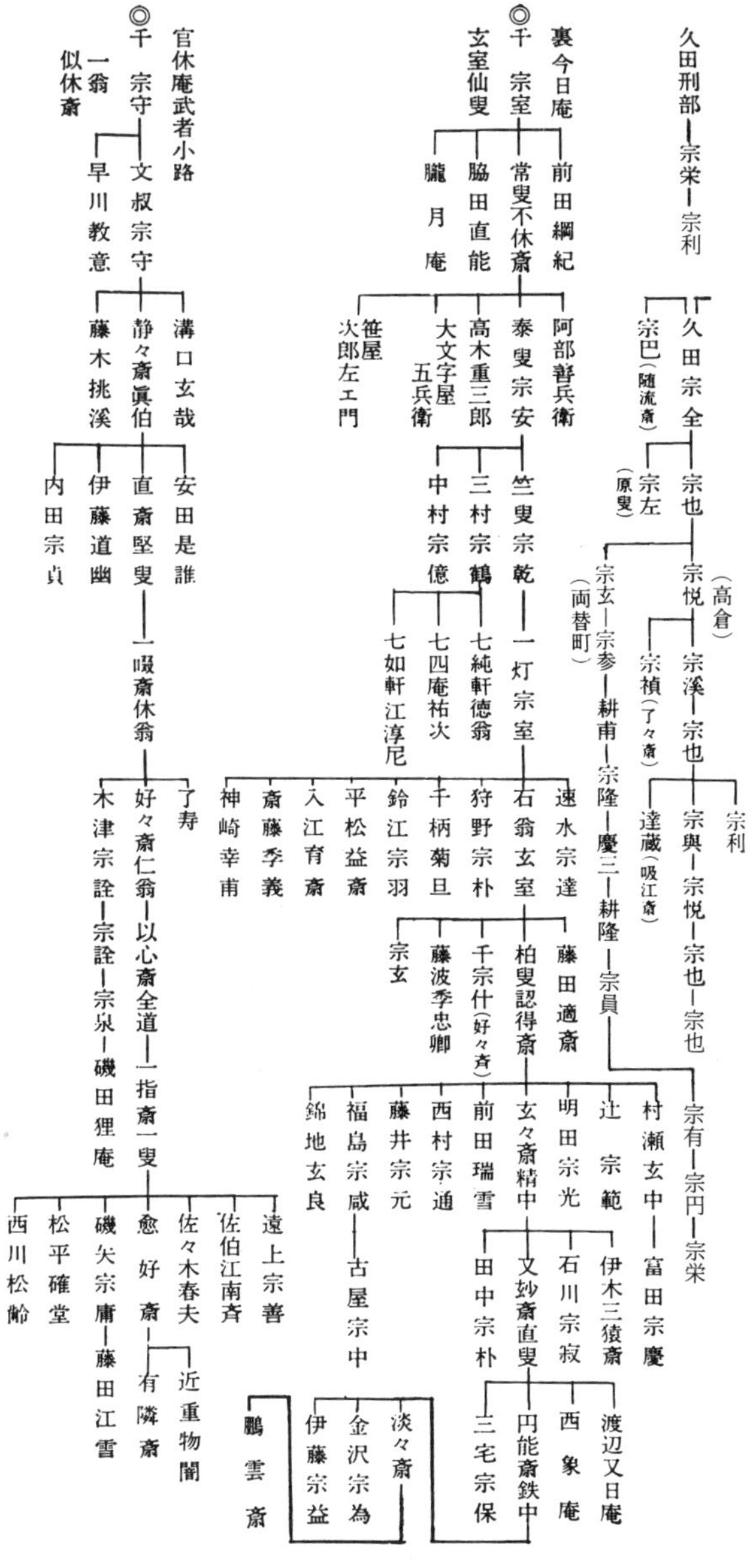

久田刑部—宗栄—宗利
久田宗全
宗巴(随流斎)
宗也
宗左(原叟)
宗悦(高倉)
宗玄(両替町)—宗参—耕甫—宗隆—慶三—耕隆—宗員
宗有—宗円—宗栄
宗渓—宗也
宗禎(了々斎)
宗利
宗與—宗悦—宗也—宗也
達蔵(吸江斎)
冨田宗慶
裏今日庵
◎千宗室
玄室仙叟
前田綱紀
常叟不休斎
脇田直能
朧月庵
阿部督兵衛
泰叟宗安
高木重三郎
大文字屋五兵衛
笹屋次郎左エ門
竺叟宗乾
三村宗鶴
中村宗億
一灯宗室
七純軒徳翁
七四庵祐次
七如軒江淳尼
速水宗達
石翁玄室
狩野宗朴
千柄菊旦
鈴江宗羽
平松益斎
入江育斎
斎藤季義
神崎幸甫
藤田適斎
柏叟認得斎
千宗什(好々斎)
藤波季忠卿
宗玄
村瀬玄中
辻宗範
明田宗光
玄々斎精中
前田瑞雪
西村宗通
藤井宗元
福島宗咸
錦地玄良
伊木三猿斎
石川宗寂
又妙斎直叟
田中宗朴
古屋宗中
渡辺又日庵
西象庵
円能斎鉄中
三宅宗保
淡々斎
金沢宗為
伊藤宗益
鵬雲斎
官休庵武者小路
◎千宗守
一翁似休斎
文叔宗守
早川教意
溝口玄哉
静々斎眞伯
藤木挑溪
安田是誰
直斎堅叟
伊藤道幽
内田宗貞
一啜斎休翁
了寿
好々斎仁翁—以心斎全道—一指斎一叟
木津宗詮—宗詮—宗泉—磯田狸庵
遠上宗善
佐伯江南斉
佐々木春夫
愈好斎
近重物閒
有隣斎
磯矢宗庸—藤田江雪
松平確堂
西川松齢

茶人系図（二）

◎古田織部正重然

- 慈胤法親王—近衛家熈
  - 鷹司輔信
  - 坊城俊将
- 佐久間将監
  - 喜多見重勝
  - 伊達道作—清水宗眞—清水道茂—望月宗竹
  - 糸屋庄三郎
- 徳川秀忠
- 大野修理亮
- 大久保忠隣
- 佐久間勝之
- 近衛信尋
- 中川佐渡守
- 岡部美濃守
- 舟越伊予守
- 幸阿弥長玄
- 道晃法親王
- 平野屋宗貞
- 市川長左ェ門
- 多賀佐近
- 伏屋飛騨守
- 比喜多宗味
- 古筆了祐
- 小堀遠江守
  - 徳川家光
  - 沢庵禅師
  - 江月禅師
  - 上柳甫斎—縣宗知
    - 林道溪—竹村鷺奄—田中一円斎
      - 柳川宗因
      - 瑞泉寺墨庵
    - 高橋休閑—清水玄昌
    - 縣三知
    - 縣三悦
  - 前田利常
  - 松平正信
  - 神尾元勝
  - 土屋政直
  - 大森漸斎—大森杕信
    - 林義牧—林牧斎
    - 勧修寺高顕
    - 大森宗震
      - 毛内雲林—松原雲章
      - 橘屋寛斎
    - 大森有斐
      - 大森礼三
      - 倉光日向守
        - 倉光忠直
        - 河窪忠成—河窪忠敬—谷久典
          - 谷国之助
          - 河窪忠懐
  - 朽木植昌
  - 佐川田昌俊
  - 茶屋宗古
  - 狩野守信
  - 山田大有
    - 青木宗鳳—新柳斎—習々斎—宗凰—平井貯月庵
      - 高谷宗範
      - 座光寺紏
    - 梶川宗澄—細合半斎—細合二斎
  - 小堀政之—政恒—政房—政峰—政寿—政方
    - 政優
      - 水谷市郎兵衛
      - 正和—正快
        - 宗博
        - 正徳—正明
      - 石黒忠憲
    - 和田晋兵衛
    - 赤塚宗輯
  - 松花堂昭乗—牛庵信海
  - 小堀政方
    - 政昌
    - 政栄
  - 小堀政貴
- 安楽庵策伝
- 上田康長
- 安宅宗雲

小堀宗舟
- 森本栗枝
- 高谷宗範

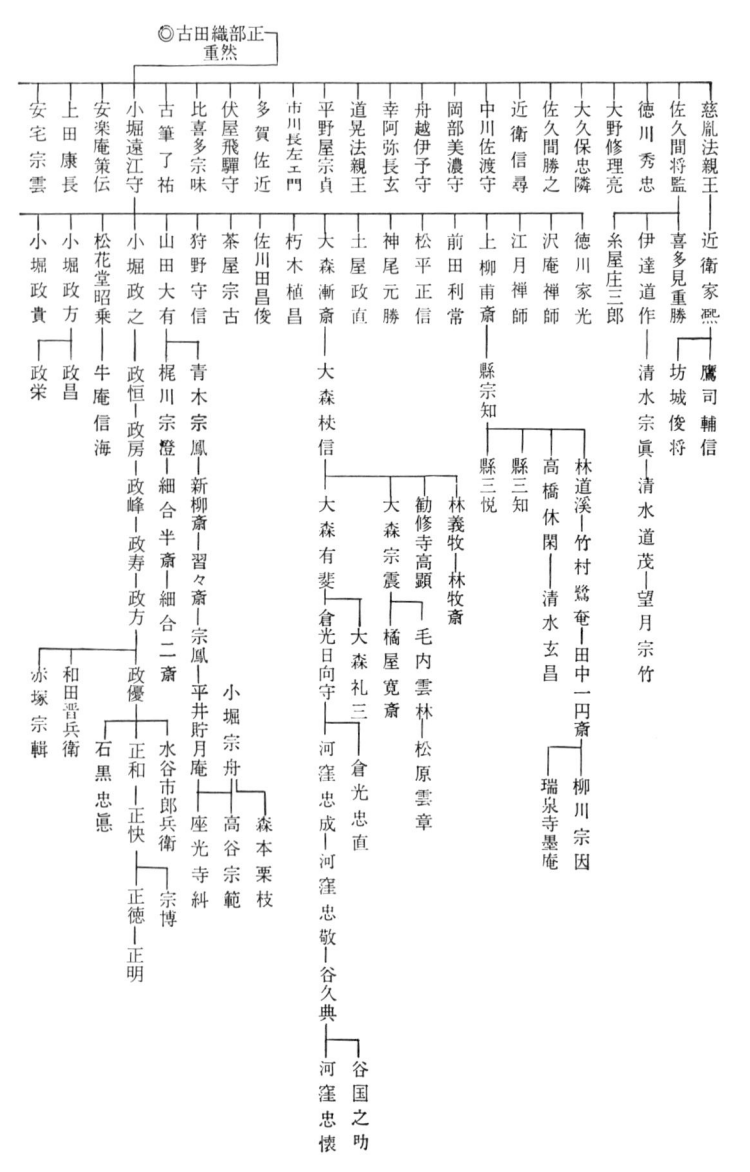

- 広橋兼勝
- 加賀爪真澄
- 木村宗禧
- 藤井宗係
- 河野清庵
- 守岡閑栖
- 武井春也
- 野村宗覚
- 毛利甲斐守
- 大久保藤十郎
- 雲龍院門主
- 本阿弥光悦─光甫空中
- 永井信斎─山田玄瑞
- 吉田斉宮─専斎─斎宮─斎宮─青木當候─青木義氏─大久保内膳
- 古田重續─重則─重直─重治─重武─重貝─相政─重元─重著─広計─重功─重剛─宗関
  - 原鉄石─秋元瑞阿弥
  - 岡崎淵冲
- 山本道勺
  - 山本道伝
  - 山本道意
- 毛利秀元
- 上田主水正─野村休夢─中村雅親─野村円斎─中村元賀─野村祖休─野村泰休─中村旦心─野村不朽斎─中村知斎─野村祖休─中村元賀─野村餘休─中村泰心─野村円斉─中村快堂─野村竹禍堂─中村静堂

- 小堀政尹─政栖─政章─政長─政幹─政徳─政富─政備─政安─正泰
- 早見頓斎
- 風間與十郎
- 清水貞甫
- 黒田正玄
  - 黒田正円
    - 黒田正是─足立元竺─平山良祐─寺町三貞
    - 山田乗仙
    - 谷久典─谷久之助
  - 黒田正悦
    - 黒田由悦─山田嘉兵衛
    - 長尾仙巣
- 小堀政武
- 伊丹屋宗不
- 大橋龍慶
- 古筆了雪
- 岡村休意
- 村田一斎
  - 桜山一有
    - 櫻山有泉
      - 桜山宗意─桜山意泉
      - 栄岬庵
    - 深松一玄
  - 伊藤喜斎
    - 伊藤喜泉─伊藤一貞─伊藤喜斎─伊藤宗順─伊藤鉚二─伊藤宗鎮─伊藤忠
    - 祢津友直
  - 山田有賀─山田宗三─山田辨悦─山田宗古─山田宗怡

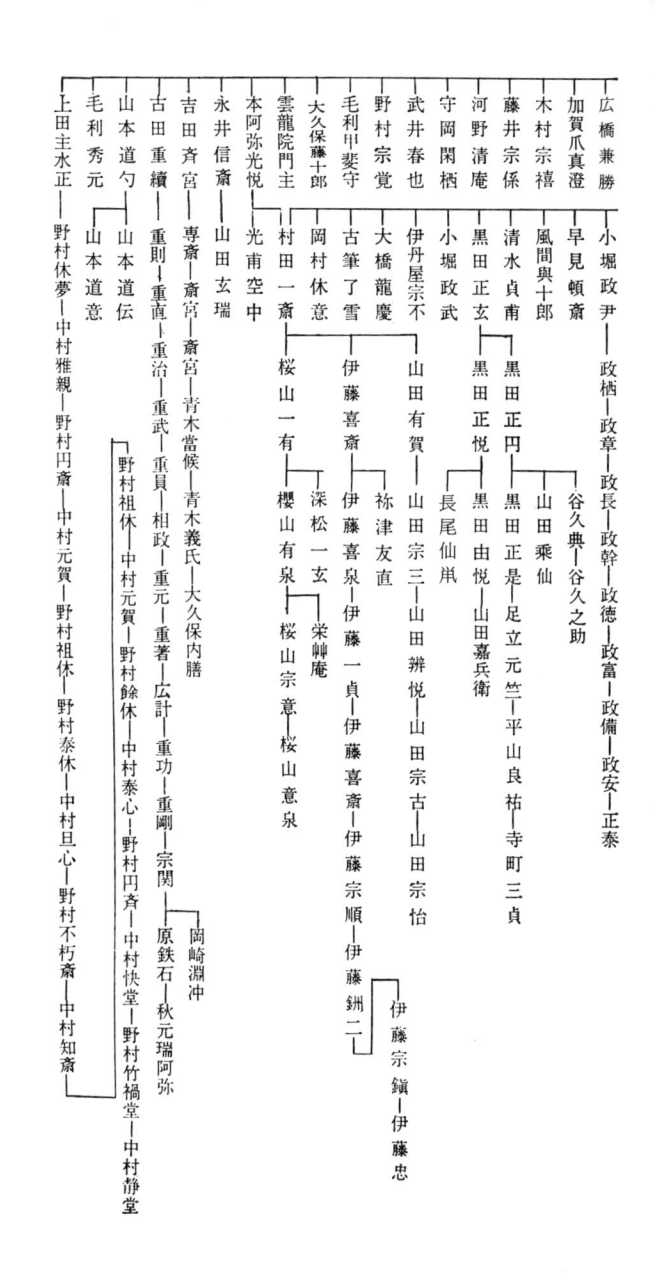

◆**堀内家　長生庵**

1 長生庵仙鶴　寛延元
2 不寂斎宗心　明和4
3 吉次宗啄　明和5
4 方合斎宗心　文化13
5 不識斎宗完　安政元
6 如是斎宗瑛　天保11
7 至慎斎宗晋　明治29
8 長春斎宗完　明治31
9 的斎宗完　明治23
10 不仙斎宗完　昭和20
11 幽峯斎宗完　昭和21
12 兼中斎宗完　現代

◆**松尾家**

1 楽只斎宗二　宝暦2
2 甑古斎宗五　明和8
3 一等斎宗政　享和2
4 不管斎宗俊　文化2
5 不俊斎宗五　文政13
6 仰止斎宗古　安政3
7 好古斎宗五　明治21
8 吸古斎宗幽　大正7
9 半古斎宗見　大正6
10 不染斎宗吾　昭和55
11 葆光斎宗倫　現代

◆**宗徧流**

1 力囲斎宗徧　宝永5
2 醐酬斎宗引　享保9
3 力囲斎宗円　宝暦7
4 陸安斎宗也　文化元
5 力囲斎宗俊　天保6
6 義明宗学　文久3
7 宗寿尼　明治16
8 希斎宗有　昭和32
9 宗白幽香　現代

◆**遠州流**

1 孤篷庵宗甫　正保4
2 宗慶政之　延宝2
3 宗実政恒　元禄7
4 宗瑞政房　正徳3
5 宗香政峰　宝暦10
6 宗延政寿　文化元
7 宗友政方　享和3
8 宗中政優　慶応3
9 宗本正和　元治元
10 宗有正快　明治42
11 宗明正徳　昭和37
12 宗慶正明　現代

◆**その他**

村田珠光　文亀2
武野紹鷗　弘治元
山上宗二　天正18
津田宗及　天正20
南坊宗啓　文禄2
今井宗久　文禄2
古田織部　元和元
織田有楽　元和7
桑山左近　寛永9
神谷宗湛　寛永12
松花堂昭乗　寛永16
細川三斎　正保2
上田宗箇　慶安3
金森宗和　明暦2
片桐石州　延宝元
藤村庸軒　元禄12
松平不昧　文政元

日本画流派一覧

◆巨勢派

巨勢金岡を祖とす。平安初期に起こり鎌倉末までは唐の古風を伝え、後、日本の画題を日本の形式でえがく。平安鎌倉では宮廷画師、吉野室町では東大寺・大乗院絵仏師。金岡（先哲絵像）、相見、公忠（坤元録屏風）広貴など著名。

◆土佐派

藤原基光にはじまるも経隆（大和より京に移り）土佐を称す。平安後期より江戸期の大和絵の中心。室町初期に分派を生じた。宮廷絵所を世襲。隆能（源氏物語絵巻）、土佐行広（融通念仏縁起絵巻）、光信（浄福寺十王図）、光起（北野天神縁起絵巻）らがいる。

◆春日派

倭画の一派、平安末春日大社の絵所に仕えた画家系統に属す。藤原隆親（一説、基光・隆能）にはじまる。

◆宅磨派

天暦の宅磨為氏（あるいは為遠）を祖とし、その子為成あらわる。勝賀（十二天図屏風）より京都絵仏師、為久より鎌倉絵師の二派。はじめ巨勢の大和絵を伝え、仏画よく、栄賀から宋元風に一変、室町時代に衰微した鎌倉時代の代表的流派。

◆隆信派

大和絵春日系の似絵をもって鎌倉期に著名。隆信（源頼朝、平重盛像）、豪信（天子摂関大臣影、花園天皇像）など。

◆住吉派

土佐系の慶恩を祖とす。如慶再興徳川氏に仕え子具慶狩野家とならび、江戸幕府の御画師となる。古風。

◆宋元派

禅僧の往来により伝えられた中国宋元画は、明兆系およびその系統の如拙（瓢鮎図）、その弟子周文（山水図）、ついで小栗宗湛、真能（白衣観音。阿弥派）、曽我蛇足、雪舟（山水長巻、破墨山水雪舟派）など水墨画に秀いで、室町以降有力作家を輩出した。建長寺書記祥啓（啓書記）、また名手で一派をなした。

◆雲谷派

始祖等顔、雪舟のすんだ雲谷庵にいて、雪舟に私叔、用筆厳正構図荘重楷体画をかいた（竹林七賢図）。

◆**長谷川派**

始祖等伯、能登より上京、狩野派を学び、のち雪舟画系を標榜。独創卓抜風韻あり（円徳院水墨智積院楓図）。

◆**狩野派**

正信（崖下布袋図）を祖とす。如拙・周文を学び、力強い装飾画をかく。義政に仕え系統繁栄、江戸期の代表的流派。宗家は中橋を称う。元信、松栄、永徳、光信代々名手なり。その子貞信、弟子興以、了慶は著名。光信弟孝信の子、守信は号探幽（鍛冶橋狩野の祖）。門人久隅守景よく、鶴沢探山の系統に石田幽汀、円山応挙でる。探幽の弟尚信は木挽町狩野の祖。子常信また名手、中橋・鍛冶橋・木挽町を狩野三家という。探幽養子洞雲を駿河台、尚信孫岑信を浜町という。

◆**海北派**

始祖友松、永徳に学び、宋の梁楷の渇筆法を用い、彩画も巧み、袋人物と称し独特、友雪以後装飾的となった。

◆**京狩野派**

師永徳とならび桃山期狩野派の代表画家山楽（大覚寺松鷹、紅梅図）の系統には山雪・永納など相続く。

◆**琳派**

俵屋宗達（風神雪神図）は狩野派を学び、古土佐を慕い、装飾画に独自の工夫をなす。尾形光琳（燕子花、紅白梅図）は呉服商に生まれ土佐派を研鑽。天才光悦の感化を受け大和絵系の装飾画化を大成。弟乾山、酒井抱一、渡辺始興、神阪雪佳。

◆**長崎派**

江戸期における海外文化唯一の窓口、長崎に起こった流派。禅宗画系の肖像画派（釈逸然）、北宋画派、写生的な花鳥画派（沈南蘋宋紫石）、文人画派、洋画派などがある。

◆**南宋画派（文人画派）**

伝統派の形式化に対し、文人余技が珍重され、江戸中期以降に栄えた。祇園南海、池大雅、与謝蕪村、田能村竹田、同じく直入、浦上玉堂、中林竹洞、貫名海屋、山本梅逸、小田海僊、中西耕石、富岡鉄斉。

◆**北宋画派**

禅宗の北宋に擬してよぶ中国の一派。北宋画系の緻密な着色画から、水墨まで多様。谷文晁、渡辺華山。

◆**英派**

英一蝶（琴棋書画屏風）は狩野派に風俗を加えた町絵師

風の一派を開く。英一峰、同一蜩、一川、一舟、一珪、一嶂。

◆円山派

円山応挙は探幽の流れをくみ、諸派を綜合し、沈南蘋の影響を受け、写生を旗幟とし、一派を立てる。江戸中期より現代までの日本画壇の一中心の派。森狙仙、長沢芦雪、駒井源琦、渡辺南岳、山口素絢、原在中、大西椿年、森寛斉、鈴木百年、松年。

◆四条派

松村呉春は蕪村に学び、応挙の筆意を喜び、技術様式軽妙さがある。四条東洞院に住したので四条派という。松村景文、岡本豊彦、塩川文鱗、幸野楳嶺、山田文厚、田中月耕、菊地芳文、竹内栖鳳。

◆玉蟾派

望月玉蟾は土佐光成、山口雪渓に学び、極彩色画をかく。望月玉川、同玉泉。

◆岸派

岸駒は沈南蘋に私叔、写生を重んじ、虎をよくす。岱、連山、竹堂など。

◆浮世絵派

岩佐又兵衛（一説に異名大津又平とも）がはじめたという、江戸中期以降栄えた町人文化の所産。庶民的なのと、版画により普及、俳優遊女などの似顔、世態風俗をかく（錦画当世絵などという）。菱川師宣、懐月堂、奥村政信、鳥居清信、宮川長春、勝川春章、葛飾北斎、西村重長、石川豊信、磯田湖龍斉、鈴木春信、喜多川歌麿、歌川豊春、豊国、安藤広重、西川祐信、北尾重政、池田英泉、東洲斉写楽は有名。

日本画家系図

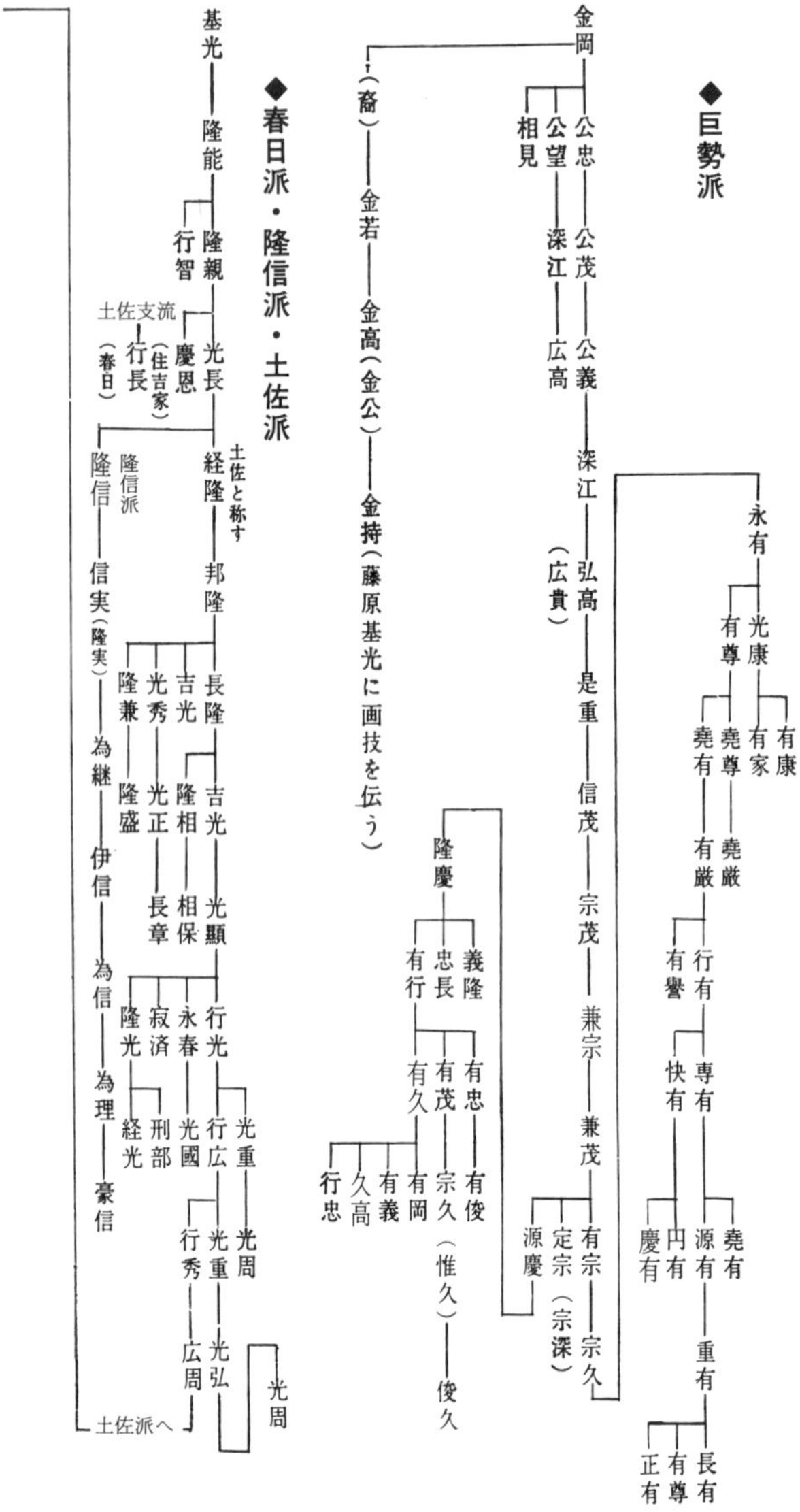
◆巨勢派
金岡
公忠
公望
相見
公茂
深江
公義
広高
深江
弘高
（広貴）
是重
信茂
宗茂
兼宗
兼茂
有宗
定宗
（宗深）
源慶
宗久
永有
光康
有尊
有康
有家
堯尊
堯有
堯厳
有厳
行有
有譽
専有
快有
堯有
源有
円有
慶有
重有
長有
有尊
正有
隆慶
義隆
忠長
有行
有忠
有茂
有久
有俊
宗久
（惟久）
俊久
有岡
有義
久高
行忠
（裔）
金若
金高（金公）
金持（藤原基光に画技を伝う）
◆春日派・隆信派・土佐派
基光
隆能
隆親
行智
光長
慶恩
（住吉家）
土佐支流
行長
（春日）
経隆
土佐と称す
隆信
隆信派
邦隆
信実（隆実）
長隆
吉光
光秀
隆兼
吉光
隆相
光正
隆盛
光顕
相保
長章
為継
伊信
為信
為理
豪信
行光
永春
寂済
隆光
光重
行広
光國
刑部
経光
光周
光重
行秀
光弘
広周
光周
土佐派へ

- 光信—光茂—光元—光吉—光則—光起—光成—光祐—光芳
  - 光貞—光孚
    - 光文
    - 光清—光武
  - 光淳—光時—光禄—光文
    - 光章—光一
  - 千代（狩野古法眼妻）
- 光輔
  - （裔）——光益
- 光吉
  - 広通（如慶）（敕により住吉家を中興）—広澄（具慶）—広保—弘蓬
    - 広夏
    - 弘蓬—広守
      - 広当—広長
      - 広行—広尚—弘貫
        - 広賢—広一
        - 貫魚
        - 貫義—暎丘
        - 貫周
        - 貫業
      - 慶舟—広長—広隆—広寿—弘延
        - 洞益
      - 直芳—直隆—直起—隆吉—隆重

（土佐三筆　光長・光信・光起）

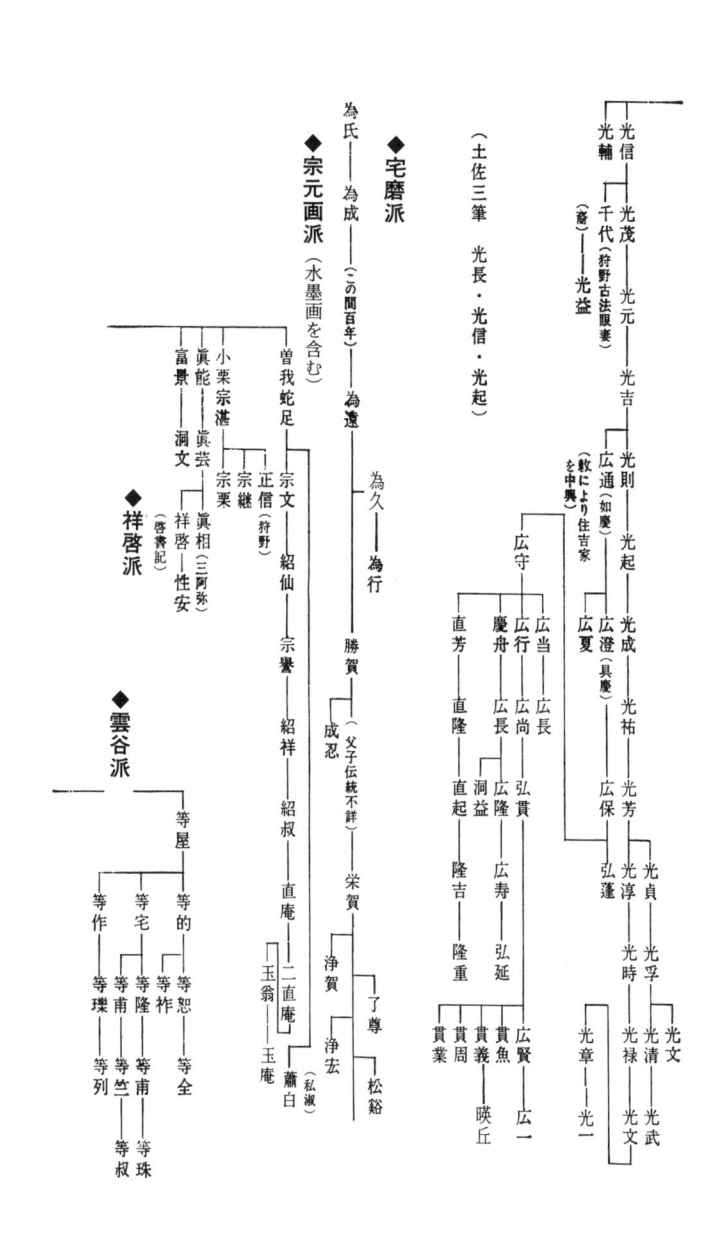

◆宅磨派

- 為氏—為成—（この間百年）—為遠
  - 為久—為行
  - 勝賀—（父子伝統不詳）—栄賀
    - 成忍
    - 浄賀
    - 了尊
    - 浄宏
    - 松谿

◆宗元画派（水墨画を含む）

- 曽我蛇足—宗文—紹仙—宗誉—紹祥—紹叔—直庵—二直庵
  - 玉翁—玉庵
  - 蕭白（私淑）
- 小栗宗湛
  - 正信（狩野）
  - 宗継
  - 宗栗
- 眞能—眞芸—眞相（三阿弥）
  - 祥啓（啓書記）—性安
- 富景—洞文

◆祥啓派

◆雲谷派

- 等屋
  - 等的—等恕—等全
    - 等怍
  - 等宅—等隆—等甫—等珠
    - 等甫—等竺—等叔
  - 等作—等璨—等列

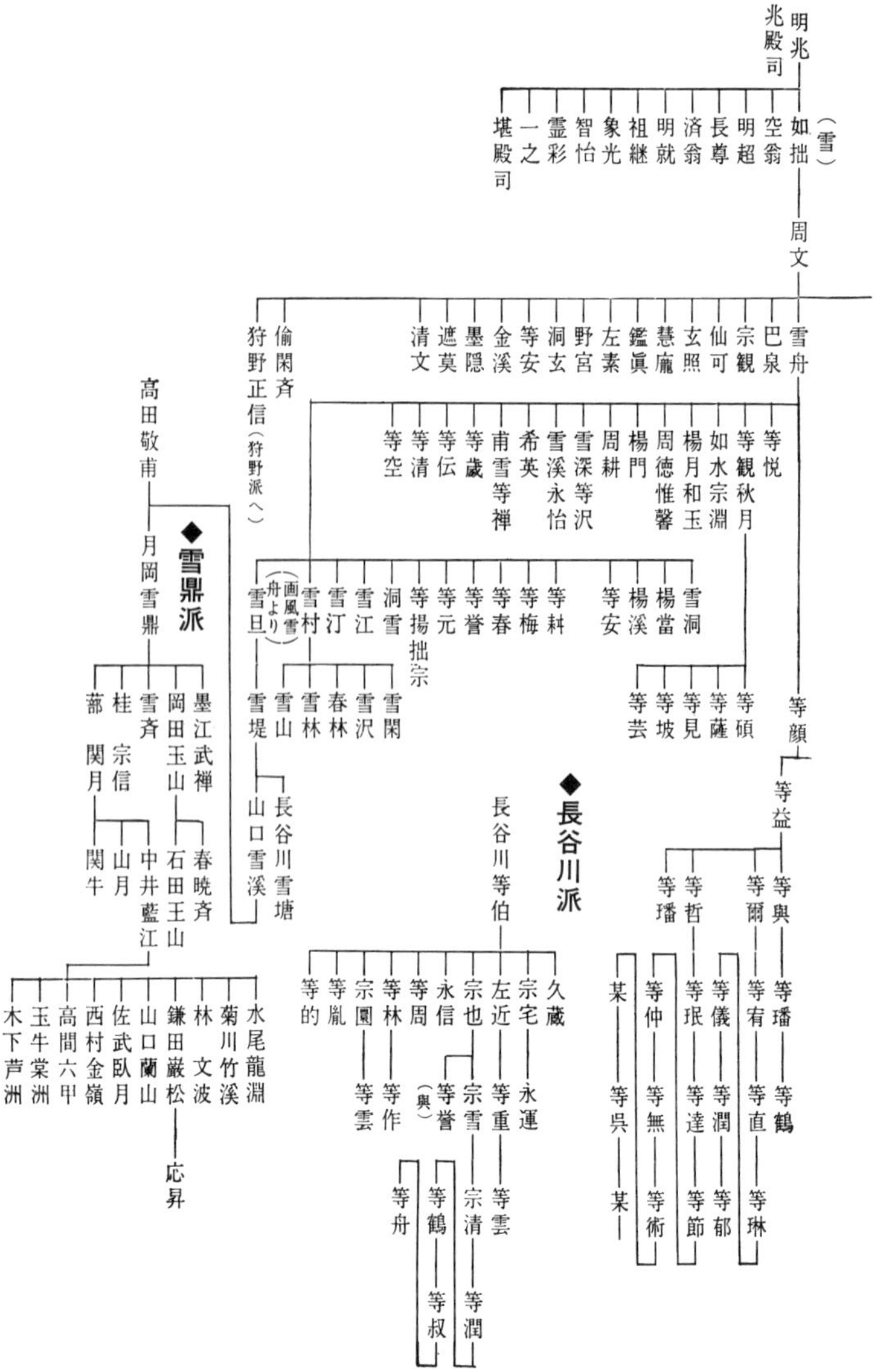

明兆
兆殿司
如拙（雪）
空翁
明超
長尊
済翁
明就
祖継
象光
智怡
霊彩
一之
堪殿司
周文
雪舟
巴泉
宗観
仙可
玄照
慧庵
鑑眞
左素
野宮
洞玄
等安
金渓
墨隠
遮莫
清文
偷閑斉
狩野正信（狩野派へ）
等悦
等観秋月
如水宗淵
楊月和玉
周徳惟馨
楊門
周耕
雪深等沢
雪渓永怡
希英
甫雪等禅
等歳
等伝
等清
等空
雪洞
楊當
楊渓
等安
等秇
等梅
等春
等誉
等元
等揚拙宗
洞雪
雪江
雪汀
雪村（画風雪舟より）
雪旦
等碩
等薩
等見
等坡
等芸
雪閑
雪沢
春林
雪林
雪山
雪堤
長谷川雪塘
山口雪溪
等顔
等益
等與
等爾
等哲
等播
等播
等宥
等儀
等珉
等仲
某
等鶴
等直
等潤
等達
等無
等呉
等琳
等郁
等節
等術
某
◆長谷川派
長谷川等伯
久蔵
宗宅
左近
宗也
永信
等周
等林
宗圜
等胤
等的
永運
等重
宗雪
等誉（與）
等作
等雲
等雲
宗清
等鶴
等舟
等潤
等叔
◆雪鼎派
高田敬甫
月岡雪鼎
墨江武禅
岡田玉山
雪斉
桂宗信
蔀関月
春暁斉
石田王山
中井藍江
山月
関牛
水尾龍淵
菊川竹溪
林文波
鎌田巌松
山口蘭山
佐武臥月
西村金嶺
高間六甲
玉牛棠洲
木下芦洲
応昇

◆狩野派

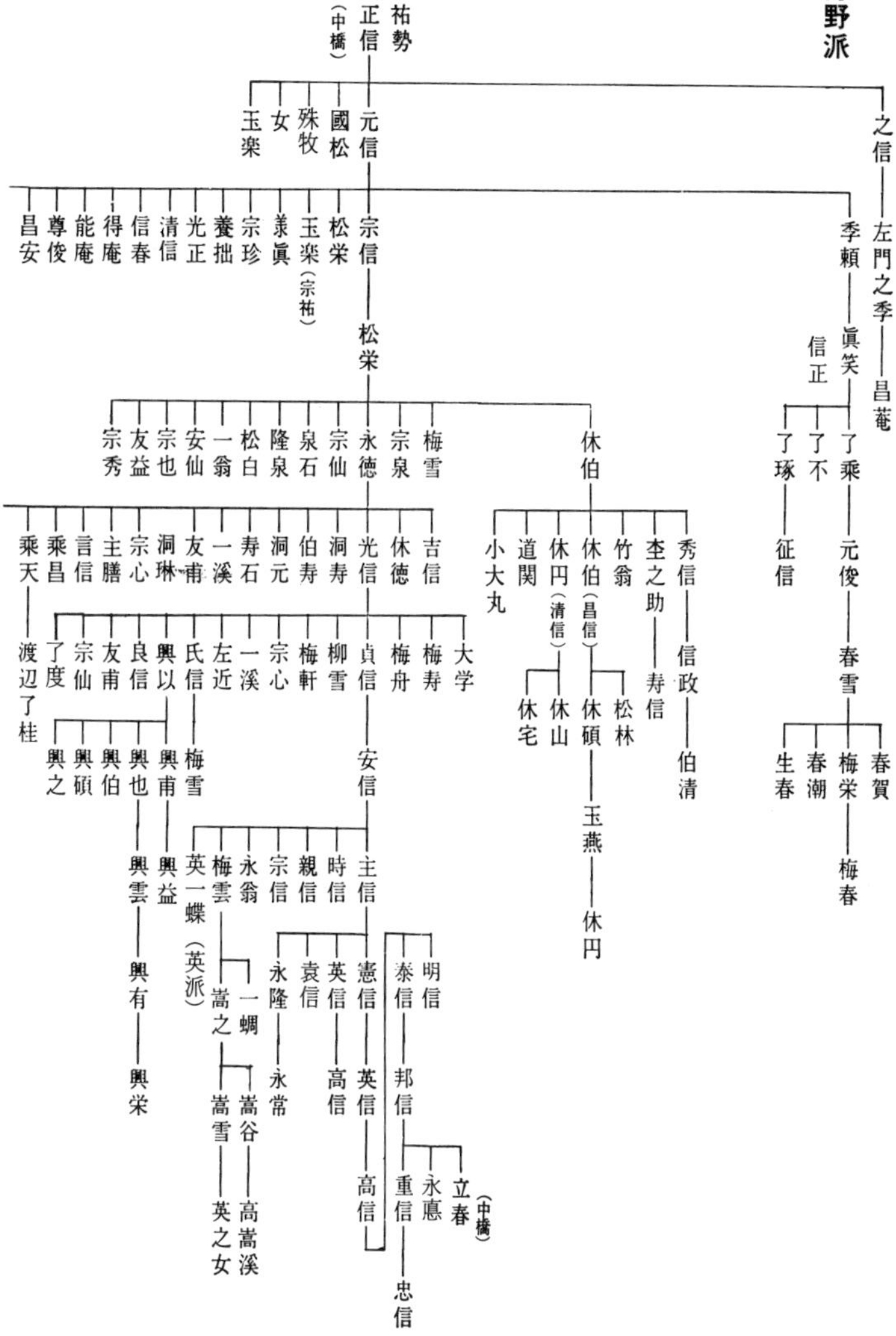
祐勢
正信（中橋）
之信
左門之季
昌菴
元信
國松
殊牧
女
玉楽
季頼
眞笑
信正
了乗
了不
了琢
征信
元俊
春雪
春賀
梅栄
春潮
生春
梅春
宗信
松栄
玉楽（宗祐）
兼眞
宗珍
養拙
光正
清信
信春
得庵
能庵
尊俊
昌安
松栄
休伯
梅雪
宗泉
永徳
宗仙
泉石
隆泉
松白
一翁
安仙
宗也
友益
宗秀
秀信
信政
伯清
杢之助
寿信
竹翁
休伯（昌信）
松林
休碩
玉燕
休円
休円（清信）
休山
休宅
道閑
小大丸
吉信
休徳
光信
洞寿
伯寿
洞元
寿石
一溪
友甫
洞琳
宗心
主膳
言信
乗昌
乗天
渡辺了桂
大学
梅寿
梅舟
貞信
柳雪
梅軒
宗心
一溪
左近
氏信
梅雪
興以
興甫
興益
興也
興雲
興有
興栄
興伯
興碩
興之
良信
友甫
宗仙
了度
安信
主信
時信
親信
宗信
永翁
梅雲
一蜩
嵩之
嵩谷
高嵩溪
嵩雪
英之女
英一蝶（英派）
明信
泰信
邦信
立春（中橋）
永悳
重信
忠信
憲信
英信
高信
英信
高信
袁信
永隆
永常

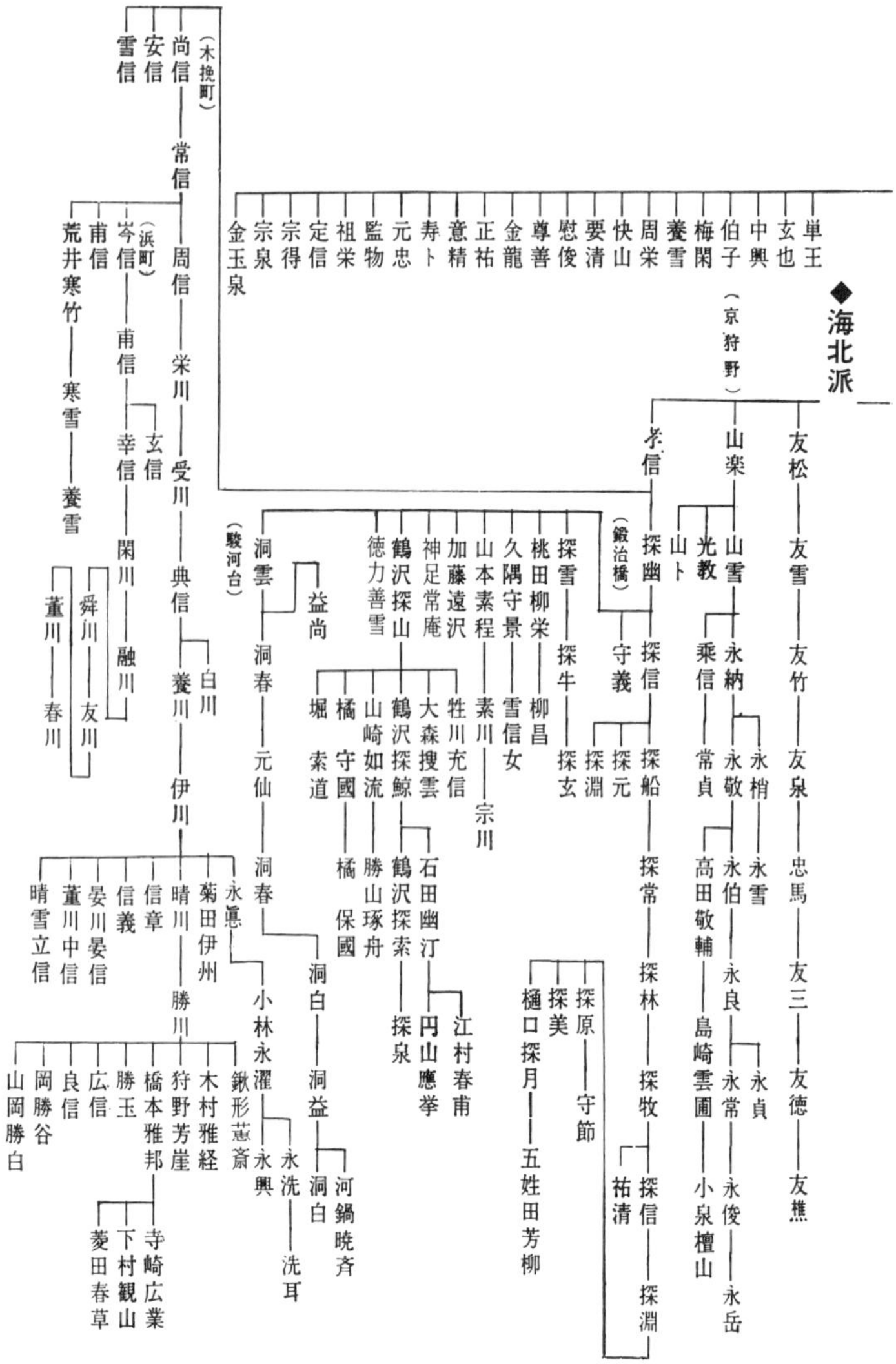

単王
玄也
中興
伯子
梅閑
養雪
周栄
快山
要清
慰俊
尊善
金龍
正祐
意精
寿卜
元忠
監物
祖栄
定信
宗得
宗泉
金玉泉
◆海北派
友松
友雪
友竹
友泉
忠馬
友三
友徳
友樵
（京狩野）
山楽
山卜
光教
山雪
永納
乗信
常貞
高田敬輔
島崎雲圃
小泉檀山
永梢
永雪
永敬
永伯
永良
永貞
永常
永俊
永岳
孝信
（鍛冶橋）
探幽
探信
探船
探常
探林
探牧
探信
探淵
守義
探元
探淵
祐清
探原
守節
探美
樋口探月
五姓田芳柳
探雪
探牛
探玄
桃田柳栄
柳昌
久隅守景
雪信女
山本素程
素川
宗川
加藤遠沢
牡川充信
神足常庵
鶴沢探山
鶴沢探鯨
鶴沢探索
探泉
石田幽汀
円山應挙
江村春甫
大森捜雲
山崎如流
勝山琢舟
橘守國
橘保國
堀索道
徳力善雪
（駿河台）
洞雲
益尚
洞春
元仙
洞春
洞白
洞益
洞白
河鍋暁斉
小林永濯
永興
永洗
洗耳
（木挽町）
尚信
常信
周信
栄川
受川
典信
白川
養川
伊川
安信
雪信
（浜町）
岑信
甫信
幸信
玄信
閑川
融川
甫信
荒井寒竹
寒雪
養雪
舜川
友川
董川
春川
永悳
菊田伊州
晴川
勝川
信章
信義
晏川晏信
董川中信
晴雪立信
鍬形蕙斎
木村雅経
狩野芳崖
橋本雅邦
寺崎広業
下村観山
菱田春草
勝玉
広信
良信
岡勝谷
山岡勝白

◆琳派

- 俵屋宗達
  - 喜多川相説
  - 俵屋宗雪
  - 尾形光琳
    - 方淑
      - 光是
    - 渡辺始興
      - 始房
    - 俵屋宗理
    - 酒井抱一
      - 鈴木蛎潭
      - 酒井鶯浦
      - 鈴木其一
        - 瑞彦
          - 神阪雪佳
      - 抱義
      - 抱古
      - 抱二
      - 元一
    - 尾形乾山
  - 尾形深省
    - 立林何帛

◆玉蟾派

- 望月玉蟾
  - 玉川
    - 玉川
      - 玉泉
  - 大西酔月
  - 僧鼇山
    - 村山東洲

◆南画風諸派

- 與謝蕪村
  - 松村月溪
  - 紀　梅亭
  - 横井金谷
  - 松本奉時

- 田能村竹田
  - 高橋草坪
  - 帆足杏雨
  - 田能村直入
  - 後藤碩田
  - 杜　秋艇
  - 僧　五岳

- 浦上玉堂
  - 春琴
    - 春甫
    - 僧　霞山
    - 稲垣子復
    - 熊坂適山
  - 秋琴

◆長崎派（一）

- 釈逸然
  - 渡辺秀石
    - 渡辺秀朴
    - 秀岳
      - 元周
        - 秀渓
          - 秀彩
            - 秀詮
              - 秀実
  - 河村若芝
    - 河村若元
      - 若麟
      - 若鳳
    - 河村若軌
    - 若芝一山

◆長崎派（二）

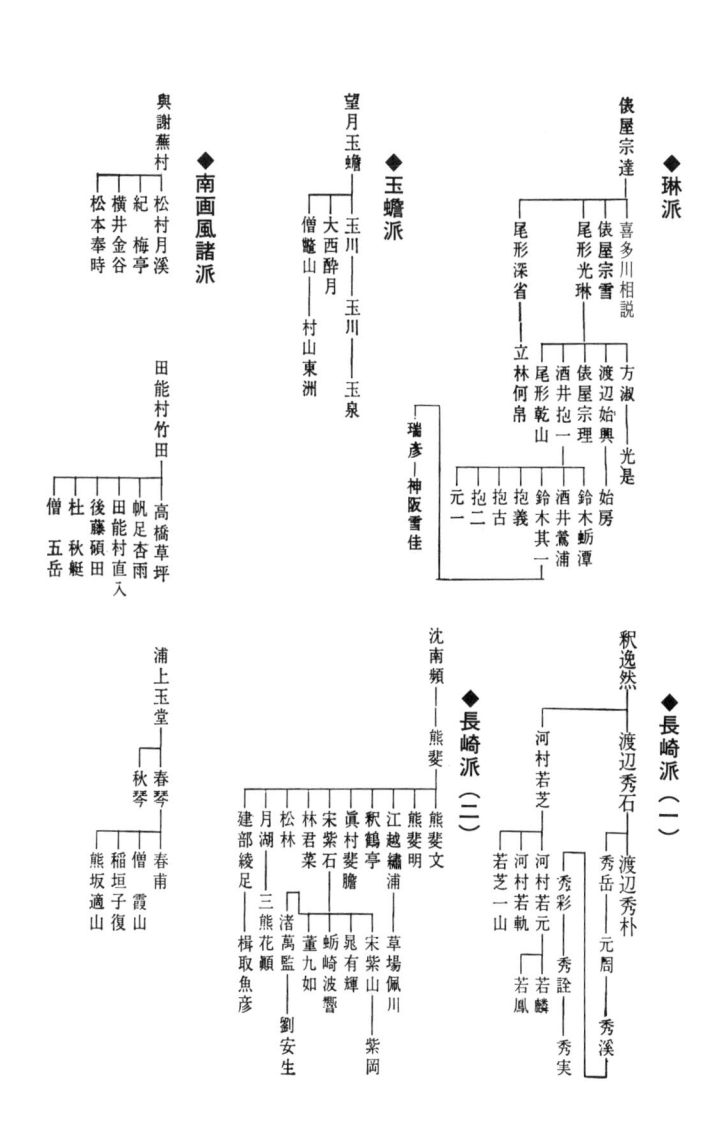

- 沈南蘋
  - 熊斐
    - 熊斐文
    - 熊斐明
    - 江越繡浦
      - 草場佩川
    - 釈鶴亭
    - 眞村斐膽
    - 宋紫石
      - 宋紫山
        - 紫岡
      - 晁有輝
      - 蛎崎波響
      - 董九如
      - 渚萬監
        - 劉安生
    - 林君菜
    - 松林
    - 月湖
      - 三熊花顚
    - 建部綾足
      - 楫取魚彦

- 山本梅逸
  - 前田暢堂
  - 小島老鉄
  - 上田桃逸
  - 中野水竹

- 貫名海屋
  - 日根対山
    - 猪瀬東寧
    - 野口小蘋

- 小田海遷
  - 中西耕石
  - 大庭学僊

- 中林竹洞
  - 竹渓
  - 清淑
  - 沖岳
  - 大倉笠山
  - 今大路悠山
  - 匂田台嶺
  - 高橋杏村

◆北宋画風派

- 谷文晁
  - 谷文一
    - 谷文二
  - 鈴木芙蓉
    - 鈴木小蓮
    - 鈴木鳴門
  - 金子金陵
  - 鈴木鷲湖
    - 安田米斉
  - 春木南湖
    - 春木南溟
      - 春木南華
    - 春木西湖
  - 依田竹谷
  - 喜田武清
    - 喜田武一
  - 渡辺玄対
    - 渡辺赤水
    - 片桐桐陰
      - 荒木寛快
        - 荒木寛一
        - 荒木寛畝
  - 立原杏所
  - 渡辺華山
    - 椿椿山
      - 野口幽谷
      - 安西采石
      - 渡辺小華
    - 岡本秋暉
    - 山本琴谷
    - 福田半香
      - 奥原晴湖
  - 大西椿年
  - 僧雲室
  - 大岡雲峰
  - 大西圭斉
    - 岡本秋暉
      - 羽田子雲
      - 大沢南谷
      - 鍬形蕙斎
  - 佐竹永海
    - 佐竹永湖
    - 佐竹永邨
  - 田崎草雲
  - 高久靄崖
    - 谷口靄山
    - 高久隆古
    - 川窪蘭崖
  - 清水曲河

◆円山派

- 円山応挙
  - 円山応瑞
    - 円山応祥
    - 円山応春
    - 図志南峯
    - 中島來章
      - 川端玉章
      - 中島有章
    - 円山応震
      - 円山応立
      - 國井応文
  - 駒井源琦
  - 島田元直
  - 八田古秀
  - 木下応受
  - 山口素絢
    - 山口素岳
  - 長沢芦雪
    - 長沢芦州
      - 長沢芦鳳
  - 吉村蘭陵
    - 吉村孝敬
      - 吉村了斉
  - 西村楠亭
  - 森徹山
    - 森寛斉
      - 山元春挙
    - 森一鳳
      - 森二鳳
  - 渡辺南岳
    - 大西椿年
      - 鈴木百年
        - 鈴木松年
          - 上村松園
        - 久保田米僊
        - 今尾景年
          - 木島櫻谷
  - 奥文鳴
  - 僧月僊
    - 谷口月窓
    - 川口月嶺
    - 世継寂窓
  - 森狙仙
  - 原在中
    - 在正
    - 在善
    - 在明
      - 在照
        - 在泉
          - 在寛

◆四條派

- 円山応挙
  - 松村呉春
    - 長山孔寅
    - 松村景文
      - 田中日華
      - 西山芳園
      - 横山清暉
      - 松村玉文
    - 山脇東暉

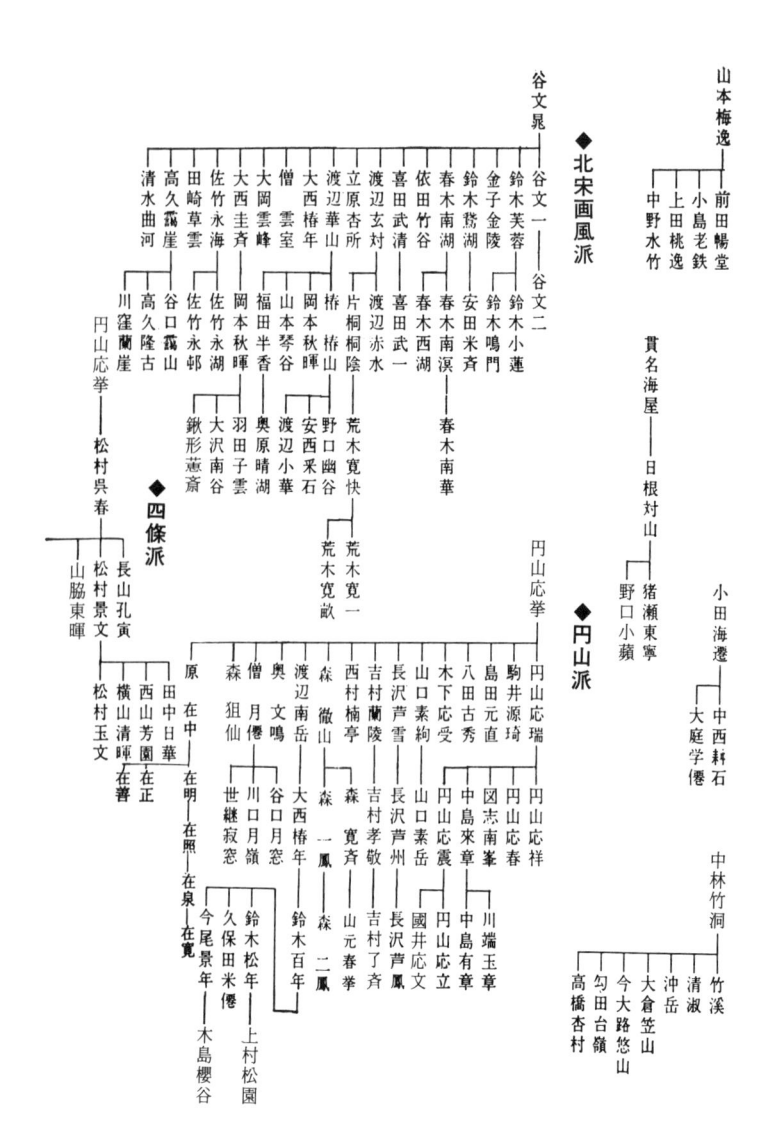

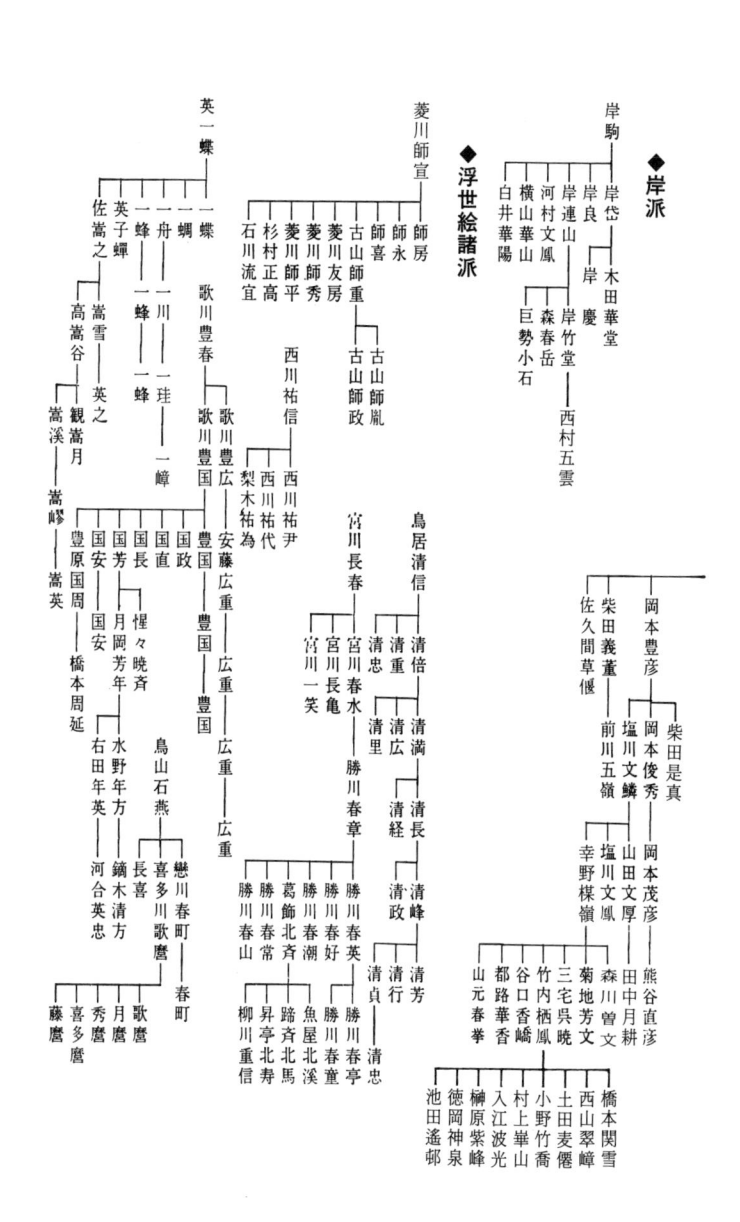

◆岸派

- 岸駒
  - 岸岱
    - 木田華堂
  - 岸良
    - 岸慶
  - 岸連山
    - 岸竹堂
      - 西村五雲
    - 森春岳
    - 巨勢小石
  - 河村文鳳
  - 横山華山
  - 白井華陽

- （前頁より）
  - 岡本豊彦
    - 柴田是真
    - 岡本俊秀
      - 岡本茂彦
        - 熊谷直彦
    - 塩川文麟
      - 山田文厚
        - 田中月耕
      - 塩川文鳳
      - 幸野楳嶺
        - 森川曽文
        - 菊地芳文
        - 三宅呉暁
        - 竹内栖鳳
          - 橋本関雪
          - 西山翠嶂
          - 土田麦僊
          - 小野竹喬
          - 村上崋山
          - 入江波光
          - 榊原紫峰
          - 徳岡神泉
          - 池田遙邨
        - 谷口香嶠
        - 都路華香
        - 山元春挙
  - 柴田義董
    - 前川五嶺
  - 佐久間草偃

◆浮世絵諸派

- 菱川師宣
  - 師房
  - 師永
  - 師喜
  - 古山師重
    - 古山師胤
    - 古山師政
  - 菱川友房
  - 菱川師秀
  - 菱川師平
  - 杉村正高
  - 石川流宣

- 西川祐信
  - 西川祐尹
  - 西川祐代
  - 梨木祐為

- 鳥居清信
  - 清倍
    - 清満
      - 清長
        - 清峰
          - 清芳
          - 清行
          - 清貞
            - 清忠
        - 清政
      - 清経
    - 清広
    - 清里
  - 清重
  - 清忠

- 宮川長春
  - 宮川春水
    - 勝川春章
      - 勝川春英
        - 勝川春亭
        - 勝川春童
      - 勝川春好
      - 勝川春潮
      - 葛飾北斎
        - 魚屋北渓
        - 蹄斎北馬
        - 昇亭北寿
        - 柳川重信
      - 勝川春常
      - 勝川春山
  - 宮川長亀
  - 宮川一笑

- 英一蝶
  - 一蝶
  - 一蜩
  - 一舟
    - 一川
      - 一珪
        - 一嶂
  - 一蜂
    - 一蜂
      - 一蜂
  - 英子蟬
  - 佐嵩之
    - 嵩雪
      - 英之
    - 高嵩谷
      - 観嵩月
      - 嵩渓
        - 嵩嵺
          - 嵩英

- 歌川豊春
  - 歌川豊広
    - 安藤広重
      - 広重
        - 広重
          - 広重
  - 歌川豊国
    - 豊国
      - 豊国
        - 豊国
    - 国政
    - 国直
    - 国長
    - 国芳
      - 惺々暁斎
      - 月岡芳年
        - 水野年方
          - 鏑木清方
        - 右田年英
          - 河合英忠
    - 国安
      - 国安
    - 豊原国周
      - 橋本周延

- 鳥山石燕
  - 戀川春町
    - 春町
  - 喜多川歌麿
    - 歌麿
    - 月麿
    - 秀麿
    - 喜多麿
    - 藤麿
  - 長喜

前栽秘抄伝承関係藤原氏略系図

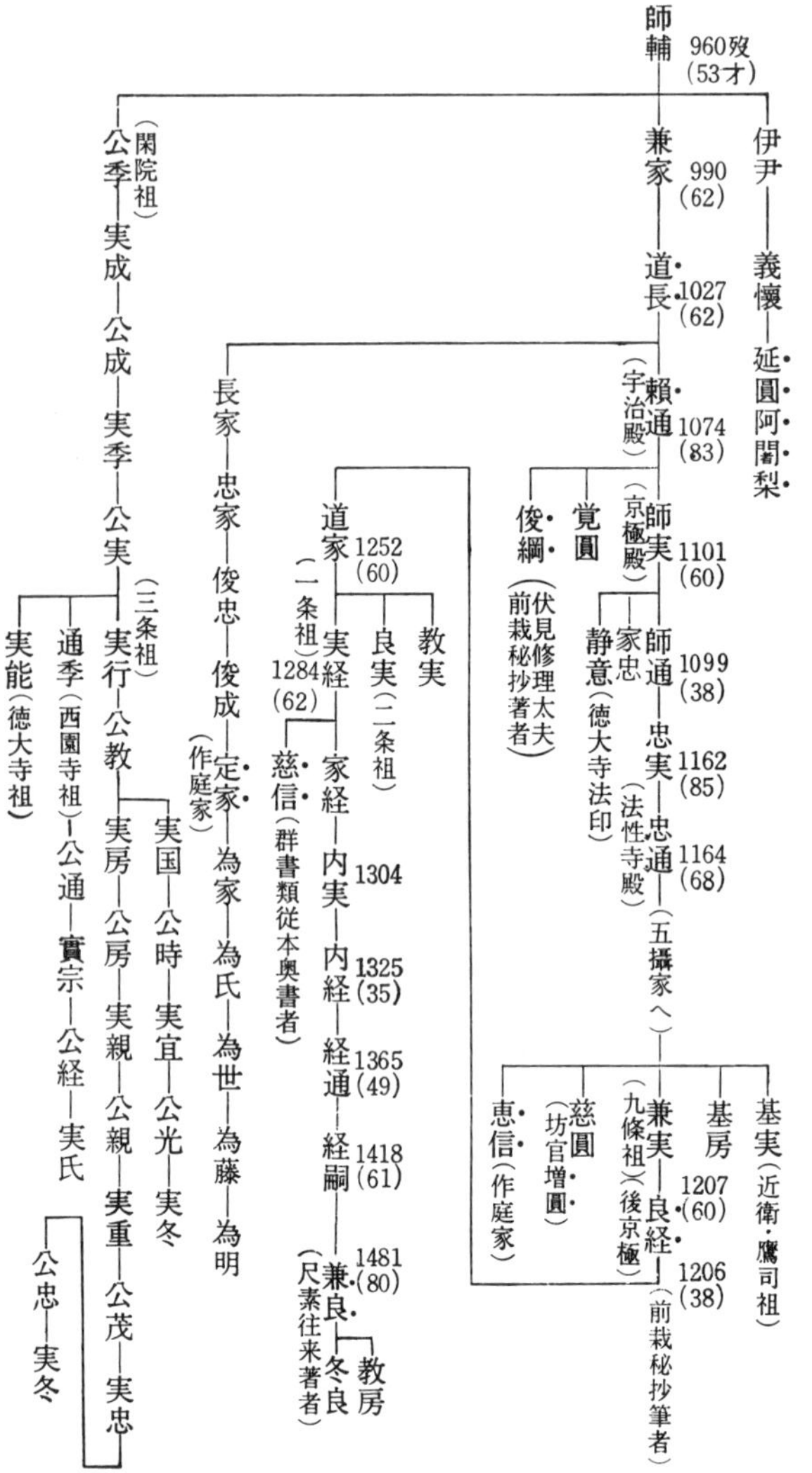
師輔 960歿 (53才)
伊尹
義懐
延圓阿闍梨
兼家 990 (62)
道長 1027 (62)
頼通 1074 (83)
(宇治殿)
俊綱
(伏見修理太夫 前栽秘抄著者)
覚圓
師実 1101 (60)
(京極殿)
静意
(徳大寺法印)
家忠
師通 1099 (38)
忠実 1162 (85)
忠通 1164 (68)
(法性寺殿)
(五攝家へ)
基実
(近衛・鷹司祖)
基房
兼実 1207 (60)
(九條祖)
良経 1206 (38)
(後京極)
(前栽秘抄筆者)
慈圓
(坊官増圓)
恵信
(作庭家)
道家 1252 (60)
教実
良実
(二条祖)
実経 1284 (62)
(一条祖)
家経
慈信
(群書類従本奥書者)
内実 1304
内経 1325 (35)
経通 1365 (49)
経嗣 1418 (61)
兼良 1481 (80)
(尺素往来著者)
冬良
教房
長家
忠家
俊忠
俊成
定家
(作庭家)
為家
為氏
為世
為藤
為明
公季
(閑院祖)
実成
公成
実季
公実
実行
(三条祖)
公教
実房
公房
実親
公親
実重
公茂
実忠
実国
公時
実宜
公光
実冬
公忠
実冬
通季
(西園寺祖)
公通
實宗
公経
実氏
実能
(徳大寺祖)

筆道系図

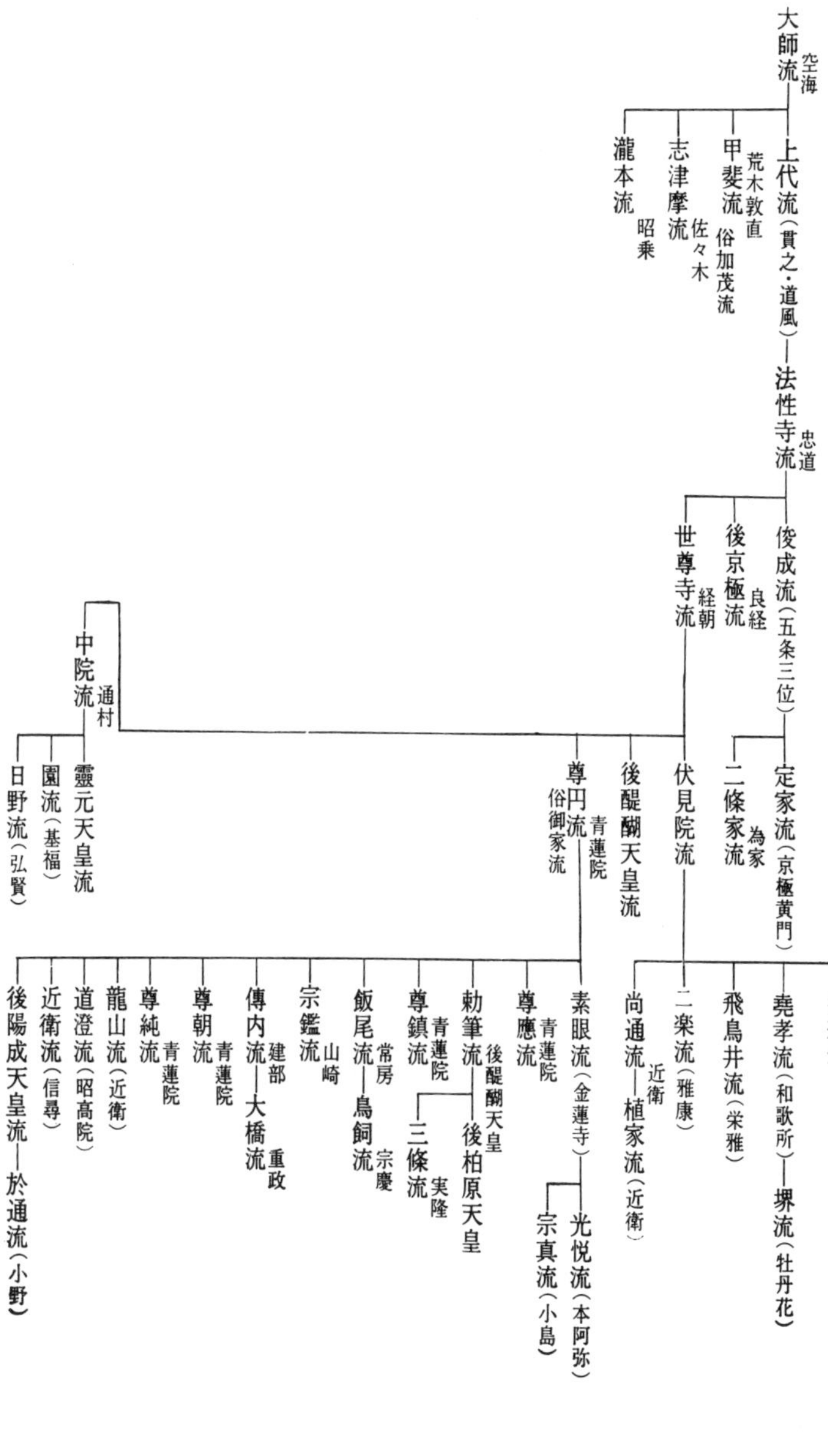

大師流 空海
上代流（貫之・道風）
甲斐流 荒木敦直
俗加茂流
志津摩流 佐々木
瀧本流 昭乗
法性寺流 忠道
俊成流（五条三位）
後京極流 良経
世尊寺流 経朝
定家流（京極黄門）
二條家流 為家
伏見院流
後醍醐天皇流
尊円流 青蓮院 俗御家流
中院流 通村
靈元天皇流
園流（基福）
日野流（弘賢）
宗雅流 飛鳥井流
尭孝流（和歌所）
堺流（牡丹花）
飛鳥井流（栄雅）
二楽流（雅康）
尚通流 近衛
植家流（近衛）
素眼流（金蓮寺）
光悦流（本阿弥）
宗真流（小島）
尊應流 青蓮院
勅筆流 後醍醐天皇
後柏原天皇
三條流 実隆
尊鎮流 青蓮院
飯尾流 常房
鳥飼流 宗慶
宗鑑流 山崎
傳内流 建部
大橋流 重政
尊朝流 青蓮院
尊純流 青蓮院
龍山流（近衛）
道澄流（昭高院）
近衛流（信尋）
後陽成天皇流
於通流（小野）

佛師系図

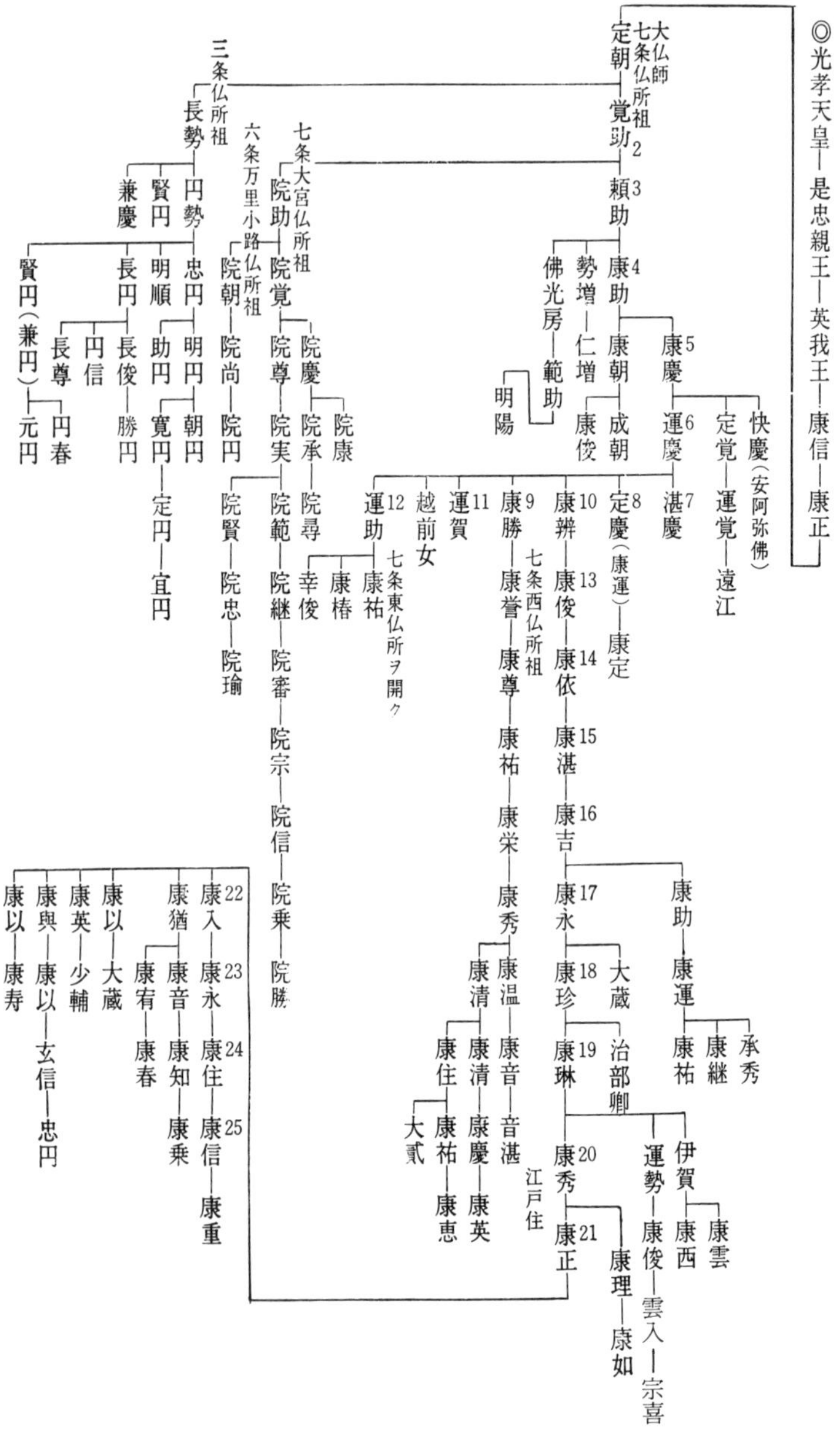
◎光孝天皇―是忠親王―英我王―康信―康正
大仏師 七条仏所祖 定朝
覚助 2
頼助 3
康助 4
康朝―成朝
康俊
康慶 5
快慶（安阿弥佛）
定覚―運覚―遠江
運慶 6
湛慶 7
定慶 8（康運）―康定
康勝 9―康誉―康尊―康祐―康栄―康秀
七条西仏所祖
康温―康音―音湛
康清―康清―康慶―康英
康住―康祐―康恵
大貳
江戸住
康辨 10―康俊 13―康依 14―康湛 15―康吉 16
康永 17―康珍 18―康琳 19―康秀 20―康正 21
大蔵
治部卿
康理―康如
伊賀―康西
康雲
運勢―康俊―雲入―宗喜
康助―康運―康祐
康継
承秀
運賀 11
越前女
運助 12
七条東仏所ヲ開ク
康祐
康椿
幸俊
勢増―仁増
佛光房―範助
明陽
康入 22―康永 23―康住 24―康信 25―康重
康猶―康音―康知―康乗
康宥―康春
康以―大蔵
康英―少輔
康與―康以―玄信―忠円
康以―康寿
七条大宮仏所祖
院助―院覚
院尊―院実―院範―院継―院審―院宗―院信―院乗―院勝
院賢―院忠―院瑜
院慶―院承―院尋
院康
六条万里小路仏所祖
院朝―院尚―院円
三条仏所祖
長勢―円勢
兼慶
賢円
忠円―明円―朝円
助円
寛円―定円―宜円
明順
長円―長俊―勝円
円信
長尊
賢円（兼円）―元円
円春

⊠私年号表

朝廷の定めた公式の年号以外に、社寺縁起・碑文などに見える。大宝年号以前、6、7世紀の古代年号群と、鎌倉・室町期の中世年号群がある。逸年号、異年号ともいう。

◆ア

私年号	年間(別号)	元年西暦
殷到	(教到)	
永喜	——	1526

◆カ

私年号	年間(別号)	元年西暦
嘉紀	4	499
願轉	4	601
願博	(願転)	
果安	——	687
寛	——	1466
教到	5	531
教知	(教到)	
貴楽	2	552
兄弟	1	558
兄弟和	(兄弟)	
金光	6	570
鏡常	4	581
鏡當	(鏡常)	
鏡帝	(鏡常)	
喜楽	2	552
吉貴	6	595
賢輔	5	576
賢接	(賢輔)	
賢棲	(賢輔)	
賢称	(賢輔)	
見聖	——	613
見知	(見聖)	
景縄	5	618
迎雲	——	1199
結靖	(法清)	
光元	6	605
光充	(光元)	
弘元	(光元)	
告貴	(吉貴)	

◆サ

私年号	年間(別号)	元年西暦
師安	1	564
照勝	4	585
照烈	(照勝)	
勝照	(照勝)	
始哭	6	595
証明	4	600頃
正知	5	526
正和	(正知)	
正治	(正知)	
常色	8	500頃
常色	5	647
朱雀	2	673
従貴	(吉貴)	
聖徳	6	629
聖聴	(聖徳)	
政端	1	603
節中	1	623
善記	4	522
善化	(善記)	
善紀	(善記)	
僧聴	5	536
僧安	4	632
僧要	(僧安)	
僧安	5	635
蔵知	5	559
蔵和	(蔵知)	

◆タ

私年号	年間(別号)	元年西暦
端政	6	589
端正	(端政)	
端改	(端政)	
大化	——	687
大和	3	695
大屯	——	692
大長	3	698
泰平	——	1172
大道	——	1380頃
知僧	5	565
長命	7	640
中元	4	662
定和	7	500頃
定居	7	611
天感	(天平感宝)	
天靖	——	1443
同要	(明要)	
得	2	550

◆ナ

私年号	年間(別号)	元年西暦
仁王	6	623

◆ハ

私年号	年間(別号)	元年西暦
発倒	(教到)	
白雉	9	652
白鳳	16	649
白鳳	23	661
白禄	——	1336
白鹿	——	1341
煩轉	(願転)	
福徳	(寛正の略)	
福徳	2	1490
宝元	5	535
宝寿	2	
法清	4	554
法靖	(法清)	
法興	31	591

◆マ

私年号	年間(別号)	元年西暦
弥勤	——	1506
明要	11	541
明長	(長命)	
命長	(長命)	
命禄	(永喜)	

◆ラ

私年号	年間(別号)	元年西暦
列滴	——	前290頃
靈至	——	270頃

◆ワ

私年号	年間(別号)	元年西暦
和僧	(知僧)	
和重	2	587
和勝	——	1190
和景縄	(景縄)	
倭京	(景縄)	
和黄縄	(景縄)	

年　号	西暦	時　代	年間	改元日

◆ホ

保安	1120	平安末	4	4／10
保延	1135	平安末	6	4／27
保元	1156	平安末	3	4／27

◆マ

萬寿	1024	平安中	4	7／13
萬治	1658	江戸初	3	7／23
萬延	1860	江戸末	1	3／18

◆ミ・メ

明徳	1390	鎌倉北	4	3／26
明応	1492	室町中	9	7／19
明暦	1655	江戸初	3	4／13
明和	1764	江戸中	8	6／02
明治	1868	近　代	44	9／08

◆ヨ

養老	717	奈良中	7	11／17
養和	1181	平安末	1	7／14

◆レ

暦仁	1238	鎌倉中	1	11／23
暦応	1338	鎌倉北	4	8／28
靈亀	715	奈良中	2	9／02

◆ワ

和銅	708	奈良中	7	1／11

年　号	西暦	時　代	年間	改元日
◆チ・ヂ				
治安	1021	平安中	3	2／02
治暦	1065	平安中	4	8／02
治承	1177	平安末	4	8／04
長徳	995	平安中	4	2／22
長保	999	平安中	5	1／13
長和	1012	平安中	5	12／25
長元	1028	平安中	9	7／25
長暦	1037	平安中	3	4／21
長久	1040	平安中	4	11／10
長治	1104	平安末	2	2／10
長承	1132	平安末	3	8／11
長寛	1163	平安末	2	3／29
長禄	1457	室町中	3	9／28
長享	1487	室町中	2	7／20
貞観	859	平安初	18	4／15
貞元	976	平安中	2	7／13
貞応	1222	鎌倉初	2	4／13
貞永	1232	鎌倉初	1	4／02
貞和	1345	鎌倉北	5	10／21
貞治	1362	鎌倉北	6	9／23
貞享	1684	江戸初	4	2／21
◆テ（貞はヂ）				
天平	729	奈良末	20	8／05
天平感宝	749	奈良末	3月	4／14
天平勝宝	749	奈良末	8	7／02
天平宝字	757	奈良末	8	8／18
天平神護	765	奈良末	2	1／07
天応	781	奈良末	1	1／01
天長	824	平安初	10	1／05
天安	857	平安初	2	2／21
天慶	938	平安中	9	5／22
天暦	947	平安中	10	4／22
天徳	957	平安中	4	10／27
天禄	970	平安中	3	3／25
天延	973	平安中	3	12／20
天元	978	平安中	5	11／29
天喜	1053	平安中	5	1／11
天仁	1108	平安末	2	8／03
天永	1110	平安末	3	7／13
天治	1124	平安末	2	4／03
天承	1131	平安末	1	1／29
天養	1144	平安末	1	2／23
天福	1233	鎌倉初	1	4／15

年　号	西暦	時　代	年間	改元日
◆テ（貞はヂ）				
天授	1375	鎌倉南	16	5／27
天文	1532	室町末	23	7／29
天正	1573	桃山初	19	7／28
天和	1681	江戸初	3	9／29
天明	1781	江戸中	8	4／02
天保	1830	江戸末	14	12／10
◆ト				
徳治	1306	鎌倉末	2	12／14
◆ニ				
仁寿	851	平安初	3	4／28
仁和	885	平安初	4	2／21
仁平	1151	平安末	3	1／26
仁安	1166	平安末	3	8／27
仁治	1240	鎌倉中	3	7／16
◆ハ・ヒ				
白雉	650	飛鳥末	5	2／15
◆フ				
文治	1185	鎌倉初	5	8／14
文暦	1234	鎌倉初	1	11／05
文応	1260	鎌倉中	1	4／13
文永	1264	鎌倉中	11	2／28
文保	1317	鎌倉末	2	2／03
文和	1352	鎌倉北	4	9／27
文中	1372	鎌倉南	3	10／04
文安	1444	室町初	5	2／05
文正	1466	室町中	1	2／28
文明	1469	室町中	18	4／28
文亀	1501	室町中	3	2／29
文禄	1592	桃山中	4	12／08
文化	1804	江戸末	14	2／11
文政	1818	江戸末	12	4／22
文久	1861	江戸末	3	2／19
◆ヘ				
平治	1159	平安末	1	4／20
平成	1989	現代		1／07
◆ホ				
宝亀	770	奈良末	11	10／01
宝治	1247	鎌倉中	2	2／28
宝徳	1449	室町中	3	7／28
宝永	1704	江戸初	7	3／13
宝暦	1751	江戸中	13	10／27

年　号	西暦	時　代	年間	改元日

◆ケ

慶安	1648	江戸初	4	2／15
慶応	1865	江戸末	3	4／08
建久	1190	鎌倉初	9	4／11
建仁	1201	鎌倉初	3	2／13
建永	1206	鎌倉初	1	4／27
建暦	1211	鎌倉初	2	3／09
建保	1213	鎌倉初	6	12／06
建長	1249	鎌倉中	7	3／18
建治	1275	鎌倉中	3	4／25
建武	1334	鎌　倉 北南	北4 南2	1／29
建徳	1370	鎌倉南	2	7／24
元慶	877	平安初	8	4／16
元永	1118	平安末	2	4／03
元暦	1184	平安末	1	4／16
元久	1204	鎌倉初	2	2／20
元仁	1224	鎌倉初	1	11／20
元応	1319	鎌倉末	2	4／28
元亨	1321	鎌倉末	3	2／23
元徳	1329	鎌倉末	2	8／29
元弘	1331	鎌倉末	3	8／10
元中	1384	鎌倉南	9	4／28
元亀	1570	桃山初	3	4／23
元和	1615	江戸初	9	7／13
元禄	1688	江戸中	16	9／30
元文	1736	江戸末	5	4／28
元治	1864	江戸末	1	2／20
乾元	1302	鎌倉末	1	11／21

◆コ

弘仁	810	平安初	14	9／19
弘長	1261	鎌倉中	3	2／20
弘安	1278	鎌倉中	10	2／29
弘和	1381	鎌倉南	3	2／10
弘治	1555	桃山初	3	10／23
弘化	1844	江戸末	4	12／02
康保	964	平安中	4	7／10
康平	1058	平安中	7	8／29
康和	1099	平安末	5	8／28
康治	1142	平安末	2	4／28
康元	1256	鎌倉中	1	10／05
康永	1342	鎌倉北	3	4／27
康安	1361	鎌倉北	1	3／29
康暦	1379	鎌倉北	2	3／22

年　号	西暦	時　代	年間	改元日

◆コ

康応	1389	鎌倉北	1	2／09
康正	1455	室町中	2	7／28
興国	1340	鎌倉南	6	4／28

◆サ・セ

斎衡	854	平安初	3	11／30

◆シ（治・貞はチ、仁はニ）

承和	834	平安初	14	1／03
承平	931	平安中	7	4／26
承保	1074	平安中	3	8／23
承暦	1077	平安中	4	11／17
承徳	1097	平安末	2	11／21
承安	1171	平安末	4	4／21
承元	1207	鎌倉初	4	10／25
承久	1219	鎌倉初	3	4／12
承応	1652	江戸初	3	9／18
正暦	990	平安中	5	11／07
正治	1199	鎌倉初	2	4／27
正嘉	1257	鎌倉中	2	3／14
正元	1259	鎌倉中	1	3／26
正応	1288	鎌倉末	5	4／28
正安	1299	鎌倉末	3	4／25
正和	1312	鎌倉末	5	3／20
正中	1324	鎌倉末	2	11／09
正慶	1332	鎌倉北	2	4／28
正平	1346	鎌倉南	24	7／04
正長	1428	室町初	1	4／27
正保	1644	江戸初	4	12／16
正徳	1711	江戸初	5	4／25
神亀	729	奈良中	5	2／04
神護景雲	767	奈良末	3	8／16
朱鳥	686	奈良初	1	7／20
昌泰	898	平安初	3	4／26
寿永	1182	平安末	3	5／27
至徳	1384	鎌倉北	3	2／27
昭和	1926	現　代	64	12／25

◆タ

大化	645	飛鳥末	5	6／19
大宝	701	奈良初	3	3／21
大同	806	平安初	4	5／18
大治	1126	平安末	5	1／22
大永	1521	室町末	7	8／23
大正	1912	近　代	14	7／30

年号索引

◆ア

年号	西暦	時代	年間	改元日
安和	968	平安中	2	8／13
安元	1176	平安末	2	7／28
安貞	1227	鎌倉初	2	12／10
安永	1772	江戸中	9	11／16
安政	1854	江戸末	6	11／27

◆エ・ヱ

年号	西暦	時代	年間	改元日
延暦	782	平安初	24	8／19
延喜	901	平安中	22	7／15
延長	923	平安中	8	4／11
延久	1069	平安中	5	4／13
延応	1239	鎌倉中	1	2／07
延慶	1308	鎌倉末	3	10／09
延元	1336	鎌倉南	4	2／29
延文	1356	鎌倉北	5	3／28
延徳	1489	室町中	3	8／21
延宝	1673	江戸初	8	9／21
延享	1744	江戸中	4	2／21
永観	983	平安中	2	4／15
永延	987	平安中	2	4／05
永祚	989	平安中	1	8／08
永承	1046	平安中	7	4／14
永保	1081	平安中	3	2／10
永長	1096	平安末	1	12／17
永久	1113	平安末	5	7／13
永治	1141	平安末	1	7／10
永暦	1160	平安末	1	1／10
永萬	1165	平安末	1	6／05
永仁	1293	鎌倉末	6	8／05
永和	1375	鎌倉北	4	2／27
永徳	1381	鎌倉南	3	2／24
永享	1429	室町初	12	9／05
永正	1504	室町中	17	2／30
永禄	1558	桃山初	12	2／28

◆オ

年号	西暦	時代	年間	改元日
応和	961	平安中	3	2／16
応徳	1084	平安末	3	2／07
応保	1161	平安末	2	9／04
応長	1311	鎌倉末	1	4／28
応安	1368	鎌倉北	7	2／18
応永	1394	室町初	34	7／05

◆オ

年号	西暦	時代	年間	改元日
応仁	1467	室町中	2	3／05

◆カ（元はケ）

年号	西暦	時代	年間	改元日
嘉祥	848	平安初	3	6／13
嘉保	1094	平安末	2	12／15
嘉承	1106	平安末	2	4／09
嘉応	1169	平安末	2	4／08
嘉禄	1225	鎌倉初	2	4／20
嘉禎	1235	鎌倉中	3	9／19
嘉元	1303	鎌倉末	3	8／05
嘉暦	1326	鎌倉末	3	4／26
嘉慶	1387	鎌倉北	2	8／23
嘉吉	1441	室町初	3	2／17
嘉永	1848	江戸末	6	2／28
寛平	889	平安初	9	4／27
寛和	985	平安中	2	4／27
寛弘	1004	平安中	8	7／20
寛仁	1017	平安中	4	4／23
寛徳	1044	平安中	2	11／24
寛治	1087	平安末	7	4／07
寛喜	1229	鎌倉初	3	3／05
寛元	1243	鎌倉中	4	2／26
寛正	1460	室町中	6	12／21
寛永	1624	江戸初	20	2／30
寛文	1661	江戸初	12	4／25
寛保	1741	江戸中	3	2／27
寛延	1748	江戸中	3	7／12
寛政	1789	江戸末	12	1／25
乾元	1302	鎌倉末	1	11／21
観応	1350	鎌倉北	2	2／27

◆キ

年号	西暦	時代	年間	改元日
久安	1145	平安末	6	7／22
久寿	1154	平安末	2	10／28
享徳	1452	室町中	3	7／25
享禄	1528	室町末	4	8／20
享保	1716	江戸中	20	6／22
享和	1801	江戸末	3	2／05

◆ケ・ゲ

年号	西暦	時代	年間	改元日
慶雲	704	奈良初	4	5／10
慶長	1596	桃山末	19	11／27

元号	干支	天皇	西暦	事　　項
昭和　26	辛卯		1951	
27	壬辰		1952	桜池院／正智院
28	癸巳		1953	西禅院／本覚院／岸和田城
29	甲午		1954	
30	乙未		1955	
31	丙申		1956	瑞応院／竜蔵寺
32	丁酉		1957	光明寺
33	戊戌		1958	
34	己亥		1959	
35	庚子		1960	栄光寺／香里団地以楽苑
36	辛丑		1961	真如院移築／林昌寺／瑞峯院
37	壬寅		1962	志度寺　**林泉協会 30 周年**
38	癸卯		1963	教法院／興禅寺
39	甲辰		1964	竜吟庵
40	乙巳		1965	北野美術館／貴船神社
41	丙午		1966	住吉神社
42	丁未		1967	**『京都名園記』**
43	戊申		1968	正眼寺
44	己酉		1969	金剛寺／漢陽寺／天籟庵移築登録文化財指定
45	庚戌		1970	大阪万国博／法金剛院修復／霊雲院
46	辛亥		1971	広島遊園地　**『日本庭園史大系』**
47	壬子		1972	大阪豊国神社　**林泉協会 40 周年**
48	癸丑		1973	福智院／泉涌寺本坊
49	甲寅		1974	本休寺
50	乙卯		1975	松尾大社松風苑／重森三玲没／平城京左京三条二坊庭園発掘
51	丙辰		1976	平城宮跡東院庭園発掘
52	丁巳		1977	
53	戊午		1978	佐藤博物館庭／称名寺庭園発掘整備／梁田寺
54	己未		1979	東氏館跡庭園発掘
55	庚申		1980	
56	辛酉		1981	永福寺庭園発掘調査開始
57	壬戌		1982	
58	癸亥		1983	
59	甲子		1984	出雲市立図書館庭／本楽寺
60	乙丑		1985	興国寺
61	丙寅		1986	高梨館跡庭園発掘整備
62	丁卯		1987	
63	戊辰		1988	凌雲寺
平成　元	己巳	今上 (125 代)	1989	**【平成】**
2	庚午		1990	麟雲閣露路復元／花博記念公園鶴見緑地
3	辛未		1991	五島氏庭園発掘整備／万徳寺庭園発掘整備
4	壬申		1992	平等院庭園発掘調査／好古園開園／城之越遺跡整備
5	癸酉		1993	
6	甲戌		1994	兵主神社発掘整備
7	乙亥		1995	米津寺
8	丙子		1996	碧巌寺庭園発掘整備
9	丁丑		1997	大蘊寺整備
10	戊寅		1998	飛鳥京跡苑池発掘
11	己卯		1999	重森三玲記念館開館／酒船遺跡発掘
12	庚辰		2000	
13	辛巳		2001	平等院平橋反橋復元／冷泉院発掘
14	壬午		2002	**林泉協会 70 周年**／友琳庭移設

元号	干支	天皇	西暦	事　　項
明治　34	辛丑		1901	
35	壬寅		1902	
36	癸卯		1903	日比谷公園
37	甲辰		1904	都ホテル
38	乙巳		1905	天授庵改造／對龍山荘／真々庵
39	丙午		1906	三渓園／盛美園
40	丁未		1907	
41	戊申		1908	高台寺土井
42	己酉		1909	
43	庚戌		1910	慶沢園／麟祥院／霊鷲山荘
44	辛亥		1911	
大正　元	壬子	大正 (123 代)	1912	**【大正時代】**　**中華民国**
2	癸丑		1913	清風荘
3	甲寅		1914	有芳園／円山公園／天籟庵
4	乙卯		1915	
5	丙辰		1916	平安神宮東神苑
6	丁巳		1917	
7	戊午		1918	
8	己未		1919	旧古河邸
9	庚申		1920	
10	辛酉		1921	芦花浅水荘／明治神宮
11	壬戌		1922	
12	癸亥		1923	碧雲荘／つる屋／関東大地震
13	甲子		1924	＊江角氏
14	乙丑		1925	織宝苑／清流亭
昭和　元	丙寅	昭和 (124 代)	1926	**【昭和時代】**／温山荘
2	丁卯		1927	光雲寺／善導寺
3	戊辰		1928	
4	己巳		1929	
5	庚午		1930	
6	辛未		1931	
7	壬申		1932	**京都林泉協会発足**／怡園
8	癸酉		1933	多木化学別館／靖国神社／小川治兵衛没
9	甲戌		1934	春日大社社務所
10	乙亥		1935	
11	丙子		1936	**『日本庭園史図鑑』**
12	丁丑		1937	
13	戊寅		1938	
14	己卯		1939	東福寺本坊／芬陀院修復
15	庚辰		1940	建仁寺方丈
16	辛巳		1941	
17	壬午		1942	
18	癸未		1943	
19	甲申		1944	
20	乙酉		1945	終戦
21	丙戌		1946	
22	丁亥		1947	
23	戊子		1948	
24	己丑		1949	金閣焼失／小山氏寄暢亭　**中華人民共和国**
25	庚寅		1950	

元号	干支	天皇	西暦	事　　項
嘉永　4	辛亥		1851	
5	壬子		1852	金剛輪寺／高桐院
6	癸丑		1853	
安政　元	甲寅		1854	丸子谷氏／＊聚遠亭
2	乙卯		1855	
3	丙辰		1856	寿量院／無可有荘／長建寺
4	丁巳		1857	＊長泉寺
5	戊午		1858	**『石組園生八重垣伝』**
6	己未		1859	
萬延　元	庚申		1860	
文久　元	辛酉		1861	
2	壬戌		1862	金剛峯寺
3	癸亥		1863	天赦園改造／成巽閣
元治　元	甲子		1864	
慶応　元	乙丑		1865	等覚寺
2	丙寅		1866	春光院改造／＊青山氏
3	丁卯	明治 (122 代)	1867	
明治　元	戊辰		1868	**【明治時代】**
2	己巳		1869	
3	庚午		1870	
4	辛未		1871	
5	壬申		1872	
6	癸酉		1873	公園設置太政官布告／上野公園
7	甲戌		1874	東京西郷邸
8	乙亥		1875	
9	丙子		1876	
10	丁丑		1877	東京椿山荘
11	戊寅		1878	清澄園／相馬氏／実相院
12	己卯		1879	
13	庚辰		1880	
14	辛巳		1881	小野氏秀芳園
15	壬午		1882	
16	癸未		1883	
17	甲申		1884	宇野氏
18	乙酉		1885	
19	丙戌		1886	円山公園
20	丁亥		1887	相楽園／諸戸氏
21	戊子		1888	慶雲館／琵琶湖疎水
22	己丑		1889	
23	庚寅		1890	瑞楽園／小山氏寄暢亭
24	辛卯		1891	二条木屋町無鄰庵
25	壬辰		1892	
26	癸巳		1893	青蓮院改造
27	甲午		1894	沢成園
28	乙未		1895	平安神宮
29	丙申		1896	無鄰庵／伊集院氏別荘／秀芳庵／野崎氏別邸
30	丁酉		1897	
31	戊戌		1898	依水園
32	己亥		1899	
33	庚子		1900	静岡御用邸

元号	干支	天皇	西暦	事　　項
享和　元	辛酉		1801	根来寺
2	壬戌		1802	不昧公赤坂蝸牛庵
3	癸亥		1803	不昧公大崎別業／八尾感応院
文化　元	甲子		1804	
2	乙丑		1805	御客屋敷
3	丙寅		1806	浄土寺
4	丁卯		1807	観正寺
5	戊辰		1808	松平定信六園
6	己巳		1809	＊太山寺成就院
7	庚午		1810	東睦和尚海蔵寺／彦根御浜御殿
8	辛未		1811	
9	壬申		1812	
10	癸酉		1813	海蔵寺
11	甲戌		1814	東海庵／蓮乗院／＊妙心寺小方丈
12	乙亥		1815	輪王寺／＊本間美術館
13	丙子		1816	大角家／＊円明寺
14	丁丑	仁孝 (120 代)	1817	
文政　元	戊寅		1818	定信海荘
2	己卯		1819	兼六園改造／石垣氏／宮良殿内／＊真田家下屋敷
3	庚辰		1820	＊金剛輪寺
4	辛巳		1821	
5	壬午		1822	吹上御所／水野家養活園
6	癸未		1823	極楽寺
7	甲申		1824	養翠園／増山家洲崎海荘
8	乙酉		1825	毛利家鎮海園／金福寺／＊津軽家柳島別業
9	丙戌		1826	亀井家浜屋敷
10	丁亥		1827	
11	戊子		1828	山紫水明処　　**『築山庭造伝後編』**
12	己丑		1829	
天保　元	庚寅		1830	＊向島百花園
2	辛卯		1831	＊堀田家広尾山荘
3	壬辰		1832	円融寺
4	癸巳		1833	＊庄司氏
5	甲午		1834	旧本多氏
6	乙未		1835	島津氏玉里邸／願成寺
7	丙申		1836	水戸偕楽園
8	丁酉		1837	康国寺／＊堀家楽其楽園
9	戊戌		1838	
10	己亥		1839	
11	庚子		1840	
12	辛丑		1841	＊野崎氏
13	壬寅		1842	
14	癸卯		1843	貞観園／＊伊藤氏／＊仁和寺遼廓亭／＊三千院聚碧園
弘化　元	甲辰		1844	溝口家偕楽園
2	乙巳		1845	
3	丙午	孝明 (121 代)	1846	旧芝離宮／神野公園
4	丁未		1847	天賜園／江戸聚玉園／＊絲原氏
嘉永　元	戊申		1848	
2	己酉		1849	
3	庚戌		1850	裏千家利休堂／雲巌寺

元号	干支	天皇	西暦	事　項
宝暦　元	辛未		1751	臼杵妙国寺／＊穴太寺
2	壬申		1752	大通寺含山軒学問所蘭亭
3	癸酉		1753	
4	甲戌		1754	福岡友泉亭
5	乙亥		1755	島根是心院
6	丙子		1756	
7	丁丑		1757	西明寺
8	戊寅		1758	
9	己卯		1759	久米島喜久村氏
10	庚辰		1760	＊宮崎妙国寺
11	辛巳		1761	
12	壬午	後桜町（117 代）	1762	常照皇寺
13	癸未		1763	＊清荒神清澄寺／中和氏
明和　元	甲申		1764	＊赤淵神社／真淵浜町邸／＊頼光寺
2	乙酉		1765	妙心寺小方丈
3	丙戌		1766	高知青源寺
4	丁亥		1767	
5	戊子		1768	＊福井西福寺
6	己丑	後桃園（118 代）	1769	
7	庚寅		1770	臼杵月桂寺
8	辛卯		1771	高山素玄寺
安永　元	壬辰		1772	内藤家中屋敷／田淵氏／＊阿蘇満願寺
2	癸巳		1773	
3	甲午		1774	当麻西南院／官休庵露地
4	乙未		1775	高知乗台寺／玉泉園／光明寺
5	丙申		1776	
6	丁酉		1777	欅田氏／＊胡宮神社
7	戊戌		1778	鳥取尾崎氏
8	己亥	光格（119 代）	1779	＊飛蛟泉栽柳園／＊大部氏
9	庚子		1780	宝泉寺／＊尾崎氏
天明　元	辛丑		1781	等持院／加計氏
2	壬寅		1782	
3	癸卯		1783	貞観園／相国寺開山堂／＊神照寺
4	甲辰		1784	
5	乙巳		1785	長泉寺／＊桂春院／＊田中氏
6	丙午		1786	静岡臨済寺
7	丁未		1787	一乗院／＊竹田観音寺
8	戊申		1788	縮景園大改造
寛政　元	己酉		1789	**【江戸末期】**／＊知覧平山氏
2	庚戌		1790	有沢山荘菅田庵
3	辛亥		1791	蜂須賀家深川雀林荘
4	壬子		1792	
5	癸丑		1793	松平定信浴恩園／岡山大通寺
6	甲寅		1794	白河三郭四園
7	乙卯		1795	
8	丙辰		1796	＊古茂池庵
9	丁巳		1797	＊護念寺　**『築山染指録』**
10	戊午		1798	識名園／大隆寺
11	己未		1799	＊満願寺　**『都林泉名勝図会』**
12	庚申		1800	宝樹寺

元号	干支	天皇	西暦	事　　項
元禄 14	辛巳		1701	高野山普門院／＊久遠寺
15	壬午		1702	
16	癸未		1703	能仁寺／鳥取観音院／＊法華寺
宝永 元	甲申		1704	地蔵寺／妙法院御座間／＊大福寺
2	乙酉		1705	鴻池新田会所
3	丙戌		1706	
4	丁亥		1707	満光寺　**『京城勝覧』**
5	戊子		1708	養浩館
6	己丑	中御門 (114 代)	1709	
7	庚寅		1710	能仁寺／＊応聖寺
正徳 元	辛卯		1711	
2	壬辰		1712	山口桂氏邸／＊福本藩主居館／＊洲本城跡
3	癸巳		1713	
4	甲午		1714	後藤家
5	乙未		1715	有備館／平福本陣
享保 元	丙申		1716	**【江戸中期】**／津山安国寺／＊帝釈寺
2	丁酉		1717	＊福井伊藤氏
3	戊戌		1718	
4	己亥		1719	伊江殿内
5	庚子		1720	
6	辛丑		1721	江州孤篷庵／童学寺
7	壬寅		1722	大角家（旧和中散）
8	癸卯		1723	古長禅寺
9	甲辰		1724	
10	乙巳		1725	岐阜禅昌寺
11	丙午		1726	
12	丁未		1727	
13	戊申		1728	旧持宝寺
14	己酉		1729	安国寺
15	庚戌		1730	
16	辛亥		1731	西教寺客殿／諌早神社
17	壬子		1732	胡宮神社
18	癸丑		1733	普賢堂
19	甲寅		1734	
20	乙卯	桜町 (115 代)	1735	玉泉園改造　**『築山庭造伝前編』**
元文 元	丙辰		1736	＊瑞光寺／＊如法寺
2	丁巳		1737	滝谷寺
3	戊午		1738	＊鰐淵寺／＊霊洞院
4	己未		1739	両足院
5	庚申		1740	芳春院／＊知覧森氏
寛保 元	辛酉		1741	一瀬氏／清見寺／＊清水氏
2	壬戌		1742	
3	癸亥		1743	伊藤氏御杣頭
延享 元	甲子		1744	
2	乙丑		1745	瑞泉寺
3	丙寅		1746	医王寺
4	丁卯	桃園 (116 代)	1747	西福寺
寛延 元	戊辰		1748	當麻寺護念院
2	己巳		1749	
3	庚午		1750	

元号	干支	天皇	西暦	事項
慶安 4	辛卯		1651	江戸城西之丸／＊盛安寺
承応 元	壬辰		1652	＊成就院
2	癸巳		1653	正伝寺
3	甲午	後西 (111 代)	1654	酬恩庵方丈／普門寺
明暦 元	乙未		1655	修学院離宮／滋賀院
2	丙申		1656	曼殊院／尾張藩楽楽園
3	丁酉		1657	衆楽園
萬治 元	戊戌		1658	保科家箕田園／仙巌園／＊祥雲寺
2	己亥		1659	水戸家占春園
3	庚子		1660	芙蓉園
寛文 元	辛丑		1661	＊赤穂城本丸
2	壬寅		1662	
3	癸卯	霊元 (112 代)	1663	慈光院／知恩院（道白）／林丘寺
4	甲辰		1664	仙洞御所／＊蜂須賀家金山荘
5	乙巳		1665	
6	丙午		1666	蓮華寺
7	丁未		1667	武者小路千家／＊大池寺
8	戊申		1668	
9	己酉		1669	浜離宮／尾張藩戸山山荘
10	庚戌		1670	天赦園
11	辛亥		1671	
12	壬子		1672	徳源寺／鮎貝氏煙雲館
延宝 元	癸丑		1673	栗林園／竹林寺
2	甲寅		1674	智積院／＊普門院
3	乙卯		1675	
4	丙辰		1676	兼六園／竜潭寺／鹿王院
5	丁巳		1677	玄宮楽々園／久遠寺
6	戊午		1678	円通寺／旧芝離宮
7	己未		1679	＊実相寺
8	庚申		1680	＊青岸寺／＊妙厳寺／＊三秀亭／後水尾上皇崩
天和 元	辛酉		1681	三光寺
2	壬戌		1682	
3	癸亥		1683	＊万徳寺
貞享 元	甲子		1684	竹林院／照蓮寺
2	乙丑		1685	霊鑑寺
3	丙寅		1686	
4	丁卯	東山 (113 代)	1687	岡山後楽園／西翁院／浄住寺
元禄 元	戊辰		1688	居初家
2	己巳		1689	
3	庚午		1690	西山荘／仁和寺
4	辛未		1691	
5	壬申		1692	東福寺普門院／＊幽石軒
6	癸酉		1693	清水園／足守近水園
7	甲戌		1694	
8	乙亥		1695	六義園／甘棠館
9	丙子		1696	会津御薬園
10	丁丑		1697	松濤園
11	戊寅		1698	＊曹源寺
12	己卯		1699	
13	庚辰		1700	恵日寺／＊万宝寺／＊宗鏡寺

元号	干支	天皇	西暦	事　項
慶長　6	辛丑		1601	二条城／光浄院
7	壬寅		1602	賢庭三宝院滝石組着工／＊徳島城表御殿／八条宮
8	癸卯		1603	**【江戸時代初期】**
9	甲辰		1604	
10	乙巳		1605	
11	丙午		1606	仙洞御所／高台寺
12	丁未		1607	＊円満院
13	戊申		1608	
14	己酉		1609	
15	庚戌		1610	幽斎没
16	辛亥	後水尾 (108 代)	1611	西本願寺／＊南禅寺本坊
17	壬子		1612	清見寺
18	癸丑		1613	＊頼久寺
19	甲寅		1614	
元和　元	乙卯		1615	名古屋城二之丸／賢庭三宝院滝組変／大阪夏の陣
2	丙辰		1616	
3	丁巳		1617	南宗寺
4	戊午		1618	
5	己未		1619	明石城
6	庚申		1620	縮景園／桂離宮／実蔵坊
7	辛酉		1621	正伝院／寸松庵露地
8	壬戌		1622	
9	癸亥		1623	
寛永　元	甲子		1624	＊円徳院
2	乙丑		1625	崇伝桂亭記
3	丙寅		1626	二条城改造
4	丁卯		1627	
5	戊辰		1628	
6	己巳	明正 (109 代)	1629	江戸城山里露地／小石川後楽園
7	庚午		1630	江戸城二之丸
8	辛未		1631	
9	壬申		1632	金地院
10	癸酉		1633	金剛輪寺／＊詩仙堂
11	甲戌		1634	藪内家
12	乙亥		1635	酒井家牛込山荘
13	丙子		1636	仙洞御所／大徳寺本坊
14	丁丑		1637	東大御殿山／金閣寺滝修理／松花堂
15	戊寅		1638	
16	己卯		1639	東海寺
17	庚辰		1640	
18	辛巳		1641	松浦家向島柳原園／＊水前寺
19	壬午		1642	京都御所／知恩院
20	癸未	後光明 (110 代)	1643	＊福田寺
正保　元	甲申		1644	**清**
2	乙酉		1645	江戸城二之丸改造
3	丙戌		1646	表千家
4	丁亥		1647	宝積院／遠州没
慶安　元	戊子		1648	孤篷庵／裏千家
2	己丑		1649	円通寺
3	庚寅		1650	渉成園（枳殻邸）／芳春院／＊伝法院

元号		干支	天皇	西暦	事　　項
天文	20	辛亥		1551	
	21	壬子		1552	
	22	癸丑		1553	
	23	甲寅		1554	＊鞆安国寺
弘治	元	乙卯		1555	
	2	丙辰		1556	禁裏議定所改造
	3	丁巳	正親町 (106 代)	1557	＊惟房邸／小御所菊籬
永禄	元	戊午		1558	
	2	己未		1559	
	3	庚申		1560	
	4	辛酉		1561	
	5	壬戌		1562	朝倉義景曲水宴／＊言継邸
	6	癸亥		1563	義輝第
	7	甲子		1564	願行寺
	8	乙丑		1565	
	9	丙寅		1566	＊朝倉館跡／＊旧大岡寺／＊聚光院
	10	丁卯		1567	
	11	戊辰		1568	旧真如院／信長西芳寺修理／＊南陽寺跡／二条御所
	12	己巳		1569	諏訪館跡
元亀	元	庚午		1570	信長禁裏仙洞修理
	2	辛未		1571	比叡山焼亡
	3	壬申		1572	
天正	元	癸酉		1573	**【桃山時代】**／毛越寺焼失
	2	甲戌		1574	長浜吸月亭
	3	乙亥		1575	
	4	丙子		1576	
	5	丁丑		1577	
	6	戊寅		1578	
	7	己卯		1579	安土城
	8	庚辰		1580	
	9	辛巳		1581	坂本蓮華院
	10	壬午		1582	山崎待庵／本能寺の変
	11	癸未		1583	大坂城山里露地／＊妙心寺雑華院
	12	甲申		1584	
	13	乙酉		1585	
	14	丙戌	後陽成 (107 代)	1586	
	15	丁亥		1587	聚楽第／箱崎陣所露地／北野大茶会
	16	戊子		1588	多賀大社
	17	己丑		1589	秀吉御所修造／＊聖衆来迎寺
	18	庚寅		1590	＊聚光院
	19	辛卯		1591	＊玉鳳院／利休没
文禄	元	壬辰		1592	伏見城
	2	癸巳		1593	干菜寺／＊旧西方院
	3	甲午		1594	知恩院
	4	乙未		1595	＊万徳院跡
慶長	元	丙申		1596	安養寺
	2	丁酉		1597	
	3	戊戌		1598	醍醐三宝院／秀吉没
	4	己亥		1599	
	5	庚子		1600	関原戦

元号	干支	天皇	西暦	事　項
文亀　元	辛酉		1501	
2	壬戌		1502	御所御庭改造／那覇円鑑池
3	癸亥		1503	万松軒
永正　元	甲子		1504	宗長柴屋軒吐月峰
2	乙丑		1505	
3	丙寅		1506	
4	丁卯		1507	雪舟没
5	戊辰		1508	
6	己巳		1509	
7	庚午		1510	＊龍源院
8	辛未		1511	
9	壬申		1512	義稙室町殿改造
10	癸酉		1513	古岳宗亘大仙院／元長邸／＊東氏館跡
11	甲戌		1514	
12	乙亥		1515	
13	丙子		1516	
14	丁丑		1517	河原者宣胤邸
15	戊寅		1518	
16	己卯		1519	
17	庚辰		1520	細川高国館
大永　元	辛巳		1521	
2	壬午		1522	
3	癸未		1523	
4	甲申		1524	高国曲水宴
5	乙酉		1525	
6	丙戌	後奈良 (105代)	1526	双林寺文阿弥／宗長柴屋軒修復／青蓮院
7	丁亥		1527	岩栖院／真珠庵
享禄　元	戊子		1528	
2	己丑		1529	旧秀隣寺／北畠国司館
3	庚寅		1530	
4	辛卯		1531	
天文　元	壬辰		1532	宗珠茶屋山居の躰／＊高梨氏館跡
2	癸巳		1533	
3	甲午		1534	浄国寺
4	乙未		1535	
5	丙申		1536	＊退蔵院／金閣修理
6	丁酉		1537	
7	戊戌		1538	
8	己亥		1539	常御所改造
9	庚子		1540	
10	辛丑		1541	
11	壬寅		1542	
12	癸卯		1543	妙心寺霊雲院
13	甲辰		1544	小御所／醍醐菩提院九山八海石を禁裏へ献上
14	乙巳		1545	
15	丙午		1546	
16	丁未		1547	慈照寺破損
17	戊申		1548	
18	己酉		1549	浄国寺
19	庚戌		1550	善阿弥多聞院生垣

元号	干支	天皇	西暦	事　　項
宝徳　3	辛未		1451	＊連歌茶湯立華流行
享徳　元	壬申		1452	
2	癸酉		1453	
3	甲戌		1454	
康正　元	乙亥		1455	
2	丙子		1456	
長禄　元	丁丑		1457	義政室町殿園池四千人で石引／大乗院園池修理
2	戊寅		1458	河原者彦三郎室町殿庭木を奈良寺院で検知
3	己卯		1459	／義政室町殿園池改造／善阿弥蔭涼軒作庭
寛正　元	庚辰		1460	
2	辛巳		1461	
3	壬午		1462	高倉御所園池
4	癸未		1463	細川勝元邸園池
5	甲申	後土御門（103 代）	1464	＊盆仮山盛行
6	乙酉		1465	聯輝軒園池
文正　元	丙戌		1466	聖護院園池　**『山水並野形図』**
応仁　元	丁亥		1467	一休酬恩庵入／応仁の乱
2	戊子		1468	
文明　元	己丑		1469	善阿弥大乗院園池修築
2	庚寅		1470	＊林間茶の湯
3	辛卯		1471	善阿弥中院作庭
4	壬辰		1472	
5	癸巳		1473	細川勝元没
6	甲午		1474	義政小川御所新第
7	乙未		1475	二俣本泉寺／一休酬恩庵寿塔／藤原為明作庭記書写
8	丙申		1476	
9	丁酉		1477	
10	戊戌		1478	
11	己亥		1479	土御門内裏園池／＊万福寺
12	庚子		1480	聖護院長谷坊／宗祇太宰府天満宮参詣池泉今と同じ
13	辛丑		1481	一休寂
14	壬寅		1482	義政東山殿→銀閣寺／善阿弥没
15	癸卯		1483	
16	甲辰		1484	東求堂
17	乙巳		1485	＊医光寺
18	丙午		1486	蓮如西芳寺庭園修復／＊常栄寺
長享　元	丁未		1487	
2	戊申		1488	熊本碧巌寺／政元龍安寺再建
延徳　元	己酉		1489	蓮如山科本願寺
2	庚戌		1490	義政指東庵再建／義政没
3	辛亥		1491	＊江馬氏下館跡／三会院池泉荒廃
明応　元	壬子		1492	宮中常御所
2	癸丑		1493	宮中小御所
3	甲寅		1494	
4	乙卯		1495	＊普賢寺
5	丙辰		1496	
6	丁巳		1497	
7	戊午		1498	那覇円覚寺
8	己未		1499	
9	庚申	後柏原（104 代）	1500	

元号	干支	天皇	西暦	事　　項
応永　8	辛巳		1401	土御門内裏炎上帝北山亭へ御幸す
9	壬午		1402	＊**『花伝書』**
10	癸未		1403	
11	甲申		1404	永福寺焼失
12	乙酉		1405	
13	丙戌		1406	
14	丁亥		1407	義満唐人の装束で常在光院観楓
15	戊子		1408	後小松帝北山殿行幸三船舟遊／義満没
16	己丑		1409	義持三条坊門第園池
17	庚寅		1410	浄瑠璃寺池庭修理
18	辛卯		1411	
19	壬辰	称光 (101 代)	1412	
20	癸巳		1413	河原者初出
21	甲午		1414	
22	乙未		1415	大内盛見山口別墅
23	丙申		1416	
24	丁酉		1417	後崇光院庭の石を退蔵庵他へ搬出
25	戊戌		1418	石立僧後崇光院庭の松を植える／蔵光庵小池泉庭
26	己亥		1419	／清須坂井氏流水
27	庚子		1420	
28	辛丑		1421	庭者仙洞御所作庭
29	壬寅		1422	
30	癸卯		1423	畠山衆鳥羽の大石を仙洞御所へ引く
31	甲辰		1424	退蔵庵園池荒廃取壊
32	乙巳		1425	後崇光院蔵光庵作庭
33	丙午		1426	
34	丁未		1427	
正長　元	戊申	後花園 (102 代)	1428	大内盛見京都第園池
永享　元	己酉		1429	任庵主醍醐寺作庭／庭田浄喜義教の室町御所作庭／細川持之邸
2	庚戌		1430	
3	辛亥		1431	義教万里小路園池
4	壬子		1432	
5	癸丑		1433	義教上御所造庭中梅枝折損で二人切腹
6	甲寅		1434	
7	乙卯		1435	
8	丙辰		1436	
9	丁巳		1437	天皇室町御所園池竜頭鷁首の舟遊
10	戊午		1438	
11	己未		1439	虎菊蔭涼軒作庭
12	庚申		1440	
嘉吉　元	辛酉		1441	将軍義教赤松邸園池一覧後酒宴中刺殺さる
2	壬戌		1442	
3	癸亥		1443	朝鮮僧保閑西芳寺一覧記
文安　元	甲子		1444	
2	乙丑		1445	
3	丙寅		1446	
4	丁卯		1447	
5	戊辰		1448	山水並野形図に浄喜奥書
宝徳　元	己巳		1449	義政将軍となる
2	庚午		1450	細川勝元龍安寺創建

元号	干支	天皇	西暦	事　項
正平 6	辛卯	2	1351	夢窓寂
7	壬辰	〈後光厳〉文和元	1352	
8	癸巳	2	1353	後光厳帝良基の二条殿行幸・市中の林泉／吸江庵座禅石
9	甲午	3	1354	
10	乙未	4	1355	
11	丙申	延文元	1356	
12	丁酉	2	1357	義堂周信瑞泉寺の貯清池を掘る／内裏左近の桜植替 尊氏没
13	戊戌	3	1358	
14	己亥	4	1359	
15	庚子	5	1360	
16	辛丑	康安元	1361	
17	壬寅	貞治元	1362	北山第荒廃／義詮三条坊門園池
18	癸卯	2	1363	
19	甲辰	3	1364	
20	乙巳	4	1365	
21	丙午	5	1366	
22	丁未	6	1367	
23	戊申	長慶(98代)應安元	1368	良基園池昇竜話／義堂瑞泉寺詩会後一覧亭に登る
24	己酉	2	1369	大燈寂 **明**
建徳 元	庚戌	3	1370	
2	辛亥	〈後円融〉 4	1371	
文中 元	壬子	5	1372	足利氏満報恩新寺園池
2	癸丑	6	1373	
3	甲寅	7	1374	
天授 元	乙卯	永和元	1375	
2	丙辰	2	1376	
3	丁巳	3	1377	
4	戊午	4	1378	義満室町花御所園池／良基園池竜躍池
5	己未	康暦元	1379	西芳寺夢窓時代のまま
6	庚申	2	1380	
弘和 元	辛酉	永徳元	1381	後円融帝室町殿行幸池泉三島
2	壬戌	〈後小松〉 2	1382	義満西芳寺観楓終夜座禅／義満常在光寺花宴
3	癸亥	後亀山(99代) 3	1383	
元中 元	甲子	至徳元	1384	玉岡如金大慈院に仮山水を作る
2	乙丑	2	1385	義満等持寺観花会
3	丙寅	3	1386	
4	丁卯	嘉慶元	1387	
5	戊辰	2	1388	
6	己巳	康應元	1389	
7	庚午	明徳元	1390	
8	辛未	2	1391	
9	壬申	後小松(100代) 3	1392	**【南北朝合一】**／南禅院焼失／細川頼之没
明徳 4	癸酉		1393	
応永 元	甲戌		1394	
2	乙亥		1395	中院康平作庭記を書写
3	丙子		1396	
4	丁丑		1397	義満北山殿立柱→金閣寺
5	戊寅		1398	
6	己卯		1399	
7	庚辰		1400	西芳寺縁起

元号	干支	天皇	西暦	事　項
正安　3	辛丑	後二條（94代）	1301	
乾元　元	壬寅		1302	亀山殿池底に埴土防水／＊中院御所寝殿北庭
嘉元　元	癸卯		1303	
2	甲辰		1304	浄瑠璃寺本堂再建池改修
3	乙巳		1305	
徳治　元	丙午	花園（95代）	1306	
2	丁未		1307	
延慶　元	戊申		1308	
2	己酉		1309	
3	庚戌		1310	
応長　元	辛亥		1311	
正和　元	壬子		1312	
2	癸丑		1313	
3	甲寅		1314	夢窓虎渓山永保寺池辺に観音閣を建つ
4	乙卯		1315	
5	丙辰		1316	夢窓美濃清水教院
文保　元	丁巳		1317	
2	戊午	後醍醐（96代）	1318	夢窓土佐吸江庵
元応　元	己未		1319	花園上皇北山第舟遊
2	庚申		1320	嵯峨立石亭
元亨　元	辛酉		1321	夢窓泊船庵建塔
2	壬戌		1322	
3	癸亥		1323	安楽光院池泉／花園上皇菊亭園池舟遊
正中　元	甲子		1324	大徳寺開創／正中の変
2	乙丑		1325	夢窓瑞泉寺開創作庭
嘉暦　元	丙寅		1326	
2	丁卯		1327	
3	戊辰		1328	
元徳　元	己巳		1329	
2	庚午		1330	夢窓恵林寺開山作庭
元弘　元	辛未	〈北朝・光厳〉	1331	後醍醐天皇北山第池泉舟遊
2	壬申	正慶元	1332	
3	癸酉	2	1333	夢窓臨川寺入寺作庭
建武　元	甲戌	建武元	1334	＊南禅院
2	乙亥	2	1335	
延元　元	丙子	〈光明〉　3	1336	**【室町時代】**
2	丁丑	4	1337	妙心寺開創
3	戊寅	暦應元	1338	
4	己卯	後村上(97代)　2	1339	夢窓西方教院に入り西芳寺とす／後醍醐帝崩
興国　元	庚辰	3	1340	尊氏暦応寺創建夢窓開山作庭
2	辛巳	4	1341	暦応寺を天龍寺と改称
3	壬午	康永元	1342	伏見殿園池荒廃／直義真如寺建立
4	癸未	2	1343	
5	甲申	3	1344	
6	乙酉	貞和元	1345	
正平　元	丙戌	2	1346	夢窓天龍十境を賦す
2	丁亥	3	1347	直義第白椿／光厳上皇西芳寺池泉舟遊・夜桜／妙心寺建立
3	戊子	〈崇光〉　4	1348	
4	己丑	5	1349	高師直邸池庭
5	庚寅	観應元	1350	

元号	干支	天皇	西暦	事　　項
建長　3	辛亥		1251	中原師員西方寺修造
4	壬子		1252	
5	癸丑		1253	建長寺創建池泉あり
6	甲寅		1254	
7	乙卯		1255	後嵯峨上皇亀山殿に移る
康元　元	丙辰		1256	
正嘉　元	丁巳		1257	信堯房永久寺石組
2	戊午		1258	
正元　元	己未	亀山（90 代）	1259	北山山荘竜頭鷁首の舟遊
文応　元	庚申		1260	
弘長　元	辛酉		1261	
2	壬戌		1262	称名寺
3	癸亥		1263	亀山殿舟遊
文永　元	甲子		1264	＊蘭渓道隆東光寺に入る
2	乙丑		1265	
3	丙寅		1266	
4	丁卯		1267	
5	戊辰		1268	
6	己巳		1269	
7	庚午		1270	
8	辛未		1271	
9	壬申		1272	
10	癸酉		1273	
11	甲戌	後宇多（91 代）	1274	亀山上皇東山に山荘経営
建治　元	乙亥		1275	
2	丙子		1276	
3	丁丑		1277	後宇多天皇大井川に竜頭鷁首と鵜舟で舟遊
弘安　元	戊寅		1278	道隆没
2	己卯		1279	
3	庚辰		1280	
4	辛巳		1281	弘安の役　元
5	壬午		1282	円覚寺創建
6	癸未		1283	
7	甲申		1284	後深草上皇北山殿行啓舟遊
8	乙酉		1285	
9	丙戌		1286	天皇鳥羽離宮夜池舟遊
10	丁亥	伏見（92 代）	1287	
正応　元	戊子		1288	
2	己丑		1289	鳥羽離宮園池修理唐船を浮べる　**『作庭記奥書』**
3	庚寅		1290	
4	辛卯		1291	亀山法皇離宮を改め南禅寺とす
5	壬辰		1292	
永仁　元	癸巳		1293	
2	甲午		1294	
3	乙未		1295	
4	丙申		1296	
5	丁酉		1297	
6	戊戌	後伏見（93 代）	1298	
正安　元	己亥		1299	
2	庚子		1300	

元号	干支	天皇	西暦	事　項
建仁　元	辛酉		1201	
2	壬戌		1202	実朝石壺の鞠懸に古柳を植る／*神泉苑荒廃
3	癸亥		1203	実朝御所北面竹壺／河原院焼亡
元久　元	甲子		1204	
2	乙丑		1205	小納言法眼浄瑠璃寺池泉石組／定家小倉山荘
建永　元	丙寅		1206	後京極中御門殿園池
承元　元	丁卯		1207	
2	戊辰		1208	
3	己巳		1209	
4	庚午	順徳（84 代）	1210	
建暦　元	辛未		1211	
2	壬申		1212	実朝大倉御堂築庭一覧／定家高陽院前栽指導　**『方丈記』**
建保　元	癸酉		1213	
2	甲戌		1214	実朝永福寺園池観桜　**『喫茶養生記』**
3	乙亥		1215	
4	丙子		1216	
5	丁丑		1217	藤原公房山上園池／水無瀬上離宮
6	戊寅		1218	
承久　元	己卯		1219	
2	庚辰		1220	
3	辛巳	仲恭（85 代）	1221	承久の乱
貞応　元	壬午	後堀河（86 代）	1222	
2	癸未		1223	源光行永福寺に曲水を見る
元仁　元	甲申		1224	西園寺公経北山山荘
嘉禄　元	乙酉		1225	良経八条殿園池荒廃
2	丙戌		1226	堀川通具自庭に神泉苑の庭石を運ぶ／毛越寺焼亡
安貞　元	丁亥		1227	
2	戊子		1228	
寛喜　元	己丑		1229	北山山荘に巨石搬入／*定家日々庭の花木を楽しむ
2	庚寅		1230	
3	辛卯		1231	
貞永　元	壬辰	四條（87 代）	1232	将軍頼経永福寺釣殿和歌会
天福　元	癸巳		1233	
文暦　元	甲午		1234	
嘉禎　元	乙未		1235	中院園池
2	丙申		1236	藤原良実押小路殿
3	丁酉		1237	
暦仁　元	戊戌		1238	
延応　元	己亥		1239	
仁治　元	庚子		1240	
2	辛丑		1241	定家没
3	壬寅	後嵯峨（88 代）	1242	後嵯峨院伏見殿園池
寛元　元	癸卯		1243	亀山殿園池／藤原道家東福寺山荘
2	甲辰		1244	公経没
3	乙巳		1245	蘭渓道隆来朝
4	丙午	後深草（89 代）	1246	
宝治　元	丁未		1247	
2	戊申		1248	後嵯峨院平等院釣殿舟遊
建長　元	己酉		1249	
2	庚戌		1250	鳥羽離宮竜頭鷁首の舟遊／鎌倉幕府北の小庭石組

元号	干支	天皇	西暦	事　項
仁平 元	辛未		1151	勧学院曲水宴／法成寺
2	壬申		1152	東三条殿竜頭鷁首の大饗／花山院粟田山荘
3	癸酉		1153	円成寺
久寿 元	甲戌		1154	
2	乙亥	後白河（77 代）	1155	河原院炎上
保元 元	丙子		1156	保元の乱
2	丁丑		1157	
3	戊寅	二條（78 代）	1158	高倉殿大石運入作庭
平治 元	己卯		1159	清盛西八条邸蓬壺／六条河原院再焼／平治の乱
永暦 元	庚辰		1160	白水阿弥陀堂園池
応保 元	辛巳		1161	法住寺殿
2	壬午		1162	
長寛 元	癸未		1163	法住寺園池荒廃
2	甲申		1164	
永萬 元	乙酉	六條（79 代）	1165	蓮華王院園池
仁安 元	丙戌		1166	
2	丁亥		1167	
3	戊子	高倉（80 代）	1168	法住寺御所行幸竜頭鷁首の奏楽／厳島神社
嘉応 元	己丑		1169	藤原兼光宇治別業を叙す
2	庚寅		1170	
承安 元	辛卯		1171	
2	壬辰		1172	
3	癸巳		1173	基房松殿風亭水閣
4	甲午		1174	法皇・建春門院清盛の福原別墅御幸池泉あり
安元 元	乙未		1175	／伊勢公琳賢竜禅寺滝
2	丙申		1176	法住寺舟遊
治承 元	丁酉		1177	
2	戊戌		1178	＊平重盛小松谷積翠園
3	己亥		1179	成親鳥羽山荘／山科御所
4	庚子	安徳（81 代）	1180	南都焼討ち
養和 元	辛丑		1181	法金剛院焼亡
寿永 元	壬寅		1182	
2	癸卯	後鳥羽（82 代）	1183	水無瀬離宮園池
天暦 元	甲辰		1184	頼朝石壺／平氏滅ぶ
文治 元	乙巳		1185	
2	丙午		1186	
3	丁未		1187	
4	戊申		1188	頼朝山際第前栽と田植の景／景能庭園
5	己酉		1189	永福寺着工
建久 元	庚戌		1190	
2	辛亥		1191	寿福寺園池
3	壬子		1192	**【鎌倉時代】**／静玄永福寺園池石組
4	癸丑		1193	
5	甲寅		1194	
6	乙卯		1195	＊師員西方寺園池
7	丙辰		1196	
8	丁巳		1197	定家山居
9	戊午	土御門（83 代）	1198	
正治 元	己未		1199	法性寺滝一丈五尺
2	庚申		1200	大江広元庭

元号	干支	天皇	西暦	事　項
康和 3	辛巳		1101	
4	壬午		1102	上皇天皇鳥羽離宮舟遊
5	癸未		1103	
長治 元	甲申		1104	『扶桑略記』
2	乙酉		1105	中尊寺建立
嘉承 元	丙戌		1106	鹿薗寺流水白砂
2	丁亥	鳥羽（74 代）	1107	九条忠実池庭舟遊・中島南橋あり／弘徽殿前栽
天仁 元	戊子		1108	
2	己丑		1109	
天永 元	庚寅		1110	
2	辛卯		1111	
3	壬辰		1112	高陽院焼失／新造内裏大炊御門殿に桜橘を植る
永久 元	癸巳		1113	忠実園池竜頭鷁首の舟宴／藤原忠文富家の山荘
2	甲午		1114	
3	乙未		1115	佐保田山荘
4	丙申		1116	
5	丁酉		1117	
元永 元	戊戌		1118	平等院十種供養竜頭鷁首の奏楽／醍醐寺桜会
2	己亥		1119	
保安 元	庚子		1120	
2	辛丑		1121	
3	壬寅		1122	
4	癸卯	崇徳（75 代）	1123	
天治 元	甲辰		1124	
2	乙巳		1125	
大治 元	丙午		1126	二条殿園池両船鼓舞
2	丁未		1127	藤原為隆御堂園池
3	戊申		1128	八条大宮水閣／藤原清衡没
4	己酉		1129	
5	庚戌		1130	法金剛院園池林賢滝を組む
天承 元	辛亥		1131	岡崎房園池
長承 元	壬子		1132	白河九体阿弥陀堂園池
2	癸丑		1133	徳大寺静意法金剛院滝改造
3	甲寅		1134	
保延 元	乙卯		1135	鳥羽離宮園池改造
2	丙辰		1136	
3	丁巳		1137	法金剛院行幸競馬舟遊
4	戊午		1138	
5	己未		1139	
6	庚申		1140	
永治 元	辛酉	近衛（76 代）	1141	
康治 元	壬戌		1142	忠通近衛第園池
2	癸亥		1143	
天養 元	甲子		1144	頼長仁和寺池泉にて舟遊
久安 元	乙丑		1145	*毛越寺園池／六条顕房邸焼亡・園池あり
2	丙寅		1146	
3	丁卯		1147	徳大寺落慶
4	戊辰		1148	土御門内裏焼失
5	己巳		1149	
6	庚午		1150	浄瑠璃寺池泉／法勝寺供養両舟奏楽

元号	干支	天皇	西暦	事　　項
永承　6	辛卯		1051	冷泉院園池／法成寺／前九年の役
7	壬辰		1052	頼通宇治別業を平等院とす／**末法元年**
天喜　元	癸巳		1053	平等院阿弥陀堂
2	甲午		1054	高陽院焼失
3	乙未		1055	法成寺焼失
4	丙申		1056	一条院園池
5	丁酉		1057	
康平　元	戊戌		1058	東北院再建
2	己亥		1059	一条院焼失　＊**『更級日記』**
3	庚子		1060	高陽院再建／白川院園池
4	辛丑		1061	
5	壬寅		1062	
6	癸卯		1063	**『作庭記』**
7	甲辰		1064	
治暦　元	乙巳		1065	
2	丙午		1066	
3	丁未		1067	平等院行幸・竜頭鷁首舟楽
4	戊申	後三條（71 代）	1068	
延久　元	己酉		1069	
2	庚戌		1070	
3	辛亥		1071	円宗寺行幸・竜頭鷁首舟遊
4	壬子	白河（72 代）	1072	
5	癸丑		1073	
承保　元	甲寅		1074	頼通没
2	乙卯		1075	山門寺門相争う
3	丙辰		1076	六条新宮園池
承暦　元	丁巳		1077	法勝寺園池
2	戊午		1078	
3	己未		1079	
4	庚申		1080	高陽院焼失
永保　元	辛酉		1081	山門僧園城寺を焼く
2	壬戌		1082	
3	癸亥		1083	賀茂社桜会／後三年の役
応徳　元	甲子		1084	清和院泉石
2	乙丑		1085	
3	丙寅	堀河（73 代）	1086	鳥羽離宮着工／院政始まる
寛治　元	丁卯		1087	鳥羽離宮に遷御／橘俊綱伏見山荘／神泉苑雨乞祈禱
2	戊辰		1088	
3	己巳		1089	
4	庚午		1090	
5	辛未		1091	六条殿水閣曲水宴　**『大鏡』**
6	壬申		1092	
7	癸酉		1093	一乗院金剛池／橘俊綱亭焼失・池庭あり
嘉保　元	甲戌		1094	＊大江公仲邸池泉
2	乙亥		1095	堀川御所池泉舟遊
永長　元	丙子		1096	
承徳　元	丁丑		1097	高陽院新造／万寿寺園池
2	戊寅		1098	京極殿園池
康和　元	己卯		1099	持明院基家後庭
2	庚辰		1100	太宰府天満宮園池鷁首虹橋

元号	干支	天皇	西暦	事　項
長保　3	辛丑		1001	＊紫式部・清少納言・和泉式部等輩出
4	壬寅		1002	
5	癸卯		1003	
寛弘　元	甲辰		1004	
2	乙巳		1005	
3	丙午		1006	
4	丁未		1007	上東門院曲水宴
5	戊申		1008	禁中三船の宴／東三条殿竜頭鷁首舟遊
6	己酉		1009	**『源氏物語』**
7	庚戌		1010	
8	辛亥	三條（67 代）	1011	
長和　元	壬子		1012	皇太后宮前栽
2	癸丑		1013	＊冷泉院神泉苑の絵図／土御門池庭／敦頼禅林寺草庵水石
3	甲寅		1014	実資南泉庭
4	乙卯		1015	
5	丙辰	後一條（68 代）	1016	道長桂山荘／土御門殿焼失
寛仁　元	丁巳		1017	道長宇治山荘
2	戊午		1018	上東門院大石運搬築造中
3	己未		1019	
4	庚申		1020	道長無量寿院九体仏
治安　元	辛酉		1021	高陽院作庭中／西北院園池
2	壬戌		1022	
3	癸亥		1023	
萬寿　元	甲子		1024	後一条高陽院行幸・蓬萊築山／法成寺池庭に神泉苑の石を運ぶ
2	乙丑		1025	
3	丙寅		1026	
4	丁卯		1027	道長没
長元　元	戊辰		1028	
2	己巳		1029	神泉苑荒廃
3	庚午		1030	**『栄華物語』**
4	辛未		1031	
5	壬申		1032	
6	癸酉		1033	頼通宇治別業遊覧詩賦
7	甲戌		1034	藤壺藤花の宴
8	乙亥		1035	
9	丙子	後朱雀（69 代）	1036	太宰府天満宮曲水宴
長暦　元	丁丑		1037	
2	戊寅		1038	
3	己卯		1039	
長久　元	庚辰		1040	
2	辛巳		1041	
3	壬午		1042	
4	癸未		1043	神泉苑請雨経法
寛徳　元	甲申		1044	**『本朝文粋』**
2	乙酉	後冷泉（70 代）	1045	
永承　元	丙戌		1046	小野宮園池
2	丁亥		1047	
3	戊子		1048	
4	己丑		1049	
5	庚寅		1050	

元号	干支	天皇	西暦	事　項
天暦 5	辛亥		951	
6	壬子		952	
7	癸丑		953	
8	甲寅		954	
9	乙卯		955	
10	丙辰		956	
天徳 元	丁巳		957	
2	戊午		958	小野好古太宰府天満宮で曲水宴
3	己未		959	南殿の桜と橘
4	庚申		960	仁和寺観桜会　宋
応和 元	辛酉		961	釣台に桜藤の花宴
2	壬戌		962	
3	癸亥		963	
康保 元	甲子		964	
2	乙丑		965	
3	丙寅		966	御所御溝水曲水宴／清涼殿前月見宴花合
4	丁卯	冷泉（63 代）	967	
安和 元	戊辰		968	
2	己巳	圓融（64 代）	969	高明西宮殿
天禄 元	庚午		970	冷泉院焼失
2	辛未		971	
3	壬申		972	源高明葛野別業／規子内親王野宮前栽合
天延 元	癸酉		973	
2	甲戌		974	
3	乙亥		975	兼明親王嵯峨山荘
貞元 元	丙子		976	
2	丁丑		977	
天元 元	戊寅		978	藤原兼家東三条院園池
2	己卯		979	
3	庚辰		980	
4	辛巳		981	
5	壬午		982	慶滋保胤池庭記・浄土式庭園
永観 元	癸未		983	
2	甲申	花山（65 代）	984	
寛和 元	乙酉		985	**『往生要集』**
2	丙戌	一條（66 代）	986	
永延 元	丁亥		987	
2	戊子		988	兼家京極第園池
永祚 元	己丑		989	
正暦 元	庚寅		990	
2	辛卯		991	
3	壬辰		992	
4	癸巳		993	
5	甲午		994	
長徳 元	乙未		995	粟田殿池庭
2	丙申		996	
3	丁酉		997	
4	戊戌		998	道長京極第を買取
長保 元	己亥		999	
2	庚子		1000	

元号	干支	天皇	西暦	事　項
延喜　元	辛酉		901	河原院行幸／藤原時平城南水石亭
2	壬戌		902	六条院竜頭鷁首の船遊
3	癸亥		903	
4	甲子		904	
5	乙丑		905	勧修寺園池　**『古今和歌集』**
6	丙寅		906	
7	丁卯		907	
8	戊辰		908	
9	己巳		909	亭子院園池
10	庚午		910	
11	辛未		911	
12	壬申		912	
13	癸酉		913	亭子院賦詩
14	甲戌		914	河原院竜頭鷁首舟遊
15	乙亥		915	
16	丙子		916	朱雀院競馬／＊貞純親王桃園池
17	丁丑		917	神泉苑冷然院池水開放
18	戊寅		918	
19	己卯		919	
20	庚辰		920	
21	辛巳		921	
22	壬午		922	
延長　元	癸未		923	
2	甲申		924	朱雀院競馬舟遊
3	乙酉		925	
4	丙戌		926	清涼殿観桜会
5	丁亥		927	
6	戊子		928	
7	己丑		929	
8	庚寅	朱雀（61 代）	930	
承平　元	辛卯		931	
2	壬辰		932	
3	癸巳		933	円城寺池庭
4	甲午		934	
5	乙未		935	紀貫之自庭の荒廃を記す
6	丙申		936	
7	丁酉		937	
天慶　元	戊戌		938	
2	己亥		939	干魃神泉苑池水開放
3	庚子		940	
4	辛丑		941	承香殿東庭花宴
5	壬寅		942	
6	癸卯		943	
7	甲辰		944	
8	乙巳		945	棲霞観を寺とす
9	丙午	村上（62 代）	946	
天暦　元	丁未		947	
2	戊申		948	朱雀南池に竜頭の物浮かぶ
3	己酉		949	冷然院焼失冷泉院に改称
4	庚戌		950	

元号	干支	天皇	西暦	事　項
仁寿　元	辛未		851	藤原良房東京第園池
2	壬申		852	冷然院東釣台雅宴
3	癸酉		853	
斉衡　元	甲戌		854	
2	乙亥		855	
3	丙子		856	
天安　元	丁丑		857	藤原良相西京百花亭園池
2	戊寅	清和（56代）	858	冷然院園池へ掘川溢水／双丘山荘天安寺となる
貞観　元	己卯		859	安祥寺園池竜宮池／山科禅師房園池
2	庚辰		860	
3	辛巳		861	
4	壬午		862	
5	癸未		863	神泉苑雨乞修法
6	甲申		864	
7	乙酉		865	
8	丙戌		866	良房東京染殿第に望遠亭
9	丁亥		867	＊良房庭→東三条殿
10	戊子		868	
11	己丑		869	**『続日本後記』**
12	庚寅		870	
13	辛卯		871	
14	壬辰		872	
15	癸巳		873	＊源融河原院園池／＊勧修寺
16	甲午		874	＊融宇治別墅・嵯峨棲霞観
17	乙未		875	冷然院焼失
18	丙申	陽成（57代）	876	
元慶　元	丁酉		877	南淵年名小野山荘
2	戊戌		878	
3	己亥		879	嵯峨院を大覚寺とす
4	庚子		880	藤原良相粟田山荘
5	辛丑		881	
6	壬寅		882	
7	癸卯		883	
8	甲辰	光孝（58代）	884	神泉苑に高瀬舟浮べる
仁和　元	乙巳		885	雅院曲水宴
2	丙午		886	
3	丁未	宇多（59代）	887	
4	戊申		888	仁和寺創建
寛平　元	己酉		889	
2	庚戌		890	＊曲水宴盛ん
3	辛亥		891	
4	壬子		892	
5	癸丑		893	菅原道真山陰亭紅梅亭園池
6	甲寅		894	遣唐使廃止
7	乙卯		895	
8	丙辰		896	朱雀院園池
9	丁巳	醍醐（60代）	897	
昌泰　元	戊午		898	＊東山長楽寺林泉
2	己未		899	
3	庚申		900	

元号	干支	天皇	西暦	事　項
延暦 20	辛巳		801	神泉苑
21	壬午		802	神泉苑曲水宴
22	癸未		803	
23	甲申		804	第 18 回遣唐使
24	乙酉		805	最澄天台宗を開く
大同 元	丙戌	平城 (51 代)	806	神泉苑灌漑使用の勅／空海真言宗を開く
2	丁亥		807	
3	戊子		808	神泉苑行幸 7 回
4	己丑	嵯峨 (52 代)	809	
弘仁 元	庚寅		810	神泉苑釣台詩賦／南池院
2	辛卯		811	
3	壬辰		812	神泉苑花宴七夕相撲会
4	癸巳		813	皇太弟南池　**『新撰姓氏録』**
5	甲午		814	嵯峨院大沢池
6	乙未		815	
7	丙申		816	冷然院園池→二条城遺跡
8	丁酉		817	
9	戊戌		818	
10	己亥		819	雅院南池　**『文華秀麗集』**
11	庚子		820	
12	辛丑		821	
13	壬寅		822	最澄寂延暦寺
14	癸卯	淳和 (53 代)	823	斎院花宴／春日山荘
天長 元	甲辰		824	神泉苑雨乞
2	乙巳		825	
3	丙午		826	
4	丁未		827	神泉苑遊釣／南池　**『経国集』**
5	戊申		828	
6	己酉		829	雲林院園池
7	庚戌		830	清原夏野双丘山荘→法金剛院／南池涼書殿詩賦
8	辛亥		831	
9	壬子		832	
10	癸丑	仁明 (54 代)	833	神泉苑七夕相撲／淳和院園池
承和 元	甲寅		834	
2	乙卯		835	空海寂
3	丙辰		836	神泉苑鷹狩／朱雀院
4	丁巳		837	
5	戊午		838	
6	己未		839	
7	庚申		840	
8	辛酉		841	**『日本後記』**
9	壬戌		842	
10	癸亥		843	
11	甲子		844	
12	乙丑		845	
13	丙寅		846	
14	丁卯		847	双丘東墳に五位を授く
嘉祥 元	戊辰		848	神泉苑築地塀崩壊
2	己巳		849	
3	庚午	文徳 (55 代)	850	

元号		干支	天皇	西暦	事項
天平勝宝	3	辛卯		751	太宰大弐林泉賦　**『懐風藻』**
	4	壬辰		752	大伴家持／大仏開眼
	5	癸巳		753	石川朝臣園池
	6	甲午		754	鑑真来日
	7	乙未		755	＊平城宮跡東院
	8	丙申		756	正倉院
天平宝字	元	丁酉		757	＊**『万葉集』**
	2	戊戌	淳仁（47代）	758	中臣清麿園池
	3	己亥		759	法華寺金堂／唐招提寺滄海池竜池
	4	庚子		760	光明皇后没
	5	辛丑		761	＊阿弥陀浄土院
	6	壬寅		762	新造池亭曲水宴
	7	癸卯		763	
	8	甲辰	称徳（48代）	764	恵美押勝の乱
天平神護	元	乙巳	（孝謙重祚）	765	
	2	丙午		766	
神護景雲	元	丁未		767	平城京東院玉殿苑池／西大寺法院曲水賦
	2	戊申		768	
	3	己酉		769	
宝亀	元	庚戌	光仁（49代）	770	博多川曲水宴／道鏡左遷
	2	辛亥		771	
	3	壬子		772	靱負御井曲水宴
	4	癸丑		773	東院・楊梅宮苑池
	5	甲寅		774	
	6	乙卯		775	蓮葉の宴
	7	丙辰		776	
	8	丁巳		777	内島院曲水宴／良弁寂
	9	戊午		778	内裏曲水宴
	10	己未		779	
	11	庚申		780	
天応	元	辛酉	桓武（50代）	781	
延暦	元	壬戌		782	
	2	癸亥		783	
	3	甲子		784	**長岡京**
	4	乙丑		785	島院曲水宴
	5	丙寅		786	
	6	丁卯		787	内裏曲水宴
	7	戊辰		788	最澄比叡山寺
	8	己巳		789	＊周防国府館跡
	9	庚午		790	
	10	辛未		791	
	11	壬申		792	
	12	癸酉		793	
	13	甲戌		794	**【平安時代】**／平安京
	14	乙亥		795	伊予親王別業
	15	丙子		796	桃園右大臣別業
	16	丁丑		797	**『続日本紀』**
	17	戊寅		798	
	18	己卯		799	
	19	庚辰		800	

元号	干支	天皇	西暦	事項
大宝　元	辛丑		701	大極殿正門に日月四禽の幡を懸ける／大宝律令
2	壬寅		702	第 8 回遣唐使山上憶良
3	癸卯		703	
慶雲　元	甲辰		704	
2	乙巳		705	
3	丙午		706	
4	丁未	元明 (43 代)	707	
和銅　元	戊申		708	平城地相四禽に叶う／和銅開珎
2	己酉		709	
3	庚戌		710	**【奈良時代】**／平城京／興福寺
4	辛亥		711	
5	壬子		712	平城宮跡左京三条二坊園池　**『古事記』**
6	癸丑		713	＊平城宮左京一条三坊遺跡　**『風土記』**
7	甲寅		714	
霊亀　元	乙卯	元正 (44 代)	715	
2	丙辰		716	大安寺／吉備真備遣唐使
養老　元	丁巳		717	
2	戊午		718	平城京薬師寺
3	己未		719	
4	庚申		720	隼人の反乱／藤原不比等没　**『日本書紀』**
5	辛酉		721	
6	壬戌		722	
7	癸亥		723	興福寺嶋造司
神亀　元	甲子	聖武 (45 代)	724	＊長屋王園池
2	乙丑		725	
3	丙寅		726	平城京南苑
4	丁卯		727	
5	戊辰		728	烏池曲水宴
天平　元	己巳		729	長屋王の変／平城京松林苑／光明子立后
2	庚午		730	松林苑曲水宴
3	辛未		731	大伴旅人梅園／藤原麻呂園池
4	壬申		732	藤原宇合園池
5	癸酉		733	
6	甲戌		734	
7	乙亥		735	
8	丙子		736	園池司木簡／吉野行幸／葛井連広成園池
9	丁丑		737	
10	戊寅		738	平城京跡佐紀池
11	己卯		739	夢殿
12	庚辰		740	恭仁宮紫香楽宮／橘諸兄相楽別業／藤原広嗣の乱
13	辛巳		741	
14	壬午		742	
15	癸未		743	大仏造立詔
16	甲申		744	安倍虫麿
17	乙酉		745	
18	丙戌		746	第 11 回遣唐使
19	丁亥		747	
20	戊子		748	
天平勝宝　元	己丑	孝謙 (46 代)	749	南薬園新宮／行基西方寺
2	庚寅		750	

元号	干支	天皇	西暦	事　項
白雉　2	辛亥		651	
3	壬子		652	
4	癸丑		653	倭飛鳥河辺行宮
5	甲寅		654	
斎明　元	乙卯	斎明（37代）	655	飛鳥板蓋宮／吉野離宮／＊飛鳥京跡苑池　・嶋官
2	丙辰		656	後飛鳥岡本宮池
3	丁巳		657	飛鳥寺西須弥山像／＊石神遺跡
4	戊午		658	
5	己未		659	甘樫丘東に須弥山
6	庚申		660	石上池辺に須弥山
7	辛酉		661	
天智　元	壬戌	天智（38代）	662	朝倉宮／滋賀の花園
2	癸亥		663	
3	甲子		664	＊川原寺
4	乙丑		665	
5	丙寅		666	
6	丁卯		667	近江大津宮
7	戊辰		668	
8	己巳		669	
9	庚午		670	庚午年籍
弘文　10	辛未	弘文（39代）	671	
天武　元	壬申	天武（40代）	672	壬申の乱／飛鳥浄御原宮
2	癸酉		673	
3	甲戌		674	
4	乙亥		675	郡山遺跡
5	丙子		676	日本国名木簡
6	丁丑		677	
7	戊寅		678	山田寺丈六仏
8	己卯		679	
9	庚辰		680	＊本薬師寺龍宮池
10	辛巳		681	橘島宮苑池／＊飛鳥池遺跡
11	壬午		682	
12	癸未		683	＊富本銭
13	甲申		684	
14	乙酉		685	飛鳥白錦の後苑
朱鳥　元	丙戌		686	
持統　元	丁亥	持統（41代）	687	
2	戊子	（女帝）	688	
3	己丑		689	飛鳥浄御原令
4	庚寅		690	庚寅年籍／則天武后・**周**
5	辛卯		691	
6	壬辰		692	
7	癸巳		693	
8	甲午		694	藤原京
9	乙未		695	
10	丙申		696	
文武　元	丁酉	文武（42代）	697	
2	戊戌		698	薬師寺　**渤海**
3	己亥		699	
4	庚子		700	

元号		干支	天皇	西暦	事　項
推古	9	辛酉		601	聖徳太子斑鳩宮
	10	壬戌		602	
	11	癸亥		603	小墾田宮／冠位十二階制
	12	甲子		604	十七条憲法
	13	乙丑		605	隋の煬帝　西苑五湖四海三神仙島を作る
	14	丙寅		606	飛鳥寺丈六仏
	15	丁卯		607	小野妹子遣隋使
	16	戊辰		608	＊古宮遺跡
	17	己巳		609	
	18	庚午		610	
	19	辛未		611	
	20	壬申		612	路子工小墾田宮南庭に須弥山と呉橋を作る
	21	癸酉		613	畝傍池／和珥池
	22	甲戌		614	遣隋使
	23	乙亥		615	法隆寺
	24	丙子		616	
	25	丁丑		617	
	26	戊寅		618	**唐**
	27	己卯		619	
	28	庚辰		620	**『天皇記』**
	29	辛巳		621	
	30	壬午		622	＊蘇我馬子池泉／聖徳太子没
	31	癸未		623	
	32	甲申		624	
	33	乙酉		625	
	34	丙戌		626	馬子没 ・石舞台
	35	丁亥		627	＊島庄遺跡
	36	戊子		628	
舒明	元	己丑	舒明（34 代）	629	
	2	庚寅		630	岡本宮／第一回遣唐使派遣
	3	辛卯		631	
	4	壬辰		632	
	5	癸巳		633	
	6	甲午		634	唐長安城大明宮 ・太液池
	7	乙未		635	
	8	丙申		636	岡本宮焼失
	9	丁酉		637	
	10	戊戌		638	
	11	己亥		639	百済宮／百済大寺
	12	庚子		640	
	13	辛丑		641	山田寺着工
皇極	元	壬寅	皇極（35 代）	642	小墾田宮
	2	癸卯		643	飛鳥板蓋宮／蘇我入鹿山背大兄王を襲撃
	3	甲辰		644	蘇我蝦夷 ・入鹿甘樫岡に家を建つ
大化	元	乙巳	孝徳（36 代）	645	**大化改新**／難波長柄豊碕宮
	2	丙午		646	
	3	丁未		647	
	4	戊申		648	
	5	己酉		649	
白雉	元	庚戌		650	

元号	干支	天皇	西暦	事　項	
		反正 (18 代)	438	倭王珍が宋に朝貢	
		允恭 (19 代)	443	遠飛鳥宮／倭王済が宋に朝貢	
	庚子		460	北魏雲崗石窟寺	
	壬寅	安康 (20 代)	462	石上穴穂宮／倭王興が宋に朝貢	
	癸卯		463		
	乙卯		471	稲荷山古墳鉄剣	
	丁巳	雄略 (21 代)	477	倭王武が宋に朝貢／＊泊瀬朝倉宮	
	己未		479		南斉
	庚申	清寧 (22 代)	480	磐余甕栗宮	
	乙丑	顕宗 (23 代)	485	近飛鳥八釣宮	
	戊辰	仁賢 (24 代)	488	石上広高宮	
	甲戌		494	龍門石窟	
	戊寅		498		
	己卯	武烈 (25 代)	499	泊瀬列城宮	
	壬午		502		梁
	丁亥	継體 (26 代)	507	樟葉宮	
	丙午		526	磐余玉穂宮	
	丁未		527	磐井の乱	
	辛亥	安閑 (27 代)	531	勾金橋宮	
	甲寅		534	北魏東西分裂	
	乙卯	宣化 (28 代)	535	檜隈廬入宮	
	丙辰		536		
	戊午		538	仏教公伝	
	己未	欽明 (29 代)	539	磯城嶋金刺宮	
欽明　元	庚申		540		
20	己卯		559	西淋寺	
23	壬午		562	任那滅亡	
敏達　元	壬辰	敏達 (30 代)	572		
3	甲午		574		
4	乙未		575	訳語田幸玉宮	
5	丙申		576		
9	庚子		580		
10	辛丑		581	蝦夷反乱	隋
11	壬寅		582		
14	乙巳		585	崇仏論争	
用明　元	丙午	用明 (31 代)	586	池辺双槻宮	
2	丁未		587	蘇我馬子物部守屋を滅ぼす	
崇峻　元	戊申	崇峻 (32 代)	588	倉梯柴垣宮／飛鳥寺着工	
2	己酉		589		
3	庚戌		590		
4	辛亥		591		
5	壬子	推古 (33 代)	592	**【飛鳥時代】**／飛鳥豊浦宮／聖徳太子摂政	
推古　元	癸丑		593	四天王寺着工	
2	甲寅		594		
3	乙卯		595		
4	丙辰		596	飛鳥寺完成	
5	丁巳		597	＊上之宮遺跡	
6	戊午		598		
7	己未		599		
8	庚申		600	遣隋使派遣	

⊠林泉年表

＊印は，ほぼその頃を表す．
天皇は，第一代神武〜九代開化までは記載を省略した．
北朝の天皇は（　）に入れた．

元号	干支	天皇	西暦	事　項
			前 350	**【弥生時代】**／＊環濠集落
				＊唐古遺跡
			前 221	秦始皇帝中国統一
				徐福東方海上に仙薬を求む
				＊吉野ヶ里遺跡
				前漢
			前 202	武帝年号をはじめる／＊青銅器文化
			前 141	＊倭人百余国
				武帝神仙蓬萊庭園を築く
				＊倭人漢に朝貢
			前 50	
			紀元前	
			紀元 9	＊島根・荒神谷遺跡
				＊伊都国
			25	**後漢**
			57	漢委奴国王の金印
				＊加茂岩倉遺跡
			100	
			107	倭国王漢に朝貢
				＊邪馬台国
			150	
				＊倭国大乱
			184	黄巾の乱
				＊**【古墳時代】**／＊楯築墳丘墓
				＊卑弥呼／＊纏向遺跡
			220	**魏**
			222	**三国時代**
			235	青龍三年方格四神鏡
			239	卑弥呼魏明帝より親魏倭王の称号を受ける
			240	魏より銅鏡百枚を賜る／＊神仙思想伝来
				＊前方後円墳築造始まる
			248	＊卑弥呼亡
			265	倭女王壱与晋に朝貢　**西晋**
			266	＊巨大前方後円墳
			318	＊三輪山磐座／＊佐紀古墳群　**東晋**
		崇神 (10 代)		
		垂仁 (11 代)		
		景行 (12 代)		
		成務 (13 代)		
			367	百済・新羅が朝貢す
		仲哀 (14 代)	369	百済王世子倭王に七支刀を贈る
		応神 (15 代)		軽島豊明宮／＊古市古墳群／＊城之越遺跡
		仁徳 (16 代)		難波高津宮
			420	**宋**
		履仲 (17 代)	421	稚桜宮／倭王讃が宋に朝貢

発行年	書　名	著者名	発行所
1992(平 4)	平等院庭園発掘調査概要報告書	宇治市教育委員会	平等院
	桂離宮隠された三つの謎	宮元健次	彰国社
1993(平 5)	日本庭園観賞事典	齊藤忠一	東京堂
	史跡吉川氏城館跡万徳院調査報告書	広島県教育委員会	広島県教育委員会
	兼六園歳時記	下郷稔	能登印刷出版部
	高梨氏館跡発掘調査概報	中野市教育委員会	中野市教育委員会
	九州・山口・沖縄庭園美	白石直典	西日本新聞社
	好古園	和風建築社	姫路市好古園
1994(平 6)	山口県の庭園	山口県教育委員会	山口県教育委員会
	中国の庭園　山水の錬金術	木津雅代	東京堂
	修学院離宮物語	宮元健次	彰国社
1995(平 7)	東京庭園散歩	青木登	のんぶる社
1996(平 8)	伊予路の庭園	日本庭園鑑賞会	愛媛文化双書刊行会
	池泉の庭	牛川喜幸	講談社
1997(平 9)	甲斐庭園散歩	青木登	のんぶる社
	旅に出たら寄ってみたい庭 30	野村勘治	小学館
	大名庭園	サライ編集部	小学館
1998(平 9)	図説　日本庭園のみかた	宮元健次	学芸出版社
1999(平 10)	図解日本の庭	齊藤忠一	東京堂
	発掘された飛鳥の苑池	奈良県立橿原考古学研究所	奈良県立橿原考古学研究所
	碧巌寺庭園修理工事報告書	碧巌寺	碧巌寺
	日本庭園と風景	飛田範夫	学芸出版社
	よくわかる日本庭園の見方	齊藤忠一	JTB
2000(平 11)	平等院境内発掘調査報告書	平等院	平等院
	あすかの石像物	飛鳥資料館	関西プロセス
	一之江名主屋敷景観整備事業報告書及び保存管理計画	戸田芳樹風景計画	一之江屋敷修理委員会
	庭園の美・造園の心	白幡洋三郎	NHK 出版

発行年	書　名	著者名	発行所
1987(昭 62)	緑の景観と植生管理	高橋理喜男・亀山章編	ソフトサイエンス社
	庭づくりの用語事典―アマからプロまで造園現場必携の用語集	龍居庭園研究所編著	建築資料研究所
	庭木―楽しみ方育て方	妻鹿加年雄，巽英明	家の光協会
	庭をたのしむ	寺岡雅明	彰国社
	庭園の詩学―ヨーロッパ，ロシア文化の意味論的分析	ドミトリイ・S．リハチョフ／坂内知子訳	平凡社
	実際園芸―現代園芸の礎・人と植物 1926―1936	復刻版「実際園芸」編集委員会編	復刻ダイジェスト版，誠文堂新光社
	庭作りの知識―ガーデンライフを楽しむために	吉田督	連合出版
	日本庭園史新論	大山平四郎	平凡社
	庭園入門講座	上原敬二	加島書店
	奥州平泉黄金の世紀	荒木伸介　他	新潮社
1988(昭 63)	造園技術ハンドブック	浅野二郎・石川格編著	誠文堂新光社
	庭園施工自習講座［第六巻］庭園維持管理	池田二郎	加島書店
	小庭園と坪庭のつくりかた―写真でわかる設計から施工まで	小口基実	農業図書
	探訪日本の庭 7 京都 3 第 2 版		小学館
	竹垣のデザイン	鈴木おさむ写真・吉河功文	グラフィック社
	北海道やさしい庭づくり	蝶野秀郷	北海道新聞社
	図解 花木，庭木 100 の剪定のコツ―いつ，どこを，どう切る？	船越亮二	主婦の友社
	史跡称名寺境内庭園苑池保存整備報告書	横浜市教育委員会	横浜市教育委員会
	東京名苑散歩	大貫茂	東京新聞出版局
1989(平 1)	名園を歩く	齊藤忠一	毎日新聞社
	日本の庭園美　竜安寺	写真　西川孟	集英社
	日本の庭園美　慈照寺銀閣	写真　大橋治三	集英社
	日本の庭園美　西芳寺	写真　西川孟	集英社
	日本の庭園美　鹿苑寺金閣	写真　柴田秋介	集英社
	日本の庭園美　兼六園・成巽閣	写真　田畑みなお	集英社
	日本の庭園美　三渓園	写真　岡本茂男	集英社
	日本の庭園美　一乗谷朝倉氏遺跡	写真　水野克比古	集英社
	日本の庭園美　栗林園	写真　中村昭夫	集英社
	琉球・沖縄の庭園	小口基実	小口庭園
1990(平 2)	京都の庭園　遺跡にみる平安時代の庭園	京都市	京都市
	発掘された古代の苑池	橿原考古学研究所	学生社
	中国江南の名園	吉河功	グラフィック社
1991(平 3)	兵庫の庭園探訪	西桂	神戸新聞総合出版センター
	加賀・能登の庭園	石川県	北国新聞社
	後楽園	山陽新聞社	山陽新聞社
1992(平 4)	石田城五島氏庭園調査整備報告書	福江市教育委員会	福江市教育委員会
	石灯籠の話	龍居竹之介	建築資料研究社
	京の小庭	別冊太陽 78	平凡社

発行年	書　名	著者名	発行所
1985(昭 60)	集成・日本の古庭園	岡崎文彬	同朋舎出版
	やさしい庭園入門	龍居松之助	建築資料研究社
	造園用語辞典	東京農業大学農学部	彰国社
	「作庭記」からみた造園	飛田範夫	鹿島出版会
1986(昭 61)	日本の名庭―生きつづける意匠	朝日新聞社編	朝日新聞社
	庭師の勘どころ―年季の入った本物の園芸知識	阿島七郎	講談社
	花卉園芸の事典	阿部定夫・岡田正順・小西国義・樋口春三編	朝倉書店
	石組と池泉の技法	上原敬二	加島書店
	風景のデザイン	G・エクボ著/久保貞・上杉武夫訳	鹿島出版会
	景観設計への歩み	久保貞	久保貞教授退官記念事業会
	造園設計におけるパース	小林治人監修/倉永秀夫，ランドスケープ研究会	理工図書
	ランドスケープ基礎調査	小林治人監修/小平恵一郎，ランドスケープ研究会	理工図書
	建築家のための造園の知識	鈴木昌道	鹿島出版会
	造園学	高橋理喜男・井手久登・渡辺達三・亀山章・勝野武彦・輿水肇	朝倉書店
	説園	陳従周著/佐藤昌・河原武敏訳	日本造園修景協会・東洋造園研究会
	花と木の文化史	中尾佐助	岩波書店
	樹芸百五十年	前島康彦	富士植木
	庭園施工自習講座［第二巻］庭園材料	松本孔志	加島書店
	特別史跡平城京左京三条二坊宮跡庭園復元整備報告	奈良市教育委員会	奈良市教育委員会
	遺跡梁川城本丸・庭園	梁川町教育委員会	梁川町教育委員会
	「作庭記」の世界	森蘊	日本放送出版協会
	平城京左京三条二坊六坪発掘調査報告書	奈良国立文化財研究所	真陽社
1987(昭 62)	造園辞典	上原敬二編	加島書店
	芝生の庭づくりと手入れ	小沢知雄・細辻豊二・永嶋正信・萩原信弘・近藤三雄	文化出版局
	住まいの庭 100 章	小野敬也	鹿島出版会
	造園の歴史と文化	京都大学造園学研究室編	養賢堂
	造園実務集成	北村信正監修	技報堂出版
	庭園歴史散歩	重森完途	平凡社
	造園施工管理		技報堂出版
	造園技術必携 1	川本昭雄，樋渡達也著	鹿島出版会

発行年	書　名	著者名	発行所
1981（昭 56）	浜離宮庭園	小杉雄三	郷学舎
	清澄庭園	北村信正	郷学舎
	日本庭園史話	森蘊	日本放送出版協会
	旧古河庭園	北村信正	郷学舎
	旧芝離宮庭園	小杉雄三	郷学舎
	京都枯山水庭園図譜	池崎功他	平凡社
	宮廷の庭・大名の庭	中根金作	講談社
	新宿御苑	金井利彦	郷学舎
	小石川後楽園	吉川需	郷学舎
	六義園	森守	郷学舎
1982（昭 57）	ランドスケープ・造園計画設計	小林治人	理工図書
	造園工学	関口有方	地球社
	庭づくりのコツ	ニューハウス編集部	ニューハウス出版
	プロが教える庭づくりの知恵	福室正作監	永岡書店
	庭づくりの楽しみ		芸文社
	造園実技の基本	小沢重徳	理工図書
	庭園	伊藤ていじ	光村推古書院
1983（昭 58）	ミニ図解庭づくり手帖	ガーデンライフ編	誠文堂新光社
	これだけは知っておきたい建築家のための造園の知識	鈴木昌道	鹿島出版会
	芽出度い庭のつくり方	斎藤勝雄	ニューハウス出版
	住宅の小庭実例集	主婦と生活社	
	日曜庭師・入門	渡辺清	総合科学出版
	東京の庭つくり	東京造園倶楽部	東京造園倶楽部
	日本庭園雑考	長谷川正海	東洋文化社
	都市の庭，森の庭	海野弘	新潮社
	縮景園史	広島県教育委員会	広島県教育委員会
1984（昭 59）	造園設計のかんどころ	永嶋正信	加島書店
	わが家の庭づくり	三橋一夫・高橋一郎	主婦と生活社
	手作りの庭 12 カ月	室星健磨	主婦の友社
	蹲踞	重森完途	毎日新聞社
	信州の庭園めぐり	小口基実	信濃毎日新聞社
	奈良の庭園	大久保信治	奈良市
	中国の園林	木村英夫	日本造園修景協会
	弘前の文化財　庭園	弘前市教育委員会	弘前市教育委員会
	庭園	SD 編集部	鹿島出版会
	最新造園大百科事典	八田準一	農業図書
	東氏館跡発掘調査報告書	大和村教育委員会	大和村教育委員会
	修学院離宮	田中日佐夫	新潮社
1985（昭 60）	庭園施工自習講座［第一巻］	池田二郎	加島書店
	だれにもわかる造園図面の見方・描き方	原武敏監修/湯瀬猛著	オーム社
	門から玄関前の庭	龍居竹之介	主婦と生活社
	完全図解庭造り小事典	篠田朗彦・富田改	日本文芸社
	小さな庭づくり園芸	石川格	主婦と生活社
	名勝会津松平氏庭園（楽寿園）修理工事報告書	文化財建造物保存技術委員会	会津保松会
	滋賀県の庭園　第 2・3 集	滋賀県教育委員会	滋賀県教育委員会

発行年	書　名	著者名	発行所
1977(昭 52)	名園のみかた	中根金作	保育社
	修学院離宮	伊藤ていじ	淡交社
1978(昭 53)	川崎幸次郎作庭集	川崎幸次郎	誠文堂新光社
	「数寄屋の庭」茶室	重森完途	毎日新聞社
	庭づくりの相談	池田二郎	農業図書
	新潟県造園写真集	新潟県造園建設業協会	新潟日報事業社
	ランドスケープデザイン	鈴木昌道	彰国社
	造園大辞典	上原敬二	加島書店
	日本庭園の原像	長谷川正海	白川書院
	造園技術大成	新田伸三	養賢堂
	探訪日本の庭［全十巻］		小学館
	造園ハンドブック	日本造園学会	技報堂出版
1979(昭 54)	作庭記秘抄	久恒秀治	誠文堂新光社
	茶の露地	重森完途	淡交社
	続坪庭	梶浦逸外監修	毎日新聞社
	茶室と露地	重森完途，中村昌生，中根金作	世界文化社
	枯山水	重森完途	講談社
	造園技術必携　3，4		鹿島出版会
	旧有備館及び庭園保存修理工事報告書	岩出山町教育委員会	岩出山町
	北海道の庭園	西村保五郎	ミニコミセンター
	特集　山陰の庭	山陰中央新報社	山陰中央テレビジョン
1980(昭 55)	庭の細部手法集	京都府造園協同組合	誠文堂新光社
	造園の歩掛りと積算	池田二郎	加島書店
	住宅の造園	大山陽生	鹿島出版会
	国営公園工事事務所の歴史	建設省編	関東建設弘済会
	図説景観の世界	Ｊ＆Ｓ・ジェリコー著/山田学訳	彰国社
	造園工事積算事典	永嶋正信	有明書房
	庭園の美		暁教育図書
	光浄院庭園	滋賀県文化財保護協会	滋賀県文化財保護協会
	住宅の造園	大山陽生	鹿島出版会
	日本の庭園［全七巻］		講談社
	足立美術館	山陰中央新報社	山陰中央新報社
	名勝史跡名古屋城の庭園	名古屋城振興協会	名古屋城振興協会
	改訂全国庭園ガイドブック	京都林泉協会	誠文堂新光社
	坂本里坊の庭園	滋賀県文化財保護協会	滋賀県文化財保護協会
	永平寺の造園覚書	楠瀬洋吉	小津図書館
	現代の名庭	神代雄一郎	講談社
1981(昭 56)	造園の歴史［全二巻］	岡崎文彬	同朋舎出版
	造園技術必携 2	三橋一也・相川貞晴	鹿島出版会
	庭づくりの構想と技法	西田富三郎	オーム社
	庭つくりのすべて	炊江勇	自然の友社

発行年	書　名	著者名	発行所
1974(昭 49)	京都御所・仙洞御所	京都新聞社	鹿島出版会
	造園施工必携	労働省職業訓練局技能検定課	造園技能検査推進協議会
	日本の美術 No.99 京都御所と仙洞御所	藤岡通夫	至文堂
	刻々是好刻	重森三玲	さきら書房
	京の庭を巡る	重森三玲	白川書院
	庭づくり作例集	殖産住宅	池田書店
	庭園入門講座［全十巻］	上原敬二	加島書店
	造園辞典	岡崎文彬	養賢堂
	庭木一緑と樹形を楽しむ		主婦と生活社
	新しい庭木 200 選	伊藤義朗	金園社
	環境計画と設計	H・M・ルベンシュテイン	誠文堂新光社
1975(昭 50)	庭木 2　花を楽しむ		主婦と生活社
	庭づくり入門　庭づくりの基本と写真で見る実作例	島田昭治	日本文芸社
	庭づくりと庭木の手入	野崎信夫	加島書店
	図解・生垣・垣根のすべて	岡崎文彬編	誠文堂新光社
	学校緑化と花壇づくり	石川格	誠文堂新光社
	外空間原風景への思惟	深谷光軌作品集	誠文堂新光社
	雑木と雑木の庭	ガーデンライフ編	誠文堂新光社
	日本の庭	重森三玲監修	毎日新聞社
	出雲流庭園―歴史と造形―	小口基実・戸田芳樹	小口庭園
	住宅団地の造園施設	冲中健	建築技術
	庭づくり	タイムライフブックス編集部編	タイムライフブックス
1976(昭 51)	重森三玲作品集「庭」神々へのアプローチ	重森三玲	誠文堂新光社
	坪庭	谷口吉郎編	毎日新聞社
	日本庭園の手法［全五巻］	重森完途	毎日新聞社
	続・実測図日本の名園	重森三玲	誠文堂新光社
	京の坪庭	中村昌生	駸々堂
	新潟の庭づくり		新潟日報社
	小島佐一作庭集	小島佐一	誠文堂新光社
	京の庭	重森完途	国際情報社
	造園全書	西田富三郎	金園社
	庭園樹木図鑑　1	小林義雄　他	池田書店
	斎藤勝雄作庭技法集		河出書房新社
	信州の庭園［全四巻］	小口基実	小口庭園
1977(昭 52)	小庭	京都府造園協同組合編著	誠文堂新光社
	日本の庭	重森完途	朝日ソノラマ
	玄関の庭	立花大亀監修	毎日新聞社
	お庭拝見	ガーデンライフ編	誠文堂新光社
	名勝円成寺庭園	庭園文化研究所	円成寺
	ひょうごの庭園	津村秀男	神戸新聞出版センター
	日本庭園要説	長谷川正海	白川書院
	松風閣とその庭園	北陸放送	北陸放送
	西洋造園変遷史	針ヶ谷鐘吉	誠文堂新光社

発行年	書　名	著者名	発行所
1970(昭 45)	園治（中国庭園史）	橋川時雄	渡辺書店
1971(昭 46)	枯山水の庭	吉川需	至文堂
	日本庭園史大系［全三七巻］	重森三玲・重森完途	社会思想社
	新宿と庭園	東京新宿区教育委員会	
	花の京都御所	長谷章久	毎日新聞社
	新編宮廷の庭		講談社
	続お庭拝見		光村推古書院
	桂離宮と茶室	川上貢・中村昌生	小学館
	武学流庭園について	小口基実・戸田芳樹	
	法金剛院		清風会
	植木全科	中村恒雄	家の光協会
	原色花と庭木の病虫害	野村健一他	家の光協会
	東日本の名園	吉河功	有明書房
	趣味の園芸②庭木・花木・果樹	藤井利重	日本放送出版協会
	実測図・日本の名園	重森三玲	誠文堂新光社
	これからの住宅と庭	近藤正一編	誠文堂新光社
1972(昭 47)	庭木づくり		主婦と生活社
	推奨日本の名園［全二巻］	京都林泉協会	誠文堂新光社
	図解植木の仕立方	農耕と園芸編	誠文堂新光社
	庭づくり実例と作り方		主婦と生活社
	デザイン現代の庭	西田富三郎	講談社
	予算に応じた住宅庭園	辻口忠夫	文研出版
	池の文化	末永雅雄	学生社
1973(昭 48)	花壇作りの本	鳥居恒夫	高橋書店
	修学院と桂離宮	北小路功光	平凡社
	詳解・日本庭園図解	吉河功	有明書房
	ものと人間の文化史　竹	室井綽	法政大学出版局
	庭木と庭づくり百科	塚本忠男	樹石社
	庭作りの本	伊藤義治監修	高橋書店
	庭園の施工の実際，庭園編	斉藤勝雄	技報堂
	庭木樹種とその管理	岡本省吾	保育社
	庭作る楽しみ・見る楽しみ	重森三玲・重森完途	成文堂
	茶室と露地	中村昌生	小学館
	茶室茶庭事典	重森三玲	誠文堂新光社
	造園の空間と構成・建築とのかかわりあい	鈴木昌道	誠文堂新光社
	庭ひとすじ	森蘊	学生社
1974(昭 49)	小堀遠州	森蘊	創元社
	初歩園芸と庭づくり入門	中村末雄	日本文芸社
	日本の公園	田中正大	鹿島出版会
	庭木と緑化樹［全二冊］	飯島亮・安蒜俊比古	誠文堂新光社
	京都の造園［全二巻］	京都造園組合編	誠文堂新光社
	造園辞典	上原敬二	加島書店
	造園大系［全八冊］	上原敬二	加島書店
	日本庭園歴覧辞典	重森三玲	東京堂
	桂離宮・修学院離宮	京都新聞社	鹿島出版会

発行年	書　名	著者名	発行所
1967（昭 42）	庭園の美と鑑賞法	重森三玲	宝文館
	日本の庭園	田中正大	鹿島出版会
	枯山水の庭	福田和彦	鹿島出版会
	禅寺と石庭	田中正大ほか	小学館
	京都名園記［上］	久恒秀治	誠文堂新光社
1968（昭 43）	京都名園記［中，下］	久恒秀治	誠文堂新光社
	庭［日本美術別巻］	早川正夫	平凡社
	新宮涼庭伝	山本四郎	ミネルヴァ書房
	宮廷の庭園		淡交社
	庭のこころとかたち	重森三玲	社会思想社
	小庭園鑑賞と造り方	岡崎文彬・村岡正	金園社
	庭木と植栽の技法	上原敬二	加島書店
	修学院離宮	村岡正	豊書房
	本願寺史［第二巻］	本願寺史料研究所	浄土真宗本願寺派宗務所
	木と石のデザイン	川本敏雄	鶴書房
	京都の明治文化財　建築・庭園・史跡	森蘊・中根金作	京都府文化財保護基金
	禅院庭園の主題と構成について		中部庭園同好会
	京都御所と仙洞御所	門脇禎二	光村推古書院
	モミジとカエデ	大井次三郎・他	誠文堂新光社
	昭和の庭	岩城亘太郎	鹿島出版会
	庭作り入門	大熊康一	池田書店
	中国四国の庭	山陽新聞編	鹿島出版会
1969（昭 44）	場の造形と構成	大山陽生	誠文堂新光社
	竹と庭	室井綽	農業図書
	現代の庭－その設計と演出	西田富三郎	農業図書
	図説日本の造園	岡崎文彬	養賢堂
	日本の名園	重森三玲	誠文堂新光社
	現代和風庭園・庭に生きる	重森三玲	誠文堂新光社
	庭作りを始める人のために	飯島亮	池田書店
	日本庭園の美	重森完途	井上書店
	摩訶耶寺庭園調査報告書		日本庭園研究会
	石垣園生八重垣伝解説	上原敬二	加島書店
	京の茶室	井口海仙・他	墨水書房
	ヨーロッパの造園	岡崎文彬	鹿島出版会
1970（昭 45）	石灯篭新入門	京田良志	誠文堂新光社
	桜花抄	佐野藤右衛門	誠文堂新光社
	茶室	北尾春道	光村推古書院
	竜安寺石庭	大山平四郎	養賢堂
	わが家の庭	庭匠会	京都造園組合
	図解庭木・花木の整姿・剪定	石川格	誠文堂新光社
	日曜造園入門	ガーデンライフ編	誠文堂新光社
	造園の計画と設計	戸野琢磨	鹿島出版会
	日本庭園の思惟	重森完途	日貿出版会
	那谷寺	陣出達郎	北国出版社
	植木植栽カード	上原敬二	加島書店
	写真桂離宮	森蘊	毎日新聞社
	住宅庭園・茶室空間とデザイン		誠文堂新光社
	石の庭・自然の庭	野沢清・鈴木崇編	誠文堂新光社

発行年	書　名	著者名	発行所
1963(昭38)	京の名庭	重森完途	社会思想社
	京の名庭	中根金作	保育社
	図説茶道大系［全七冊］		角川書店
	つくばい百趣	北尾春道	河原書店
1964(昭39)	作庭記	田村剛	相模書房
	修学院	重森完途	中央公論出版
	日本の名園譜	本多錦太郎	平凡社
	日本の造園		誠文堂新光社
	京の庭を歩く	中村直勝	白川書院
	日本の庭	中根金作	河原書店
	石見医光寺史	矢富熊一郎	島根県郷土史矢富会
	桂離宮の飛石	丹羽鼎三	彰国社
	庭　重森三玲作品集		平凡社
	日本の名庭	福田和彦	社会思想社
	日本の庭園	森蘊	吉川弘文館
1965(昭40)	石庭のつくり方	上原敬二	加島書店
	施工本位石組写真集［全二冊］		加島書店
	茶室の見学		河原書店
	借景と抨庭	伊藤ていじ	淡交新社
	新撰京都名所図会［全七冊］	竹村俊則	白川書院
	庭の作り方	重森完途	社会思想社
	おつぼ山神篭石		佐賀県教育委員会
	庭の空間構成の伝統	堀口捨己	鹿島出版会
	石庭林泉	北川桃雄	角川書店
	枯山水	重森三玲	河原書店
	桂離宮は美しい	岡田清	造形社
	京都民家の庭	京都新聞編	鹿島出版会
	築山庭造伝解説［全二冊］	上原敬二	加島書店
	小川治兵衛	山根徳太郎	小川金三
	新しい庭	龍居竹之介	保育社
	庭づくり新入門	農耕と園芸編	誠文堂新光社
	写真修学院離宮	森蘊	毎日新聞社
	住宅庭園・環境と設計	伊藤邦衛	誠文堂新光社
1966(昭41)	庭の手入れ１２カ月	石川格	誠文堂新光社
	京都の庭	奈良本辰也	鹿島出版会
	中国の庭	杉村勇造	求竜堂
	石工宝典石碑燈篭	広瀬石南	
	小堀遠州作事	森蘊	吉川弘文館
	図説造園大要	岡崎文彬	養賢堂
	茶室と茶庭の見方，作り方	重森三玲	誠文堂新光社
	全国庭園ガイドブック	京都林泉協会	誠文堂新光社
1967(昭42)	新しい庭木200選	伊佐義明	金園社
	桂離宮	村岡正	豊書房
	日本中世住宅の研究	川上貢	墨水書房
	新しい庭の設計	石川格	誠文堂新光社
	わが家の庭づくり	ガーデンライフ編	誠文堂新光社
	新桂離宮論	内藤昌	鹿島出版会
	讃岐の茶室	草薙金四郎	高松ブックセンター

発行年	書　名	著者名	発行所
1959(昭 34)	庭の美しさ	重森完途	社会思想研究会
	東京の庭	西田富三郎	紀伊国屋書店
	茶道太平記	原田伴彦	淡交新社
1960(昭 35)	現代のにわ		彰国社
	庭の造り方	西川友好	愛隆堂
	小住宅の庭づくり	龍居松之助	鶴書房
	桂離宮	森蘊	東都文化出版
	日本の庭	森蘊	朝日新聞社
	桂・修学院	村岡正	大原写真工芸社
1961(昭 36)	詩仙堂		詩仙堂
	京都の庭園	関口鍈太郎・岡崎文彬・中根金作	文化財保存記念会
	茶庭	上原敬二	加島書店
	小庭園の造り方	上原敬二	加島書店
	日本式庭園	上原敬二	加島書店
	造園の施工まで	上原敬二	加島書店
	樹木の移植と根廻し	上原敬二	加島書店
	樹木の植栽と配植	上原敬二	加島書店
	樹木の剪定と整姿	上原敬二	加島書店
	樹木の増殖と仕入	上原敬二	加島書店
	樹木の保護と管理	上原敬二	加島書店
	橋泉池壁泉	上原敬二	加島書店
	園庭ベンチ	上原敬二	加島書店
	テラス石積工	上原敬二	加島書店
	芝と其の庭	上原敬二	加島書店
	ベルゴラ・藤棚	上原敬二	加島書店
	水草園芸	近藤竜雄	加島書店
	庭草園芸	近藤竜雄	加島書店
	庭造りと庭木の手入	野崎信夫	加島書店
	樹木ガイドブック	野崎信夫	加島書店
	禅の庭園		推古書院
	小庭園の設計		主婦の友社
	平泉，毛越寺と観自在王院の研究	吉永義信ほか	東大出版会
	設計施工造園技術	関口鍈太郎	養賢堂
1962(昭 37)	浅草寺史談抄	網野宥俊	浅草寺
	お庭拝見		推古書院
	名園百趣		推古書院
	桂御所	久恒秀治	新汐社
	小堀遠州	龍川駿	圭文館
	茶室と庭	重森三玲	社会思想研究会
	寝殿造系庭園の立地的考察	森蘊	養徳社
	林泉備要		京都林泉協会
	桂離宮	梅棹忠夫・川添登	淡交新社
	京の茶室と庭		淡交新社
	京の庭	矢内原伊作	淡交新社
	裏千家	井口海仙	サンケイ新聞
	日本の庭	福田和彦	河出新社
	庭のデザイン	斉藤勝雄	枝報堂
	旅館の庭	福田和彦・出口一重	井上書院

発行年	書　名	著者名	発行所
1953(昭 28)	桂と修学院	岩波雄二郎	岩波書店
	桂離宮概説		京都林泉協会
1954(昭 29)	小比賀邸参観の栞（香川県）		保存会
	修学院離宮復原的研究	森蘊	養徳社
	本願寺渉成園調査報告書		大谷派本願寺
1955(昭 30)	庭樹仕立と手入法	上原敬二	アツミ書房
	桂離宮の庭燈篭	丹羽鼎三	彰国社
	西洋造園史	針谷鐘吉	彰国社
	小庭園	吉村巌	保育社
	庭づくりの其の勘どころ	斉藤勝雄	枝報堂
	修学院離宮	森蘊	創元社
	桂離宮の製作過程の考察	和辻哲郎	中央公論社
	日本の庭園	重森三玲・重森弘淹	角川書店
1956(昭 31)	露地と茶庭	北尾春道	彰国社
	住宅庭園	吉村巌	朝倉書店
	日本石材史	川勝政太郎	日本石材振興会
	新版桂離宮	森蘊	創元社
	庭テラス，塀と垣，燈篭と手水鉢，池と泉，門と前庭（建築写真文庫）	北尾春道	彰国社
	修学院離宮	谷口吉郎	毎日新聞社
	庭と茶室	西村貞	講談社
1957(昭 32)	ヨーロッパの庭園	岡崎文彬	創元社
	日本の庭園	森蘊	創元社
	光悦の芸術村	佐藤良	創元社
	日本石材工芸史	川勝政太郎	綜芸舎
	小住宅の庭園		主婦の友社
	日本の庭園（写真文庫）		岩波書店
	日本庭園芸術［全三冊］	重森完途	理工図書
	庭園の挿木，接木，取木，実生	上原敬二	アツミ書房
	茶庭	柳沢宗渕	雄山閣
1958(昭 33)	みんなのための憩の庭	龍居松之助，龍居竹之介	新樹社
	日本の燈篭		朝日新聞社
	庭作る楽しみ見る楽しみ	重森三玲，重森完途	ダヴイット社
	金閣，銀閣		朝日新聞社
	日本の庭園	吉永義信	至文堂
	井戸，滝，池泉	上原敬二	加島書店
	石燈篭，層塔	上原敬二	加島書店
	飛石，手水鉢	上原敬二	加島書店
	庭石，石組	上原敬二	加島書店
	お茶と庭	上田等真	関書院
1959(昭 34)	木棚，門，トレリス	上原敬二	加島書店
	垣，袖垣，枝折戸［上下全二冊］	上原敬二	加島書店
	中世庭園文化史	森蘊	吉川弘文館
	茶室の造形美をさぐる	秋井敏之助	新樹社
	数寄屋図解事典	北尾春道	彰国社
	図説欧米庭園	岡崎文彬	養賢堂
	日曜庭つくり	飯島亮	池田書房

発行年	書　名	著者名	発行所
1944（昭 19）	日本庭園の伝統	森蘊	一条書房
	日本森林の性格と資源	上原敬二	大日本出版
	庭の科学	上原敬二	日本電建出版
	三河国一ノ宮砥鹿神社誌		砥鹿神社
	桂御山荘	澤島英太郎	滝吟社
	茶禅不昧公	高橋楡園	宝雲舎
1945（昭 20）	平安時代庭園の研究	森蘊	桑名文星堂
1946（昭 21）	古田織部	桑田忠親	宝雲舎
	細川幽斎	川田順	用文社
	近畿名園の鑑賞	重森三玲	京都印書館
	茶庭入門	重森三玲	京都印書館
	日本の茶席建築	重森三玲	富書店
	京の庭	重森三玲	高桐書院
	日本庭園芸術	重森三玲	富書店
	枯山水	重森三玲	大八洲出版
1947（昭 22）	桂山荘	高桑義生	芸艸堂
	京都庭園の研究	重森三玲	河原書店
	日本の庭園	重森三玲	富書店
	茶室花	重森三玲	晃文社
	古都の名園	重森三玲	宝書房
	茶人伝	重森三玲	晃文社
	庭園の話	重森三玲	宝文館
	造林と造園	上原敬二	東洋堂
	茶室抄	服部勝吉	彰国社
1948（昭 23）	茶と家と庭	龍居松之助	彰国社
	庭園	龍居松之助	三省堂
	茶室百選	佐々木三昧・岡本東洋	芸艸堂
	修学院離宮	高桑義生	芸艸堂
	国立公園講話	田村剛	明治書院
	草庭建物と茶の湯研究	堀口捨己	白日書院
1949（昭 24）	利休の茶室	堀口捨己	岩波書店
	築山庭造法	中島春効	芸艸堂
	日本茶庭芸術	重森三玲	臼井書院
	小堀遠州	重森三玲	河原書店
	茶室	江守奈比古，旭谷左右	朝日新聞社
1950（昭 25）	片桐石州と茶道芸術	桑田忠親	創元社
	桂離宮	高桑義生	推古書院
	日本庭樹要説	丹羽鼎三	日本農林社
	新しい庭園	森蘊	創元社
	日本の庭園	森蘊	河原書店
1951（昭 26）	小住宅の庭園設計	田村剛・森歓之助	地球出版社
1951（昭 26）	植樹と緑の国土	上原敬二	同和春秋社
	四季の庭園		朝倉書店
1952（昭 27）	新修茶道全集茶室茶庭編		創元社
	石庭林泉	北川桃雄	筑摩書房
	桂離宮	堀口捨己	毎日新聞社
	京都の庭園	龍居松之助	協同印刷 KK
1953（昭 28）	民家の庭	西村貞	美術出版社

発行年	書　名	著者名	発行所
1939(昭 14)	図説日本庭園小史	重森三玲	河原書店
	国防造園の提唱	上原敬二	日本庭園協会
	日本庭園の手法	斉藤勝雄	成美堂
	庭園手入暦	斉藤勝雄	成美堂
	庭園意匠鑑	斉藤勝雄	成美堂
	増訂庭木姿法	斉藤勝雄	成美堂
	支那庭園	後藤朝太郎	成美堂
	実用庭園学植物編	田村剛	成美堂
	生籬と中芝生	上原敬二	成美堂
	造園学概論	田村剛	成美堂
	庭園芸術	龍居松之助	成美堂
1940(昭 15)	京都の庭園	川勝政太郎	京都市観光課
	日本庭園の発達	横井時冬	創元社
	日本庭園	岡崎文彬	弘文堂
	家の改造と庭の改造	上原敬二	大洋社
	国宝作庭記谷村家蔵復刻		国宝刊行会
	茶庭	重森三玲	河原書店
	社寺の庭園	重森三玲	河原書店
	平安朝の庭園	森蘊	造形芸術社
1941(昭 16)	庭園の造り方	上原敬二	三省堂
	茶室建築	北尾春道	鈴木書店
	京都史蹟古美術提要	清水卓夫ほか	京都市観光課
	大和の史蹟と古美術	清水卓夫ほか	奈良県観光課
	京都古銘聚記	川勝政太郎・佐々木利三	スズカケ出版部
1942(昭 17)	無鄰庵		京都市
	京都皇居の御庭園	重森三玲	晃文社
	庭の美	重森三玲	第一芸文社
	露地茶庭	北尾春道	鈴木書店
	近世の庭園	龍居松之助	三笠書房
	造園学汎論	上原敬二	林泉堂
	日本人の生活と庭園	上原敬二	三省堂
	千利休	桑田忠親	青磁社
	摂津保久良神社遺蹟研究	樋口清之	國學院大學
	古都百庭［全二冊］	重森三玲	京阪電車
	日本庭園の発達	重森三玲	晃文社
1943(昭 18)	茶席茶庭考	重森三玲	晃文社
	日本庭園歴覧	重森三玲	晃文社
	大和の庭園	重森三玲	天理時報社
	日本庭園発達史		日本園芸中央会
	日本風景美論	上原敬二	日本電建出版
	日本庭園史話	龍居松之助	大東出版社
	日本の石仏	川勝政太郎	晃文社
	日本の芝と芝生	丹羽鼎三	明文堂
	源氏物語の自然描写と庭園	外山英策	丁字屋書店
	近畿茶室行脚	岡田孝男	晃文社
	庭園新考	斉藤勝雄	成美堂
	支那庭園論	岡大路	彰国社
1944(昭 19)	石の発見	久門正雄	宝雲舎
	貞観園案内記		保存会

発行年	書　名	著者名	発行所
1932(昭7)	庭樹の知識	上原敬二	博文館
1933(昭8)	庭園百題	吉村巌	明文堂
	京都美術大観庭園編	重森三玲	東方書院
	京都美術大観茶室編	千宗守	東方書院
	京都美術大観石造美術編	川勝政太郎	東方書院
	庭園設計の実際	吉村巌	明文堂
	寺院の庭園	重森三玲	東方書院
	石燈篭［全六冊］	天沼俊一	スズカケ出版部
1934(昭9)	室町時代庭園史	外山英策	岩波書店
	室町時代庭園（岩波講座）	外山英策	岩波書店
	満支風景庭園鑒	後藤朝太郎	成美堂
	庭園秘書口伝解	斉藤勝雄	成美堂
	京洛林泉古寂	松阪寅之助	街路樹社
	日本茶道史	重森三玲	河原書店
	茶室と茶庭	重森三玲	河原書店
1935(昭10)	図説日本庭園大観	吉村巌	文青堂
	石造美術概説	川勝政太郎	スズカケ出版部
	日本庭園の鑑賞	重森三玲	スズカケ出版部
	数寄屋聚成［全二十］	北尾春道	洪洋社
	近代数寄屋住宅設計資料	北尾春道	洪洋社
	灯篭・手水鉢	川勝政太郎	河原書店
	有楽茶室	北尾春道	有楽会
1936(昭11～19)	雑誌林泉［創刊～113号］		京都林泉協会
	庭園と日本精神	龍居松之助	文部省思想局
	茶道全集［全十五］		創元社
	工費明細庭園図説	斉藤勝雄	成美堂
	庭園芸術日本趣味芸術叢書		
	庭園と石組	上原敬二	成美堂
	図鑑近江の林泉	中野楚渓	昭森社
	名古屋の茶室（英文）		名古屋市役所
	慈光院庭園	重森三玲	慈光院
1937(昭12)	伊邪那美尊神陵の研究（神篭石）		山陰史蹟協会
	慶長以前の石燈篭	天沼俊一	スズカケ出版部
	改訂庭の作り方	龍居松之助	雄山閣
1938(昭13)	庭園樵記	針谷鐘吉	目黒書店
	庭園	北村徳太郎	自費
	雑華院略史	澁谷鼎山	雑華院
	趣味の庭木	高山始	日本庭園協会
	実験活用一坪学校園	森口潔	文書堂
	家族本位の庭	吉村巌	文書堂
	住宅小庭園図説	吉村巌	文書堂
	随筆集庭を想ふ心	西川友孝	旺玄荘
	庭を作る人の為に	吉村巌	文書堂
	禅宗美術	中野楚渓	臨済学院出版部
1939(昭14)	後楽園記		岡山県
	石造美術	川勝政太郎	スズカケ出版部
	日本庭園史図鑑［全二六巻］	重森三玲	有光社
	庭園植物の害虫防除	加藤常吉	成美堂
	造園ポケットブック	造園研究会編	西ヶ原刊行会
	名作時代石燈篭展覧会		宝雲舎

近代以降［昭和］

発行年	書　名	著者名	発行所
1927(昭 2)	茶室と庭園	京都博物館	
	庭を造る人	室生犀星	改造社
	源氏物語と日本庭園	外山英策	塚本文友堂
1928(昭 3)	茶室と茶庭	保岡勝也	鈴木書店
	国立公園	内務省衛生局	
	長闇堂事蹟考	佐藤小吉	関野次郎
	庭園築造法	近藤正一	博文館
	別荘の庭	永見建一	雄山閣
	日本式庭園	龍居松之助	雄山閣
	欧州の庭園	戸野琢磨	雄山閣
	敷石飛石手水鉢	大江新太郎	雄山閣
	日本造庭法秘伝	龍居松之助	雄山閣
	庭木と庭石	上原敬二	雄山閣
	庭園と衛生	遠山椿吉	雄山閣
	造園土木	谷村鉄三郎	雄山閣
	庭木の病蟲害	堀正太郎	雄山閣
	洋風の庭園	田村剛	雄山閣
	庭園の設計と其の実例	椎原兵市	雄山閣
	支那の風景と庭園	後藤朝太郎	雄山閣
	造園の保護と管理	中島卯三郎	雄山閣
	茶席と露地	保岡勝也	雄山閣
	造園五十題	龍居松之助	雄山閣
	庭園と風俗	龍居松之助	雄山閣
(昭 3～4)	聚楽　東洋古建築庭園画集［全二帙］		座右宝
1929(昭 4)	庭園工芸と室内装飾	西川友好	資文堂
	門と垣	横山盤	鈴木書店
	庭園植物の病蟲害	駒村作次郎	鈴木書店
	庭木と草花	楠田梯二ほか	鈴木書店
	日本名園案内	龍居松之助	日本庭園協会
	草花庭木の作り方	小林素軒	嵩山房
	住宅と庭園設計	上原敬二	嵩山房
	樹木根廻し運搬移植法	上原敬二	嵩山房
	世界造園図集	田村剛	嵩山房
	紫野大徳寺	佐藤虎雄	河原書店
	日本作庭資料	龍居松之助	雄山閣
	植物和漢異名辞林	杉本唯三	立川書店
	後楽園史	田村剛	刀江書院
1930(昭 5)	床庭の作り方	宮島晨吉	二松堂
	現代庭園の設計	田村剛	鈴木書店
	海外の国立公園		内務省衛生局
	日本造庭材料図編［全四冊］	杉本文太郎	
	植木屋の裏おもて	橋本八重三	六合館
1931(昭 6)	庭の造り方図解	杉本文太郎	建築会
	建築庭園工芸［全六冊］	西川友孝	金星堂
(昭 6～11)	雑誌造園研究創刊～十九巻［合本全三冊］		西ヶ原刊行会
1932(昭 7)	花段細目	水野元勝	京都園芸倶楽部
	理論実際造園学	永見建一	養賢堂
	栗林公園誌	赤松景福	松山文化堂
	日本庭園史要	龍居松之助	雄山閣
	小庭園の園芸	上原敬二	金星堂

近代以降［明治，大正］

発行年	書名	著者名	発行所
1881(明14)	江戸名園記		
1885(明18)	常盤公園攬勝図誌［全二冊］	松平建斉	
1888(明21)	津田永忠年譜	木畑道夫	
1889(明22)	園芸考	横井時冬	大八洲学会
1890(明23)	庭造法附図解	本多錦吉郎	
1891(明24)	蓬莱園記［全二冊］	橘守部	青山堂
	後楽園真景及詳誌	北村長太郎	文友館
1894(明27)	兼六公園史［全二冊］	小川孜成	
	築山山水石組園生八重垣新撰庭作法 (仙園増補)［全四冊］		
1896(明29)	古今秘築山庭造法	中島春効	
	小堀遠州本阿彌光悦	横井時冬	
1899(明32)	各種垣根・図［全六冊］		
	住居と園芸ノ日用百科全書		博文館
	築山山水庭造秘伝	大塚周吉	
1902(明35)	園芸全書	江原春夢	博文館
1905(明38)	古今紅葉譜	香雪精舎	
1906(明39)	依水園十勝図	依水園主人	
1907(明40)	後楽園	計見東山	育英会
1909(明42)	京華林泉帖	湯本文彦	京都府庁
	庭園図説	近藤正一	
1910(明43)	近畿遊覧誌稿	黒川道祐	淳風房
	茶室と茶席図解	杉本文太郎	建築書院
	名園五十種	近藤正一	博文館
	純正日本庭園解説	杉本文太郎	工友社
1911(明44)	造園学概論		成美堂
1912(明45)	庭園の作り方	田中牧吉	宝文館
1912(大正1年)	西洋庭造法図解	杉本文太郎	建築書院
1913(大2)	家屋と庭園	内山正如	
1916(大5)	日本庭造真行草三体図案新書	杉本文太郎	〃
1918(大7)	松平不昧伝	松平史編輯部	慶文堂
	明治園芸史	池田謙三他	
1919(大8)	住宅と庭園の設計	上原敬二	嵩山房
	実用主義の庭園	田村剛	成美堂
	庭園の鑑賞法	田村剛	〃
1920(大9)	庭園の設計と施工	大屋霊城	裳華房
	建築写真類聚庭園局部		洪洋社
	日本庭造法図解	杉本文太郎	建築書院
1921(大10)	小庭園築造法	近藤正一	東亜堂
1922(大11)	泉石雅観	上田伝一郎編	城丹公論社
1923(大12)	庭園学概要	上原敬二	新光社
	理想の庭園及公園	野間守人	日本評論社
	庭園研究十五題	龍居松之助	国史講習会
1924(大14)	日本名園記	龍居松之助	嵩山房
	古都名木記	勧修寺経雄	園芸倶楽部
1925(大15)	長岡安平翁造庭遺稿	井下清	文化生活研究会
	遊園地設計及施設	戸野琢磨	
	茶室と庭園	夕暉庵	一聲社

庭園関係書目録

近世以前

発行年	書　名	著者名	発行所
	作庭記（前栽秘抄）		
	園池秘抄（作庭記の別名か）		
	山水並野形図（園方書）	増円撰	
	庭造秘書（露地山水伝授）		
	嵯峨流庭古秘伝書（山水秘伝書）		
	築石山水書		
正保3年	山水可致抄		
元禄6年	古今茶道全書［上中下］		
	茶話指月集	藤村庸軒	
	茶道便蒙抄		
	南方録［全九巻］		
宝永3年	京城勝覧	貝原篤信	
宝永5年	山水秘伝書		
享保20年	築山庭造伝（前編）	北村援琴	
文政11年	〃　（後編）	籬島軒秋里	
宝暦2年	仏足石碑銘		
	餘景庭作り	菱川師宣	
安永8年	築山の秘書		
寛政9年	夢想流治庭		
寛政9年	築山染指録	東睦和尚	
	築山染指録拾遺（百庭図会）	東睦和尚	
寛政11年	都林泉名勝図会［全六冊］	籬島軒秋里	
文化3年	唐土名勝図会［全六冊］		
文政年中	洛陽名園記	李文叔	金文館
	相阿彌築山山水伝		
江戸末期	秘本作庭伝		
江戸末期	秘書庭の石ふみ	山居松悌子	
江戸末期	作庭伝［二巻］		
江戸末期	石組園生八重垣伝（庭造伝）	籬島軒秋里	
	蓮池園記		
弘化3年	作庭園記	鎌田庭雲	
	源流茶話		
	露地聴書		
	名園茶亭		
	山水庭造諸国茶庭名跡図絵		

◆る

◆れ

◆ろ

◆わ

◆す

◆せ

◆し

◆く

◆け

索　引

跋

　二〇〇二年七月末、ようやく最後の校正が終了した。省みれば、一年来の長い苦労の日々であった。本書が誠文堂新光社にて絶版となった時から、何とか再版を、との悲願も機至らず、たまたま京極さんとの対話の中から改訂出版の話が起こり、事が決したのは二年ほど前のことである。

　最初の編集会議は二〇〇一年一月に始まったが、庭・建築・石造品など項目ごとに異なる責任者との折衝や、地名変更・文化財指定の追加による各地公共機関への照会や写真掲載の許可作業等に、前著編集時に比べて膨大な時間を費やした。現時点で可能な限り調査改訂したつもりではあるが、新資料や研究の進歩により、本書が捨て石となってさらに内容が大きく前進することを期待するものである。

　おわりに、発刊以来いろいろと知識と労力を提供していただいた先学の御氏名をも記し、各位に本書の改訂を報告するとともに深甚なる謝意を表したい。併せて、今回ご協力いただいた各位に深甚なる謝意を表する次第である。

佐藤嘉一郎

◆京都林泉協会編著『全国庭園ガイドブック』関係者

『全国庭園ガイドブック』　昭和四一年十二月二三日発行

重森三玲　佐々木利三　太田一夫
田中烏雀　半田清太郎　中塚敬之助
西村義三　佐藤嘉一郎　江種啓行
阪本至男　安養寺平吉　中井邦夫
宮村恒太　太田雅香　中島慶一
鍋島岳生　安彦恵三

『増補改訂版　全国庭園ガイドブック』　昭和五五年十月二五日発行

佐々木利三　重森完途　太田一夫
半田清太郎　佐藤嘉一郎　安養寺平吉
中島慶一　小埜雅章　佐藤昭夫

◆協　力

岡山県郷土文化財団、京都市、岸和田城、宮内庁京都事務所、兼六園、小石川後楽園管理事務所、大和町教育委員会、徳島市、奈良市教育委員会、彦根市産業部観光課、福井県立一乗谷朝倉氏遺跡資料館、阿知神社、医光寺、永保寺、園城寺、願勝寺、興聖寺、光前寺、金地院、実相寺、酬恩庵、常栄寺、浄土真宗本願寺、瑞峯院、石像寺、大覚寺、醍醐寺、出水神社、東光寺、東福寺、根来寺、平安神宮、豊国神社、摩訶耶寺、松尾大社、万福寺、毛越寺、頼久寺、温山荘、誠文堂新光社、今日庵、不審庵、堀内家、小川典子、小河二郎、小口基實、小野健吉、小山雅久、新飼昭弘、西村金造、西　桂、堀澤眞澄、矢ヶ崎善太郎　他

（順不同、敬称略）

◆写真提供

大橋治三（58、59、67頁＊印）、裏千家今日庵（66頁＋印）

（上記以外は佐藤昭夫撮影）

◆本書編集委員会

石井徹哉　＊京極迪宏　小林知住子

＊齋藤忠一　＊佐藤嘉一郎　＊佐藤昭夫

壺井宏純　＊妻木靖延　中井邦夫

＊野村勘治　＊本間昊

（＊は執筆者）

日本庭園鑑賞便覧

全国庭園ガイドブック

二〇〇二年八月三〇日　第一版第一刷発行

二〇二三年三月二〇日　第一版第六刷発行

編著者　京都林泉協会

発行者　井口夏実

発行所　株式会社　学芸出版社

京都市下京区木津屋橋通西洞院東入

〒600-8216　tel.075-343-0811

装　丁　上野かおる

印　刷　イチダ写真製版

製　本　新生製本

Printed in Japan　ISBN978-4-7615-2291-9